青蓝工程
专业能力必修系列

# 小学体育教师专业能力必修

xiaoxue tiyu jiaoshi zhuanye nengli bixiu

教育部基础教育课程教材发展中心　组编

编委会主任：曹志祥　周安平
本 册 主 编：毛振明
副　主　编：王长权　查　萍　杜晓红

西南大学出版社
国家一级出版社　全国百佳图书出版单位

**图书在版编目（CIP）数据**

小学体育教师专业能力必修/毛振明主编. —重庆：西南师范大学出版社，2012.6

（青蓝工程系列丛书）

ISBN 978-7-5621-5789-2

Ⅰ.①小… Ⅱ.①毛… Ⅲ.①体育课—教学研究—小学—师资培训—教材 Ⅳ.①G623.82

中国版本图书馆 CIP 数据核字（2012）第 103669 号

**青蓝工程系列丛书**

**编委会主任：**曹志祥　周安平

**策　划：**森科文化

---

小学体育教师专业能力必修

毛振明　主编

---

**责任编辑：**任志林　李　平

**封面设计：**红十月设计室

**出版发行：**西南大学出版社（原西南师范大学出版社）

地址：重庆市北碚区天生路 2 号

邮编：400715　市场营销部电话：023-68868624

http：//www.xdcbs.com

**经　销：**新华书店

**印　刷：**重庆紫石东南印务有限公司

**幅面尺寸：**185mm×260mm

**印　张：**14.25

**字　数：**296 千字

**版　次：**2012 年 6 月　第 1 版

**印　次：**2024 年 1 月　第 5 次印刷

**书　号：**ISBN 978-7-5621-5789-2

---

**定　价：**48.00 元

# 《青蓝工程》

## 编委会名单

# 编者的话

在基础教育课程改革10周年之际，伴随着义务教育课程标准的再次修订与正式颁布，我们隆重推出这套“青蓝工程——学科教师专业能力必修系列”丛书。丛书立足于教师应该具备的最基本的教学专业知识与普适技能，为有效实施新修订的义务教育课程标准，深化基础教育课程改革，贯彻落实《国家中长期教育改革和发展规划纲要（2010－2020年）》，助力素质教育高质量地推进提供了保证。

“教育大计，教师为本。”课程改革的有效实施和素质教育的贯彻落实需要一支高素质、专业化的教师队伍做支撑。教师的专业化发展在我国历来受到高度重视，但今天我国教师的专业化水平与社会的现实需求和时代的进步，特别是与教育改革发展的需要还存在着较大的差距。

以往，我们常常说教师要提高自身的专业水平或教学技能，但一个合格的教师究竟需要哪些最基本的专业知识与专业技能？教师的专业发展又该朝着哪个方向和目标去努力？这些问题，在教师专业化发展，尤其是在学科教师专业能力的提高上，一直以来并不是十分清晰。因此，我们聘请了当前活跃在基础教育学科领域的顶级专家，他们中的绝大多数是直接参与义务教育课程标准修订、审议或教材编写的资深学者，以担任相应学科的中小学教师应该（需要）了解（具备）的最基本的常识性知识和技能为出发点，总结了具有普适意义的学科教育教学知识和技能，力求推进教师教育教学能力的均衡发展，实现大多数教师教育教学能力的达标。从这个意义上，可以说这套丛书是教师专业化水平建设与发展的一个奠基工程，也是10年基础教育课程改革成果的结晶。我们希望青年教师不但能从书中充分汲取全国资深专家与优秀教师的经验、成果，更能“青出于蓝而胜于蓝”，在前辈的引领下，大胆创新，勇于超越，也因此，我们将丛书命名为“青蓝工程”。

丛书从“知识储备”和“技能修炼”两个维度展开论述（个别学科根据自身特点在目录形式上略有不同）。“知识储备”部分一般包括：①对学科课程价值的理解与认识；②修订后课标（义务教育）的主要精神；③针对该学段、该学科的教学所需的基本知识和内容等。“技能修炼”部分主要针对教学设计、目标把握、教学实施与教学评价等专题展开论述。每个专题下根据学科特点和当前教学实际设有几个小话题，以案例导入或结合案例的形式阐述教师教学所必需的技能以及形成这些技能所需要的方法和途径等。

本丛书具有权威性、系统性和普适性，希望对广大教师，特别是青年教师的专业成长能有实实在在的帮助。

丛书编委会

2012 年 1 月

# 目　录

*Contents*

第一篇

# 学生教育能力

爱是教育的基础，没有爱就没有教育。教师只有把对事业的爱与对学生的爱融为一体，才是一个完善的教师。而对学生的爱不仅体现在教师有一颗童心，用童语与学生对话，而且体现在对学生的耐心，无论是表扬还是批评，都要尽力展现出教师的教育智慧。

# 专题一 教师爱心——小学体育的前提

托尔斯泰曾说："如果教师把对事业的爱和对学生的爱融为一体，他就是一个完善的教师。"只有教师以爱心为基础，热情地投入教学活动中，学生潜在的激情才会被点燃，师生的情感才能互动，教学工作才能顺利开展，教育目标才能实现。本章从教师爱心教育的内涵、体现入手，通过案例阐述如何做一名真正有爱心的小学体育教师。小学体育教师的爱心是进行小学体育教育的前提，是实现小学体育教育根本目的的灵魂和核心。

## 一、爱心教育的内涵

### 1. 爱心教育的概念

爱心是人性中最基础的东西，是一个人最基本的素质，是素质教育中一个不可缺少的部分。马卡连柯说："爱是教育的基础，没有爱就没有教育。"没有爱的教育肯定是残缺的教育，而不讲究爱的艺术的教育就是不完美的教育。原教育部部长周济在《爱与责任——师德之魂》一文中强调"爱"是师德之魂。师爱是国家教育方针的基本要求，是教师职业道德的核心和精髓，是教师爱岗敬业、热爱学生的体现，是教师在教学中表现出的崇高的持久而又深厚的教育情感。师爱犹如春雨，不论滋润什么样性格的学生，都会产生巨大的效应——使学生看到自身的价值，产生向上的力量，自励进取。

人类的生存发展史证明了教育的根本是以人为本的，而爱心是人类的永恒需要，因此爱心教育是实现教育根本目的的灵魂和核心。爱心教育不仅仅指教师对学生的爱，更重要的是教师引导学生学会回报爱——爱亲人，爱身边的每一个人，爱生命，爱大自然，爱自己生存的环境。教师对学生的爱是关注、关怀、给予，是理解、同情、宽容，是信任、尊重、合作，最终让学生得到和谐、健康而充分、全面的发展。

### 2. 爱心教育在小学体育中的重要性

我国近代教育学家夏丏尊说："教育之没有感情，没有爱，如同池塘没有水一样。没有水，就不能称其为塘，没有爱就没有教育。""爱心"是人类文明进程中的航标灯，是人类代代相传的文明火把。"爱心教育"便是这一文明火把传递过程中极其重要的一环，教师则是将火把代代相传的使者，小学体育教师更是火把的点燃者。法国教育学家卢梭说："热爱可以弥补才能之不足，但不能弥补热心。"教师要用爱心去开启学生心灵的窗户。爱心，是每个教师必备的教育素养之一，也是良好师德的重要体现。

小学阶段是学生人格形成的重要时期，在学校教育中融入爱心教育对促进学生的健康成长有着举足轻重的作用，这同时也是学生素质教育的重要内容。开展适合小学生年龄特点的、可接受的、有实效的爱心教育，将进一步激发体育教师的爱心，激活他们热爱学生、热爱教育的激情，增强其自律意识，使师德建设迈出实质性的步伐。体育教师应该从爱心教育出发，并在教育的过程中不断地完善自己的爱心，在道德修养方面不断地向自己提出更高的要求。

## 二、教师爱心的体现

1. 以善良之心关爱学生

善良是一种品德，是一种修养，是一种德行。体育教师要有善良的心灵，要有充满善良的情怀，要与生为善，因为小学生是未成熟的人，是有待发展的人，是需要精神抚慰的人。小学生往往情感脆弱、思想单纯、缺乏经验，他们需要得到教师的精心呵护、照顾、引导和保护，需要得到教师的理解、宽容、指导和帮助。善待学生，关爱学生，是体育教师教育学生的起点和基础。

体育教师要带着爱心去上课，要处处关心、爱护学生。比如，在上课时，如果天气较热，就要想到减少学生的活动量，让学生背对阳光。天气较冷时，就应考虑到学生衣着的厚薄，考虑到学生出汗后是否会感冒。遇到学生头疼脑热，就应该让学生休息。这些看起来微不足道的小事，如果处理得当，就能使学生感到温暖，从而调动学生学习的积极性。

2. 以真诚之心信任学生

陶行知曾说："真教育是心心相印的活动，唯有从心里发出来的，才能打动心的深处。"在体育中，无论是成绩拔尖还是落后的学生，无论是家境富裕还是贫寒的学生，无论是反应敏捷还是较为迟钝的学生，体育教师都应一视同仁，以真诚的心去关爱他们。信任学生是教师爱学生的一种深刻的表现，也是学生理解师爱的一种最有效的方法。体育教师信任学生是对学生的极大鞭策和鼓舞，因为学生会从体育教师的信任中感到一种特殊的尊重与支持，他们会从内心深处产生一种巨大的动力，会克服平常克服不了的困难，努力去完成体育教师交给的任务，去达到体育教师希望达到的目标。

体育课上，有些动作学生一时掌握不了，体育教师千万不可急躁，不能埋怨，更不能认为学生无能。教师要有热心和耐心，要满腔热情地帮助、指导学生。有一次，一位体育教师在教跳高时，有位女生总是不敢起跳，急得直哭。她一哭，课堂气氛一下子就沉闷下来了。这时，教师马上走过去安慰、鼓励她，并告诉她："老师相信你一定行！"教师耐心地给她讲解了动作要领，专门给她做了几遍示范动作，帮她练习了几次。后来，这位女同学果然有了进步，课堂气氛又活跃起来了，她也开心地笑了。

3. 以育人之心激励学生

苏霍姆林斯基说："对孩子的热爱与关怀，是一股强大的力量，能在人身上树起一种美好的东西，使他成为一个有理想的人，而如果孩子在冷漠无情的环境中长大，他就会变成对善与美无动于衷的人。”现代管理学研究的结果表明，教师以勉励的口气布置任务，充分利用学生的自尊心和荣誉感，可以使其潜在的能力得到最大限度的发挥。为了调动学生的积极性、主动性和创造性，体育教师要研究和了解学生的心理，要帮助学生克服一些学习障碍，使其养成良好的行为习惯，要以爱育人，用真心激励学生。

那些没有运动天赋的学生同样是我们培养的对象，他们同样需要体育生活，需要体育老师的关注，需要体育老师的爱。一名体育教师曾教过两名身有轻度残疾的学生：一名男生的右脚患有先天性足外翻症，一名女生患有先天性发育不良症，四肢发育不全。虽然他们可以免修体育课，但他们对其他同学能参加体育活动很是羡慕。于是体育教师就主动去和他们聊天，从兴趣谈到学习，从生活谈到志向，从体育谈到人生。体育教师热情地鼓励他们参加体育活动，并把在远南残疾人运动会上看到的残疾运动员顽强拼搏的感人情景讲给他们听，根据他们的情况，在体育课上安排了他们力所能及的练习内容。同时，体育教师还要求全体同学都要关心、爱护和帮助他们。经过这件事，同学们都非常清楚地记住了体育教师说的一句话：“身体的残疾并不可怕，只有心灵的残疾才最可怕。”

4. 以责任之心造就学生

爱是奉献，爱是责任，如果说爱心是受学生欢迎的基础，那么责任心就是受学生欢迎的动力。教师对待学生的态度直接关系到学生性格的形成，而教师对待学生态度的好坏则取决于教师道德素质的高低，取决于教师的责任感。作为一个体育教师，要凭良心做事，要有职业责任感。特别是在学生遇到困难、发生问题时，教师若能及时地表示关切、理解，并伸出热情之手，在力所能及的范围内帮助学生排忧解难，师生之间必然会出现平时难以产生的良好效应。

在一位体育教师所教的班里，有一个学生家庭条件很优越，平时娇生惯养，在学校表现一贯不好，在体育课上学习态度也很差。通过了解，体育教师知道他爱踢足球，身体素质也不错，是一个很有运动潜力的学生，就让他做体育教师体育课上的小干部，给他安排了一些任务约束他，让他去帮助别人，让同学和老师看到他的进步，改变对他的评价。体育教师还经常与他谈心聊天，了解他内心的想法，给他讲一些体育明星的故事，让他了解体育比赛的魅力，懂得如何尊重对手、尊重别人。同时，让他参加学校运动队，使他那“过剩的精力”转移到训练中来，使他有自己的努力目标。通过及时指导、耐心教育、适时鼓励，最后，“调皮鬼”变成了“运动健将”，“坏孩子”变成了“好学生”。

## 三、如何做一个真正有爱心的小学体育教师

体育教师在体育教学中不仅要传授技术、技能，更重要的是让学生从运动中去体验运动的快乐，感悟做人的道理、处世的原则。体育教师在体育教学活动中的一次对话、一个眼神、一种表情、一个手势，都体现出体育教师对学生的爱。如果每一位体

育教师都能注重挖掘体育的内涵，让学生感受到快乐、成功和收获，那么在学生的心目中，体育课要比其他学科更具有吸引力，甚至更具有优势。但是，要达到这一点，需要体育教师对学生有一颗赤诚的心，有一份真诚的爱，有一份视学生如亲子的情。

1. 呵护学生的自尊心，用一颗宽容的心对待学生

学生是有血有肉、有思想、有个性、有主体意识、有丰富内心世界的人，他们像大人一样需要受到尊重。同样，他们也像大人一样有缺点，会犯错误。我们知道，在任何一个班级里，学生都会有好、中、后进之分，有些体育教师对好学生尊重、偏爱，对后进生则嫌弃、厌恶。这种做法，必然会伤害后进生的自尊心，甚至会使这些学生对体育教师产生怨恨和抵触心理，造成师生间的矛盾。因此，体育教师在与学生交往的过程中，尤其是面对犯了错误的学生或者体育成绩较差的学生时，不能盛气凌人地训斥、辱骂学生，要注意呵护其“心”，因材施教，宽严适度，在其闪光之处给予肯定和激励，以宽容之心善待学生，以保护学生的自尊心，赢得学生的信任。

当学生出现错误或对教师不尊重的时候，教师应宽容、冷静，要用爱心去感化他们，使他们主动克服缺点和错误。有一次，一位体育教师在课堂上让学生练习双手传接篮球时，有个女生边练习边吃零食，体育教师用眼神示意了她一下，她毫无反应，体育教师就走过去接过球同她一起练习。她嘴里一边嚼着东西一边漫不经心地练习着接球，一不留神没接住球，球打在了她身上，她很不高兴，体育教师当时很想过去批评她一顿。可稍一沉思，觉得不妥，就让其他学生继续练习，然后把她叫到一边，告诉她刚才她没有接住球的原因，接着又和她一起练习。下课后，那位同学诚恳地说：“我错了！老师，您别生气，今后我上课不再吃东西了，一定好好练。”事情就这样过去了，师生间的感情也更融洽了。

2. 以仁爱之心为基础，认真倾听学生的心声

没有爱就没有教育，爱是教育的前提，教师的一言一行、一举一动都影响着学生，因此，教师要用仁爱之心对待每个学生。一般而言，越是不可爱的学生就越是需要爱的孩子，体育教师要把爱心与微笑送给每一个孩子，用孩子的眼光和心灵去倾听和发现，通过心与心的交流走进孩子们的世界，从身边的一点一滴做起，引导他们一步步走向成熟。

徐灿同学是个性格内向、体弱多病的孩子，体育成绩总是勉强及格，可她学习非常勤奋，就因为体育成绩达不到优秀，一二年级时她都与“三好生”无缘，为此，她多次伤心地哭过。徐灿的妈妈看在眼里，急在心里，专门到学校来和体育教师交流孩子体育学习的情况。于是体育教师在徐灿三年级第一学期的“素质报告单”上这样写道：“虽然你的运动成绩不理想，但老师知道你已经尽力了，如果再多一份自信和刻苦，就一定能克服各种困难，争取身体素质的提高，不信你试试，老师对你有信心！”没想到这番话对徐灿促动很大，她利用一切可利用的业余时间进行锻炼，体育课、活动课上她都积极锻炼，晚上回到家里，还让妈妈和她一起锻炼，互相比谁做的仰卧起

坐次数多。开始时她连一个也做不起来，但经过刻苦练习，她竟在期末考核中考了满分。她妈妈特地到学校来感谢体育教师说："是你的那番话使徐灿有了自信，现在我这个从来不运动的人，也跟女儿一起动了起来，和女儿一起跑步、跳绳，还学会了打羽毛球。"后来，在每个孩子的教师寄语中，体育教师都根据实际情况予以激励性评价，让每个孩子都能从体育活动中感受到成功。

3. 捕捉学生的闪光点，真诚欣赏学生

在体育教育中，欣赏优秀的学生，几乎每个体育老师都能做到，但欣赏学困生，几乎没有几个人认同了。在体育教学过程中，体育教师既要善于发现学困生的优点和亮点，挖掘他们的潜力，充分发挥他们的特长和积极性，更要仔细研究他们的短处，努力发现问题。对于体育学困生，他们并不是每方面都不好，他们总有潜在的才能和品格，每当这种闪光点在闪烁时，也正是体育教师引导他们的最好时机。因此，我们要从内心深处尊重这些学生，学会欣赏他们，唤起他们对美好人生的热爱及对教师教育的认同。

一次，上课的内容是做游戏"猫捉老鼠"和"你追我赶"。上课前，体育教师反复强调这节课必须认认真真听老师讲课，当讲解"猫捉老鼠"的游戏规则时，还没讲几句，就听到队伍里一声一声的"猫"叫。体育教师心里暗暗叫苦，"小调皮"王可又管不住自己了，这可怎么办？王可是这个班最调皮的学生，也是体育教师每次上课需要"攻克"的对象。体育教师先没有理会他，继续往下讲，王可以为体育教师拿他没办法，可得意了，"喵喵"的猫叫声越叫越响，搅得其他同学也心烦了。体育教师当时灵机一动，反正在讲猫和老鼠的游戏，何不让他扮演一下猫的角色，让他边表演边讲解游戏规则，学生不是更容易理解吗？于是体育教师随即说："同学们，掌声有请我们班的小猫咪出场给大家做一个捉老鼠的示范动作。"只见王可蹭地一下跳出来，直接向体育教师奔来，体育教师顺势来了个侧躲闪，王可扑了空。此时大家笑得前仰后合。于是体育教师说："王可这只小猫很勇敢，但是猫要捉到老鼠还要开动脑筋，想好办法才行。现在就请大家继续观看我和王可的表演。"此时的王可动作敏捷，一会儿钻圈内，一会儿又跳向圈外，既机智，又灵活。这时，学生的情绪非常高涨，都急于进入各自的角色，课堂一下子就活跃起来了。

4. 用博爱之心，转化体育特困生

教师的爱和金子一样，无论在何时何地，对哪一类学生，都不会失去光泽。我们的学生来自于不同的家庭，接受过不同的教育，成长于不同的环境，特别是在每一个班级里，都会存在一些体质弱、运动能力差、体育课考核不及格的学生，存在一些身体素质和运动能力低于同龄人、无法完成练习任务的学生，存在一些"豆芽菜""小胖墩"型的学生。马卡连柯曾说过："教师的心应该充满对学生的爱。尽管学生的品质已经非常败坏，尽管他可能给教师带来许多不愉快的事情，教师都要以自己美好的感情去教育他。"因此，体育教师要以博爱之心，平等地对待每一位学生，绝不能以智商高低、成绩好坏定优劣，对体育特困生，更应针对其特点，因势利导，循循善诱，有的放矢地进行帮助。

学生在受到挫折或失败时，最需要的是老师和同学的安慰和鼓励，也最期待老师公正的评价和积极的肯定。因此，在体育教学过程中，体育教师要特别关爱体育特困生，善于发现其优点，哪怕是一点点进步，都应及时给予表扬和鼓励，无论如何都不能讽刺、挖苦学生。

在男生进行跳山羊练习时，个子矮、力量小或个子高、体重重的学生一般都不容易掌握和完成该动作，为此，在练习过程中，教师对这类学生要特别关注。从他们能在起跳后坐到纵箱上的第一步起，就应暗示小组同学予以掌声鼓励。此时，如果教师能及时地点拨起跳与腾空动作的关键所在，并以肯定的口吻予以表扬和鼓励，那么，学生在无形中就会树立成功的信心。而对于在第一跳中就失败的学生，教师要及时帮助他们分析失败的原因，并及时加以纠正，运用“你会成功”“你能闯关”等语言鼓励学生，让学生感受到自己正得到老师和同学们的关心和鼓励，再大的困难也要努力去克服。

# 专题二　童心童语——小学课堂的言行

童心如泉，清澈纯净；童言无忌，天真无邪。这是儿童的天性，也是儿童的需要。高尔基说过："爱孩子，这是母鸡也会的事，可是要善于教育他们，这就需要有才能和渊博的知识。"小学体育教师需要童心，要与孩子讲话，给孩子上课，要用适合儿童身心特点的语言，要有以身立教的行为，做一名有童心的体育教师，让体育课堂童趣盎然。这是教育的基本功，是加强教师素质修养的重要内容，也是小学体育课堂言行的根本。

## 一、小学体育课堂需要童心

小学教育是孩子生命成长和精神构建的奠基阶段。小学生对老师有一种特殊的信任感和依恋感，体育教师要用童心、童语、童行去教导学生，尊重儿童天真、纯朴、活泼的生命状态，关注儿童心灵和精神的成长，创造一个充满爱、童趣、自由、和谐的教育环境。面对一个个心地纯真、美如璞玉的个体，面对一个个保持自然状态的鲜活的生命，我们需要真心诚意地尊重他们，实实在在地满足儿童心灵的需要。因此，我们要特别关注儿童心灵里那些美好的东西以及那些天然的智慧的火花。

体育课是学生最喜爱的课程之一，应该让运动回归自然，因为爱玩好动的自然天性是每个学生都具有的。作为体育老师，更容易了解学生最真实、最自然的一面，更容易在轻松和悦的气氛中与他们沟通，在细微之处潜移默化地给他们以影响。体育教师的言行不但是对学生进行教育的重要工具，同时也是师生、生生之间相互交流的工具。体育教师的语言若生动有趣、幽默动听，就能拨动学生的心弦，激发学生欢快、喜悦的情绪，使学生精神振奋，课堂也随之出现活跃和谐的乐学氛围。课堂需要童语，教师与孩子讲话，要注意调动学生学习的兴趣，把孩子心灵里潜在的寻根究底的好奇心和种种奇思妙想引导到体育学习之中。

体育课堂教学的特点是双向或多向的交流，师生、生生之间的交流次数之多、频率之高，是其他学科的课堂教学所不能及的。体育教师的言语、行为直接影响着整堂课的教学工作。但在一些体育教师的日常课堂教学中，难免会出现一些言行过于幼稚化、言行过于成人化、言行过于夸大的现象，从而导致言行过于低效。

1. 言行过于幼稚化

下面是一节小学四年级体育课上体育教师与学生的互动片段：

体育教师头戴兔子头饰问学生："小朋友们，你们看我是谁呀?"同学们齐声回答：

"小兔子!"体育教师问："那你们喜欢小兔子吗?"同学们又齐声回答："喜欢。"体育教师又问："小兔子可爱吗?"同学们回答："可爱。"体育教师说："今天每一位小朋友都要来当小兔子，老师呢，当兔妈妈，你们高兴吗?"同学们接着回答："高兴。"

体育课堂教学言行，要根据教学对象的特点，选择适合学生年龄特点的教学方式，运用合适的用语，简明扼要、清楚明白即可。一定要避免不必要的提问与回答，避免重复啰唆性用语，避免使用不适合教学对象的幼稚性语言。

2. 言行过于成人化

在体育课堂上，总会听到"你能把话说得更完整吗""你能把刚才的话说得更正确吗"这样的引导语。在这种情况下，学生的回答就完整多了，也很正确，只是童言童语少了，童真童趣没了，孩子说话都变得"大人"化了，总感觉这样的课堂缺少了什么。因此，体育教师不应对孩子苛求完美，从成人的角度要求他们，而要让学生真正享受体育学习的快乐，要让孩子在体育课堂上畅所欲言，说他们想说的，想他们所想的，这样的体育课堂才有生气。

3. 言行过于夸大

有些体育教师在课堂教学中对学生的行为进行评价，如："你真聪明，你太优秀了!""你的动作太美了，比舞蹈演员都好!""我没见过你这么聪明的!"……课堂上，体育教师夸大的赞扬并不一定总能产生良好的效果。事实上，体育教师赞扬的频率与学生学习的成绩之间呈逆U型趋势，即赞扬过多或过少都不能达到预期的效果。体育教师要考虑在什么情况下赞扬才是最适当的和最有作用的，不能为了表扬而表扬，为了"鼓励"而无中生有，或夸大其词、言过其实。否则，学生特别是体育成绩不好的学生，不仅得不到鼓舞，反而觉得"老师是用假话来安慰我"，甚至还可能误解为"老师在挖苦我"。因此，在体育课堂教学中，对学生特别是体育成绩不好的学生的评价和表扬，要实事求是，恰如其分。该表扬的，就实事求是地给予表扬；有过失的，批评要适度，激发其补缺改过的动机和行为。体育教师若言行失度或表扬过度，不但会失去表扬的意义，还会引起学生对老师的反感，降低老师的威信。

## 二、如何做一名有童心的体育教师

体育教师在课堂教学中的言语行为、非言语行为正确与否关系到课堂教学效果的好坏。体育教师要珍爱童心，保护童心，考虑学生的心理需要、教育的需要。体育教师须考虑表达策略、语境和课堂环境，了解孩子，聆听孩子的心声，用准确、轻松、易懂、风趣的语言吸引学生，用教师的真诚感化学生，用教师的爱感动学生，用教师的行动引导学生，做一个有童心的体育教师。因此，一个好的体育教师必须加强自身在这方面的修养，提高自己的素质。

1. 以趣动其心，以言导其行

教师的爱、教师的语言、教师的行动，能充分调动学生的学习热情，以趣引路，以趣导航。孩子的精神世界如雪一样纯洁、美丽，但又极其脆弱。有童心的体育教师，对学生要有一颗炽热的爱心，用亲切（生动）的语言去感化学生，用生动有趣的语言去引导学生。

在一节体育课上，一个体育老师正用讲故事的方式引导学生进行活动，孩子们都被老师的故事吸引了。忽然，一只蜜蜂嗡嗡地飞进活动场地，一会儿飞到东，一会儿飞到西，一会飞上，一会飞下。一些孩子吓得叫起来，有些勇敢的孩子干脆追打蜜蜂，而小蜜蜂好像故意跟大家作对似的，就是不肯离去。“不要吵！别怕！”“安静！安静……”可是没有一个学生听体育老师的话，场面顿时失控了，怎么办？体育老师灵机一动，也朝蜜蜂追去，边跑边说：“小蜜蜂，你是不是来看我们小朋友做动物模仿操的？看我们的小朋友模仿动物多像呀！”这话还真灵，乱哄哄的场面顿时安静了许多。体育老师接着说：“下面我们就模仿一个小动物，让小蜜蜂看看，哪个小朋友最认真，做得最像。看，小蜜蜂在边飞边看呢。”孩子们听老师这么一说，都站好了自己的位置，目光都重新回到了体育老师的身上。孩子们看了看空中飞舞的小蜜蜂，安静下来，继续做动物模仿操。不一会儿，小蜜蜂飞走了，孩子们动物模仿操也做完了。当孩子们再回头找小蜜蜂时，体育老师说：“孩子们，小蜜蜂刚才见我们做得很认真，不好意思打扰我们下面的游戏，就悄悄地离开了。”孩子们一听下面有游戏，顿时高兴起来，也把小蜜蜂给忘掉了。

2. 以情去贴近，用心去沟通

教师用爱与学生沟通，真诚地面对孩子，以热情感动孩子，用耐心对待孩子时，才能叩开学生的心扉，才能真正了解学生的想法，才能真正帮助他们。也许学生不懂事，让人费心，但如果多给孩子尤其是那些淘气的孩子一分宽容、一点关爱，多与孩子们沟通，放弃体育教师所谓的尊严，耐心地观察孩子，满足他们内心深处渴望得到认可的精神需求，就会取得意想不到的教学效果。

有一个男生，特别喜欢车，上体育课时也老惦记着口袋里的玩具赛车，一有机会就拿出来摆弄。放学后，他不直接回家，而是去广场那儿玩赛车。老师批评，家长骂，全都没有用。于是，有几次放学后，体育教师有意识地与他同行，并向他请教有关赛车的知识。一提起赛车，他就滔滔不绝。等他休息了，体育教师就有意地提起学习来，跟他说：“我们来一个互相请教好吗？关于赛车的知识我向你请教，你当我的老师。上课时我是老师，你得好好地上课，认真地学习。”他没想到一个老师竟然要当他的学生，他很高兴地同意了体育教师的建议。之后，他再也没带玩具赛车到体育课上，看得出来，他的手有时会止不住想玩东西，但一看见体育教师的眼神，他就克制住了。课间或课外活动时，体育教师总是有事无事地与他交谈两句，表扬他的点点进步，询问他的饮食起居情况，让他感到老师时时在关注着他。他进步了，每天都快快乐乐的，上课认真听讲，放学按时回家，成了老师心目中的好学生、家长心目中的好孩子。

3. 以趣激情，寓教于乐

小学生形象思维占优势，好动，爱新鲜，厌烦过多的重复性练习，因此将体育教学兴趣化可以给儿童以情绪的满足，有利于调动学生学习的积极性。体育教师只有做到讲解语言生动活泼、新鲜有趣，动作示范准确漂亮，教学方法力求多样化、兴趣化，才能符合小学生的年龄、心理特点，才能充分调动学生学习的积极性，使体育课生动活泼。

针对学生没站相、弯腰驼背的缺点，体育教师在下达“立正”的口令时，可以用语言提示学生：“自己体会一下，你像不像一棵小白杨树。”这样，原来没有挺胸抬头的学生就容易立刻纠正自己的动作，而且还能激发他们的学习热情。针对低年级学生在集合排队时有时会互相拥挤，找不到自己的位置，甚至因为着急而乱说乱叫这一现象，体育教师可以在教学中把学生分四路纵队，分别编成“小鸭子队”“小黄狗队”“小白兔队”和“小花猫队”，并给每位同学编号。这样一来，儿童从心理上乐意接受。再集合的时候，体育老师就说：“看哪一队的小动物能最先找到自己的家!”老师可以加上表情和语言提示，使儿童进入角色，逐渐养成良好的组织纪律性。

## 三、如何让小学体育课堂童趣盎然

童心课堂是真实的课堂。小学生注意的范围狭小，注意力集中时间短，特别是低年级的小学生，常辨不清东南西北、前后左右，顽皮好动，听不懂老师讲的话……这些都是小学生在体育课堂上的正常现象，关键是我们如何顺应孩子的心灵需求，开展有效的课堂教学，让学生对体育课产生兴趣，让每个学生作为独立的生命个体参与体育教学活动，并且较快地掌握基础的体育知识与技能。体育教师可以结合儿歌、童谣、口诀等形式，自编自创热身操、游戏及与体育常规相关的有效练习，牢牢抓住孩子的心，这样，体育课堂将不仅有序而且充满童趣。

### （一）课堂常规方面

课堂常规要贯穿在课堂的整个过程中，建立有效的课堂常规是保证课堂教学的基础。小学生到了室外，注意力更容易分散，对于低年级的学生，一味严格执行标准未必有效，换一种方式将会使课堂充满童趣。

1. 课前整队

师：“铃声响!”

生：“排好队!”

师：“快静齐!”

生：“站神气!”

2. 带领学生走进操场

教师走在前面，不断出示手指，让学生报数。当教师带队进操场时，这种报数的方法很管用，学生齐声报数，教师虽然不回头看，但学生完全在掌控之中，学生走得整齐，而且没人玩耍。

3. 让学生安静或看老师

师："一二，三四五！"生："我是，木头人！"学生在回答的同时原地立正，保持安静。

师："老师的眼睛和小朋友的眼睛是好朋友，现在，老师的眼睛要找好朋友了，我的眼睛应该有45个好朋友（学生人数），谁是我的好朋友？"学生回答："我是你的好朋友！"孩子回答的同时眼睛看老师。

老师快速出示手指，让学生报数，这样，其他说话、开小差的学生就会立刻看老师。

4. 让学生识别哨音练习

一声哨音：学生自由玩耍；两声哨音：原地立正，面向老师；三声哨音：排四列横队，先到的小朋友拍手计倒计时10、9、8、7……

5. 课间学生放衣服后的集合

统一规定衣服放在哪里，怎么放，先到的孩子一边拍手，一边倒数10、9、8、7……

6. 集中注意力的练习

老师举左手，学生报"1"，举右手，学生报"2"。老师发令："蹲下！"学生集体蹲下后喊："好！"老师发令："起立！"学生喊："1——2！"并按节奏起立。老师两只手出示手指，学生做加法，报答案。

7. 激发学生兴趣、斗志

师：谁站得最好？

生：我站得最好！

师：谁最棒？

生：我最棒！

师：准备好了吗？

生：准备完毕！

**（二）队列队形练习方面**

队列队形是体育教学中的重要内容，是对学生进行行为培养、思想教育的重要途径。实践中，由于这一内容本身比较单调枯燥，难以唤起学生的直接学习兴趣，体育教师可以将动作要领巧妙地编入口诀里。口诀朗朗上口，节奏性强，教师让学生边读口诀边完成动作，既可以规范学生的动作，又可以吸引学生的注意力，使队列队形练习变得有趣。

1. 立正练习

师："脚跟！"——生："靠靠紧！""脚尖！"——"小分开！""五指！"——"并拢！""贴在！"——"裤缝旁！""抬头！"——"又挺胸""立正"——"要精神！"

2. 一列横队变二列横队（一路纵队变二路纵队）

一年级的队形变化是非常难教的，而体育课上经常需要队形的变化，常规做法是报数，数1的同学不动，数2同学向右后方撤一步，站在数1的同学后，自动对齐。这是比较复杂的变队形，学生经常走错。

学生按“苹果”“橘子”等报水果名称，替代报数，“苹果”不动“橘子”动。同时，让学生建立“列”和“路”的概念：“列”，就像火车一样一列一列；“路”，就像马路一样一条一条。一列变两列，要求火车头对火车头，每一列火车车厢对齐；一路纵队变两路纵队，要求队伍像马路一样一条一条、笔直笔直。这些运用了概念的迁移，把抽象的数字和变化方法变成形象的水果及火车、马路，学生比较容易接受，也更便于学会变队形。

3. 当出现队形拉得很长，需要向前靠拢时

师：二路纵队——

生：挨挨紧！

师：前后一臂——

生：不拥挤！

**（三）踏步、跑步方面**

踏步、跑步是小学体育课队列教学中的一项重要内容，能培养学生严肃认真、服从口令、听从指挥的学习态度，而且能有效地促进课堂教学组织和学习效果的提高。低年级小学生跑步一般都跑不整齐，在平时的短跑或往返跑练习中经常会跑错跑道，站立式起跑时同手同脚的现象也很普遍。下面是踏步和跑步的一些口诀：

1. 原地踏步预备姿势：左脚弓，右手抬，左手高高放背后。

2. 原地踏步：两臂前后摆，脚尖对准前，抬头又挺胸，身体不能歪。

3. 齐步走：身体正，勇向前，抬起头，挺起胸。

4. 两臂伸直，一、二、一；大腿抬高，一、二、一；抬头挺胸，一、二、一；打起精神，一、二、一。

5. 站立式起跑：立正站在起跑线，左脚不动右脚退，右手在前左手后，听到发令冲向前。

6. 预防小朋友跑错道：站要站在直线上，跑要跑在框框内。

7. 四路纵队慢跑：前后跟紧，一、二、一；两两对齐，一、二、一。

**（四）准备活动方面**

体育课中准备活动是为基本部分的学习做热身，准备活动完成得好坏，将直接影响基本部分任务的完成，它对防止伤害事故发生，掌握体育知识、技术、技能都有重要意义。根据教材内容和学生心理特点，准备活动要设计、创编多样的游戏活动内容，以引发学生的兴趣，让学生在欢乐的气氛中进入状态，在短时间内都参与运动。体育教师可以把一些儿歌引入课堂，借鉴舞蹈、健美操、韵律操等动作元素，编排多种热

身操，一边朗读儿歌，一边做各种肢体动作，这样的准备活动趣味性强、节奏明快，孩子们就非常乐意去做。如以下儿歌：

1. 小蚂蚁，要过河，乌龟伯伯把它驮，鱼儿见了乐呵呵。

2. 爸爸带我去爬山，爬到山坡看大佛，大喇叭里正广播，爱护大佛不能摸。

3. 老乌鸦，叫喳喳，捉条虫子喂娃娃。秋风起，天气凉，妈妈为我做衣裳。

4. 一只小花猫呀，喵喵喵，喵呀喵呀；二只小老鼠呀，吱吱吱，吱呀吱呀；三只小蜜蜂呀，嗡嗡嗡，嗡呀嗡呀；四只小兔子呀，跳跳跳，跳呀跳呀；五只……六只……

5. 小老鼠，上灯台，偷油吃，下不来，喵喵喵，花猫来，叽里咕噜滚下来。

6. 智慧树上智慧果，智慧树下你和我。智慧树前做游戏，欢乐多又多。

# 专题三　耐心教育——表扬和批评的智慧

当前，人们普遍认为，好孩子是夸出来的。但现在的孩子批评不得，只要一批评就赌气、撒娇，或者跟老师对着干。有些教师对学生一概以“好”“很好”进行笼统的评价，于是课堂上出现了“好”声一片。其实，这是一个误区，教育孩子不能一味地强调表扬，而忽略批评的重要性。在体育教学中，表扬和批评都是重要的教育手段，应该软硬兼施，二者缺一不可。没有表扬的课堂是沉闷的课堂，没有批评的教育是不完整的教育，如何恰当地运用好批评和表扬，需要一定的艺术性，这是一名称职的体育教师必须加强专业化修炼的基本功之一。

作为一名教育工作者，表扬和批评都是我们教学过程中常用的重要教育手段。那么，作为小学教师的您是否能够恰当运用这种特殊的教育手段？您的表扬或批评能否起到鞭策和激励学生的作用？在各种场景中应该运用怎样的口吻？怎样把握表扬和批评的时机？您所面对的教育对象是在怎样的情绪下接受表扬和批评的？您的表扬和批评是达到了应有的效果，还是适得其反呢？在批评和表扬时应注意哪些问题？您的出发点是否明确？您的表扬是具有目的性，还是太随意了？这一系列的问题，都需要您在实际的体育教学中不断地总结、提炼，并逐渐找到规律，运用简洁风趣的语言，驾驭好表扬与批评这匹骏马，形成自己独特的教学风格。

## 一、小学体育教育中的表扬和批评

表扬是一种积极的强化，是通过褒奖鼓励和其他方式去加强和巩固合乎需要的行为，表扬的语言如春雨，滋润着学生的心田，能够触动孩子心底最柔软、最需要肯定的情感。批评，也是一种强化，能够剖析孩子遮盖错误的行为，教师有时用情感严厉的语言和手段，可以帮助孩子认识自己的错误，从而达到对学生的教育作用，抑制学生的不良行为习惯。

### （一）体育教学中运用表扬和批评的指导思想

1. 以学生为主体，促进学生身心发展

体育教学中的表扬和批评，应以学生为主体，以学生身心健康发展为目标，是促进学生身心全面发展的一种教育手段，因此教师必须确立人本立场，以爱护学生为出发点，充分理解和尊重学生。

2. 表扬和批评相辅相成

表扬和批评作为教学中的重要教育手段，同时也是对学生学习过程的评价。表扬是发现学生的优点，使该生在同学中起到表率作用，是从正面教育和激励学生的手段；而批评则是教师指出学生的错误或缺点，从反面教育和激励学生的手段。有时，表扬中有批评，批评中有表扬，两者在教学中是相辅相成和互相配合的。

**（二）表扬和批评在体育教学中的作用**

1. 表扬在体育教学中的促进作用

教学实践证明，表扬是教师对学生体育行为的一种积极肯定的信息反馈，无论是学生在运动技能掌握初期还是在掌握以后，表扬的激励作用都是十分重要的，是肯定学生学习成绩的主要手段，是促进学生掌握运动技能和发展体育能力的有效方法，其积极作用是十分明显的。

（1）激发学生学习兴趣，调动学习积极性

在教学过程中，教师应注意观察，及时发现练习认真、动作掌握好的学生，也要特别善于发现学生中勇于表现、运动技术和能力较强的学生，对他们对技术动作的较快掌握及在练习中不怕困难、肯动脑子等优点及时予以表扬，抓住典型，以点带面，调动广大学生的学习积极性。有时无声的表扬对调动学生积极性的作用也很大，如当教师见到学生遵守纪律、认真练习、相互帮助等良好表现时，向学生微笑点头，以示赞同；当学生学习成绩有提高，技术有进步，表现出勇敢、顽强的精神时，教师竖起大拇指或带头鼓掌，以示表扬。这能起到甜润学生心田、激发练习积极性的作用。从心理学角度讲，假如学生取得的学习成果、每一点进步都得到教师的认可，那么这种表扬就可以激发学生更大的积极性。

（2）强化学习目标

表扬具有强化学习目标的作用，有利于学生做出正确的体育行为。表扬作为一种诱因和激励手段，可以与体育实践序列中所要达到的特定目标联系在一起，因而有助于构成完整的体育实践过程。没有这种目标的联系性，体育实践往往会变得无定向、无目的。

（3）提供学习成效的信息

表扬能够为学生提供学习成效的信息，有利于学生检查自己的进步情况。在体育教学过程中，教师若能恰如其分地使用表扬这一语言手段，就能较为准确地为学生提供信息反馈，使学生及时了解自己体育实践的结果和进步情况，从而增强从事体育学习的信心，增强努力的程度。因此表扬有助于促进学生对运动技能的掌握。

2. 批评在体育教学中的强化作用

对犯了错误或有缺点的学生进行批评教育，可以有效地抑制学生的不良行为和习惯。我们在教育教学过程中不能置学生的错误和缺点于不顾，不能听之任之，否则，学生就会在错误的道路上越走越远。及时地指出学生的错误和缺点，可以使学生树立正确的认识，但教师批评学生也应注意方式方法。在教学过程中，学生会为了避免挨批评而认真练习，也会因为怕挨批评而遵守纪律，我们常常可以看到有些调皮的学生在做小动作或讲话前总要窥视一下老师，他们就是怕老师看到后要批评。若学生做错了事都不批评，时间长了，由于经常接收不到成败的信息，得不到对与错的对比，学生的心理会扭曲，意志会变得脆弱，就会变得狂妄自大，并且会经不起挫折与打击，因为他们这方面的锻炼与强化太少了。

## 二、表扬和批评应注意的事项

### （一）表扬和批评的原则

心理学研究表明，适度的表扬具有推动技能学习的作用。然而，表扬不当，则可能导致学生将主要的学习目标置于脑后，过分的夸奖又会使学生骄傲而忽视自己的缺点。表扬在一般情况下可以取得较好的效果，而批评则不然，稍有不当就会造成不良的后果，如会使学生产生对学校、教师和学习的厌恶、怀疑，甚至是憎恨。当然，适当的批评是完全必要的，只要讲求方式和采用巧妙的办法就可以取得良好的效果。在批评学生时尤其要注意学生心理发展水平、个性心理特点和承受能力。正确的表扬和批评，应从以下几个方面着手：

1. 实事求是，客观公正

无论是表扬还是批评，都应该尊重事实，客观公正地进行评价。教师应该对事情进行实事求是的分析，明辨是非，帮助学生端正看问题的态度，调整学生看问题的角度和方法，引导学生建立积极的思维模式。批评能使学生清楚地认识到自身存在的不足和需要改正的地方。教师对学生的表扬或批评漫无目的，或是随自己心情好坏、喜恶去夸奖或批评一个学生是万万要不得的。

恰当的、从实际出发的表扬，可以鼓舞人心，起到以点带面的积极作用。虽然我们的体育教学也需要批评，但我们需要的是有教育意义的、恰当的、学生可以接受的和充满爱心的批评，而不是讽刺挖苦、侮辱人格和学生难以接受的批评，更不是对学生声嘶力竭的训斥。我们必须明白：只有恰当的批评才能起到积极的教育作用，只有符合事实的表扬才有说服力，才有教育作用。如果表扬的人和事不符合事实，那么表扬就收不到应有的效果，甚至适得其反。过度的表扬和批评会使教师的评价失去意义，如果教师不顾事实，一味地表扬和批评，会误导学生。教师在表扬和批评学生时一定要做到合理、符合实际。夸大其词、不符合实际的表扬和批评，非但不能起到积极的群体心理效应，而且还会产生不好的影响。

2. 把握表扬和批评的时机

表扬和批评要把握好时机，才能起到应有的作用。如果教师对学生取得的成绩没有及时予以表扬，错过了学生对表扬渴盼的最佳时期，就会使学生心里应有的那份激动变得淡然，也使其他同学觉得时过境迁，那么表扬产生的效应就会大大下降。例如，当某个学生在进行某一动作训练，始终没有得到正确动作的体验时，一旦其动作有所进步，教师就应立即给予鼓励和表扬，这对于提高他的练习信心很有帮助。反之，如果教师认为这个同学的动作与先进生还有差距，或等到他完全正确地完成动作后再给予表扬，那就错过了表扬的最佳时机，也就不会取得理想效果了。批评时也要注意时机的把握，比如说课堂上在教师讲解时有的同学注意力不集中，这时教师就要适时地用眼神或幽默的语言进行委婉的批评，这样既不影响教学，也能使该同学认识到自己的错误并能继续学习。

3. 正确选择表扬和批评的对象

教师对学生的表扬往往会更多地集中于体育优秀生。其实最渴望得到表扬的正是默默无闻的大多数学生，他们的进步来之不易，教师应及时发现，给予表扬，激发他们以更高的热情投入学练活动中。所有的学生都期待着被关注、被表扬，教师要关注不同层次的学生，在体育课上尤其要关注体育成绩较差的学生，多鼓励少批评，或在肯定中委婉提出不足的地方，积极挖掘他们的优点加以强化，使他们在心理上减少自卑感。在选择表扬对象时，要抓准能起表率作用并能在同学中引起反响的典型；而批评时则以表扬多数同学的正确行为替代点名批评少数同学的错误。

**（二）不恰当表扬和批评的表现及后果**

1. 不恰当表扬的表现及后果

表扬是体育与健康课中常用的教学手段。它可以让学生有满足感、成就感、荣誉感，并激励他们继续努力，做得更好。但有些表扬不仅起不到应有的作用，反而会产生一定的消极影响。比如"失真"的表扬，教师在没有确切的根据和不明真相的情况下，随便表扬某个学生，这样做不但让受表扬的学生难堪，让其他同学觉得有失公允，而且还会给教师自身的形象带来负面影响。又如"吝惜"的表扬，教师对学生特别是后进生表现出的优点、长处和能力，视而不见，听而不闻，不给予或不能充分地给予表扬和肯定，不能满足他们的成就感、荣誉感，从而挫伤了他们的积极性，让他们觉得自己不被重视，在教师心目中没有什么地位，进而表现出心灰意冷，丧失了自信。另外，还有具有"倾向性"的表扬、"随意"的表扬，都属于不恰当的表扬。

（1）泛泛的表扬

泛泛的、敷衍式的表扬会使受表扬的学生觉得教师的表扬不是发自内心的，其他同学也产生不了羡慕的感觉，这样就使表扬的效果大打折扣。比如说教师在表扬学生时，神情淡漠，显现出"例行公事，走过场"的敷衍情绪，就会使表扬的效果大打折扣，久而久之，更会使学生失去被表扬的渴望和学习的积极性。

（2）不符合实际的表扬

教师不可随意进行表扬，甚至进行"文不对题"、张冠李戴的表扬，更不能不着边际地张口就来，给学生一些廉价的、不符合实际的赞美。这样会使学生不再把表扬当回事，使表扬失去作用，甚至挫伤学生的自尊心。鼓励赞赏必须建立在客观的基础上，要把握好时机和尺度，这样才可以起到鼓舞、激励的作用。

(3) 过于频繁的表扬

表扬的频率要适中。表扬过少或者不表扬，就没有榜样的激励作用；表扬过多，就会失去表扬的意义。表扬不能过度，也不能过于频繁，否则表扬的作用会适得其反，使“强化作用”减弱。

2. 不恰当批评的表现及后果

批评是一把很锋利的双刃剑，用得好，能恰当地提醒学生，加强学生的注意力，提高他们的学习兴趣与积极性。反之，用得不当，会打击、伤害他们的兴趣与积极性，甚至会引起学生的对抗情绪。因此，教师在批评学生时，一定要用长辈式的或是朋友式的关心爱护和帮助他们，真诚地指出学生的错误和缺点，丝毫不能包含任何敌意和攻击，切忌任何形式的讽刺和挖苦。比如，在教学中看到学生做动作不正确、不协调时，如果教师说：“你怎么这样笨，连这么简单的动作也不会做?”也许教师这样脱口而出是很痛快的，然而学生听了却会很反感，所以这样并不能起到批评强化的作用。而教师若是这样说：“你练习很认真，很好！如果能那样练，将会有更好的效果。”学生就会很乐意地接受老师的批评与指导了。像讽刺、挖苦、威胁、惩罚这样的批评，不仅不利于调动学生的积极性，反而会伤害他们的自尊心和自信心，在教学中一定要避免。

## 三、如何运用好表扬和批评的艺术

表扬和批评作为一种教学手段，使用得恰当，就有利于学生掌握体育技术、技能和知识，激发学生向更高的目标努力，而使用不当则会适得其反。因此，作为教师，非常有必要提高运用表扬和批评的艺术，最有效地发挥表扬和批评在体育教学中的积极作用，不断地提高教学质量。

### (一) 了解学生，正确评价

小学阶段是学生长身体、长知识、人格及性格形成的重要阶段，也是其性格塑造的关键时期，他们稚嫩的心灵需要更多的关爱和呵护，教师的一个微笑、一个亲切的眼神都能使他们得到鼓励、增强信心。因此，在这个阶段应多运用表扬的方式，在批评时尤其要讲究方式方法。

在小学阶段，学生的身体器官正处于生长发育的突增期，骨骼的急速生长，心肺容量的增大，使他们有更大的可能性进行较为激烈的体育活动。在这段时期，他们身上的独立性与依赖性、自觉性与幼稚性等因素相互交织在一起，构成其独特的心理特点。正确地把握小学生的生理和心理特点，是帮助他们克服和消除运动心理阴影的重要前提，是把他们培养成开朗活泼、勇敢参与、积极进取的一代新人的重要保障。因此正确地应用好对小学生的表扬与批评至关重要。

### (二) 不吝啬表扬

作为教师，要睁大眼睛去挖掘每个学生的闪光点，要像对待自己的孩子一样热爱和关注他们。一位美国心理学家说过："人性最深切的要求是渴望别人的欣赏。"教师对某一学生的表扬，是对他的赏识，但在学生心里，他更需要一种公众的欣赏。因此，在全体学生面前表扬他，就更能使之感受到荣誉，同时也能在其他学生面前树立典型，起到激励其他学生的作用。教师要带着一颗真诚的心去表扬学生，真诚的表扬对学生有着举足轻重的作用。

**（三）合理利用体态语言**

人们常说的肢体语言也是传递信息的一种重要方式，当微笑与正确的肢体语言相结合时，两者会相得益彰，给学生以最佳的影响。教师的一个微笑、一个眼神、一个手势，足可以向学生传达一种赞美或是不认可其行为的信息。在很多场景中，体态语言能起到非常好的效果。如教师见到学生认真练习、相互帮助时，向学生微笑点头，以示赞同；当学生学习成绩有提高，做动作有进步，并且表现出勇敢、顽强的精神时，教师竖起大拇指或带头鼓掌，以示表扬等。这些都能起到鼓舞学生、激发学习积极性的作用。

**（四）提升教师个人素养和魅力**

教师不是全能的，但应该尽可能多地学习相关知识，全方位地提升自己，使自己具备多方面的能力，提升个人素养，提高自身的魅力和吸引力，真诚地对待学生的每个问题，了解学生想知道的，用自己的个人魅力和实际行动影响、感染学生。

第二篇

# 体育教学能力

体育教学具有其独特性，并非任何教师都能胜任这一工作。它需要教师具有扎实的专业知识基础和体育教学技能。本篇从全面技能、讲解设问、生动示范、保护与帮助这四个维度阐释了体育教学的独特性及体育教师修炼体育教学能力的必要性。

# 专题一 全面技能——体育教学的基本能力

在当今社会，小学体育越来越受到重视，促进小学生身心健康发展，让学生树立终身体育教育理念是小学体育教育的目标。小学体育教师在实现这个教育目标的过程中具有至关重要的作用，因此，小学体育教师能力的高低是实现这个教育目标的关键所在。小学体育教师应该具备怎样的能力，为什么要具备这样的能力，具备这些能力的意义是什么，怎样培养自身这些方面的能力等问题，都需要我们的体育教师了解和明确。

## 一、全面技能的内涵

学校体育教学的基本任务是，全面锻炼学生的身体素质，促进学生身心机能的和谐发展，使学生掌握体育基本知识、基本技术和基本技能，学习科学锻炼身体的方法，并对有一定专项技能的学生进行专门的训练等。因此，小学体育教师应具备的全面技能不仅包括与体育教学直接相关的能力，还包括与体育教学有关的其他方面的能力，如组织课外运动训练的能力、心理健康教育能力、组织管理能力、科研能力、创新能力等。

### （一）教学能力是基础

小学体育教师作为最早对学生进行学校体育教育的人，在学生终身体育教育理念的形成中担任着重要的角色。学生能否正确地认识体育的意义，能否通过对体育知识的学习达到终身受益的目的，体育教师的作用尤为重要。因此，小学体育教师必须具备良好的专业基础知识和全面的专业技能，要熟练地驾驭教材，根据体育课堂环境、场地、器材及教学内容特点，合理地组织教学，这些都是教师教学能力的体现。小学体育教师的教学能力主要包括：熟练地掌握当今小学生喜爱的体育运动项目的能力，构思、设计体育教学活动的能力，组织体育教学活动的能力，进行教学效果评析的能力。

1. 熟练地掌握当今小学生喜爱的体育运动项目的能力

小学生正处在身体发育的关键时期，其身体力量、速度、耐力、灵敏、柔韧度等素质都在快速发展，不同的体育项目对其作用有着很大的区别。全面参加不同体育项目的练习对促进学生身体素质全面发展起着至关重要的作用。这就要求体育教师掌握多个体育项目的技能和练习方法，只有这样才能顺利地完成对小学生进行体育教育的目的。同时，小学生喜欢尝试新事物，长时间进行单一的体育项目的练习不仅对学生身体的全面发展不利，更重要的是学生会逐渐对这项体育运动失去兴趣，从而不能达到体育教育的目的。因此，体育教师掌握了多个体育项目的技能后，就可以对小学生进行不同体育项目的教学，这样既能保持学生学习的兴趣，又能促进学生身体素质的全面发展。

2. 构思、设计体育教学活动的能力

为使体育教学活动具有科学性和趣味性，提高课堂教学的效果，体育教师需要具备设计教学过程、精选教学内容和方法的能力。教师可以根据学生的特点选择他们喜欢的内容，从而培养他们对体育运动的兴趣。体育教师构思、设计体育教学活动的能力，包括制订教学目标的能力、编写教案的能力、选用教学方法的能力等。

3. 体育教学活动的组织能力

小学生具有活泼、好动的特点，因此，体育教师是否具有组织体育教学活动的能力是保证上课质量的关键因素。小学体育教师组织体育教学活动的能力包括：有良好的课堂组织能力，清晰、准确的语言表达能力，教学过程中正误对比的能力及电化教学的能力。

4. 进行教学效果评析的能力

教师在教学后能够全面地评析教学目标的完成情况，对体育教学活动过程中教学方法和教学手段的选用是否符合小学生的实际水平、兴趣和心理特点，是否发挥了小学生的主观能动性，是否培养了学生的锻炼兴趣，是否发展了学生个性等效果进行评析。

### （二）课外体育活动和训练指导能力

作为一名体育教师，不但要完成课堂教学任务，还要承担学生课外体育活动的工作，推动校园文化的形成，给学生创造自觉地、科学地进行锻炼的氛围，为培养体育人才创造条件。因此，科学选材的能力，合理制订训练计划和实施训练的能力，管理和组织比赛的能力，协调学生学习与训练关系的能力，是新时期小学体育教师应具备的能力。

### （三）学生心理健康教育能力

作为一名合格的小学体育教师，不但要给学生传授运动技能知识，而且还要做到以下几点：在体育教学中对学生进行良好的道德品质教育，培养学生良好的心理素质，培养学生的团队协作能力，培养学生勇于挑战困难、顽强拼搏的精神，培养学生良好的社会适应能力，从而促进学生心理健康发展。

### （四）良好的组织管理能力

体育教师不但要组织学生上好体育课和进行课外锻炼，还要具备组织各种大型运动会、球赛、广播操及大型团体操表演等能力。因此，合格的小学体育教师必须具有良好的组织管理能力。

(五) 良好的科研能力

小学体育教师应掌握科学研究的全过程，通过科学研究和经验总结，为体育课堂教学、运动训练和健身指导提供更先进、更合理的教学及训练方法和手段。其中，撰写论文的能力在科研能力中所占的比重要大一些，它是教师发现问题、总结经验能力的体现。科研能力是一名合格小学体育教师应具备的重要能力之一。

(六) 创新能力

创新能力要求教师不断地提高自身的素质及业务能力，不断地改进教学目标和教学评价体系，不断地探索新的教学方法，同时还要不断地培养学生的创新能力，以适应新时期社会对人才的要求。

## 二、传统的全面技能观和新全面技能观

### (一) 传统全面技能的含义

传统的学校体育教育是片面注重给学生传授基本技术、技能、基础理论的单一技术教育，单纯地追求提高学生的身体素质，体育教学似乎只是为考核、评优和竞赛服务，脱离了当今社会素质教育对人的思想、能力、品德、人格等诸多方面的要求。因此，传统的全面技能主要是指教师能够很好地掌握多种运动项目的技术及相关的理论知识，能够在不同项目的教学中很好地完成技术动作的示范工作，让学生在教学过程中学会技术动作，并在运动实践过程中运用所学到的技术。传统的全面技能是应试教育的产物，已经无法适应新时期学校体育教育的要求，无法实现强化终身体育理念、提高学生心理素质、树立全面正确体育观的目标。

### (二) 新全面技能的含义

新时代的小学体育教师应是多能型、综合型的人才，不仅要很好地掌握传统运动项目的技能，而且也应该很好地了解与掌握新的运动项目技能，同时还应具备运动训练与健身指导能力、心理健康教育与保健能力、组织管理能力、科研能力、人际交往能力和不断创新的能力。新时期的小学体育教师应该不断提高自身的业务素质，使自身具有开展学校体育教育和社会体育活动所需要的多种能力，具有现代科学技术知识和其他各类学科的基础知识，能够在体育实践中运用这些知识。

## 三、小学体育教师掌握全面技能的意义

### (一) 能够适应新形势下小学体育教学对体育教师的要求

当今，学校体育教育事业迅猛发展，“终身教育”“素质教育”和“快乐教育”与体育融合，以及学校体育任务的进一步更新与完善，都对体育教师的能力结构提出了更高的要求。随着知识的不断更新，教师的知识结构和能力结构也需要不断变化。这就要求小学体育教师既要拥有全面的技术运动能力，又要掌握相关的理论知识；既要拥有良好的组织教学能力，又要拥有良好的沟通能力；既要掌握小学生生理及心理健

康方面的知识，理解终身教育和素质教育的理念，又要拥有良好的科研能力和不断创新的能力。因此，只有掌握了适应当今学校体育理念的体育教师，才能适应新形势下的学校体育教学对教师的要求，才能够更好地完成学校体育任务。

**（二）适应具有不同特点的学校体育教学要求**

目前，我国不同地区的教学环境和教学条件都存在着很大的差别，对小学体育教师也存在着不同的要求。因此，小学体育教师自身应该具备全面的教学能力，以适应不同学校的要求。小学体育教师应该结合学校自身的教学条件来达到“终身体育”和“素质教育”的目的。拥有全面技能的小学体育教师能更好地结合学校的特点来发挥自身的优势，根据不同学校学生的特点和教学条件制订不同的教学计划，最终实现“终身体育”和“素质教育”的教学目标。因此，拥有全面技能对小学体育教师适应不同特点的学校，最终高质量地完成教学计划具有重要的意义。

**（三）通过自身的表现激发学生参加体育运动的热情**

体育有其独特的教学特点，教师要通过讲解和动作示范让学生直观地了解和掌握教学内容。因此，良好的教学组织能力、漂亮的动作示范能力、对相关理论知识进行清晰讲解的能力等都是影响学生喜欢体育运动、积极参加体育运动并形成终身体育理念的重要因素。学生通过积极地参加体育活动强健体魄，培养良好的心理素质和团队协作能力，培养敢于挑战困难和坚韧不拔的拼搏精神，并在运动中不断促进身心健康。因此，体育教师应该通过自身的健康、高水平的运动技能、渊博的文化理论知识来影响学生对体育运动的热爱，从而让更多的学生喜欢体育并积极地参加到体育运动中来。

**（四）培养学生终身体育的理念，促进学生身心健康发展**

小学阶段是促进学生身体协调发展、快速掌握技术动作的最佳时期。因此，这个阶段也是培养学生对体育运动的兴趣，促进学生身心健康的最佳时段。体育教师应运用良好的教学方法和手段，不断培养学生对体育运动的兴趣，让学生通过运动不断地强健体魄、完善人格，并从中体会到参与运动的快乐，逐步喜欢上体育运动并最终形成终身体育的理念，从而达到促进学生身心健康发展的目标。这一切都需要体育教师通过自身的行动、语言来引导学生、影响学生，不断强化体育运动对学生身心发展的重要性这一理念。

## 四、拥有“一长”“两强”“全适应”运动技能的必要性

**（一）拥有“一长”运动技能的必要性**

拥有“一长”运动技能是指教师在众多的运动项目中能够熟练掌握一项学生喜爱的运动项目。我们这里所谈的熟练掌握既包括对该运动项目技术动作的熟练掌握，能够漂亮地完成该项目的技术动作，示范动作准确，具有一定的美感，又包括熟知和该项目有关的知识。这些知识包括：技术动作的理论知识和该项目的起源与发展，目前该项目在世界上开展最好的国家，练习该项目时应注意的事项，熟知每个技术动作的

练习方法和易出现错误动作的纠正方法等。这样，在教学过程中，教师既能教给学生运动技能，又能让学生了解该项目的相关理论知识，从而达到健康体育和终身体育的教育目的。

**（二）拥有“两强”运动技能的必要性**

“两强”运动技能是指教师在熟练掌握了一项学生喜爱的运动项目后，还要很好地掌握两项学生喜爱的运动项目。虽然这两项运动项目的掌握情况不及“一长”运动项目，但还是应该具有很好地运用这两个运动项目进行教学和课外训练的能力。拥有“两强”包括：了解这两个项目的发展情况，了解这两个项目的理论知识，了解参加这两个项目运动时的锻炼意义，具有很好的技术动作示范能力，熟知每个技术动作的练习方法和易出现错误动作的纠正方法、练习该项目时应注意的事项、练习该项目对相关生理机能的提高等方面的知识。这样才能让学生更全面地了解该运动项目，通过该运动项目达到健身、健心的目的。

**（三）拥有“全适应”运动技能的必要性**

所谓“全适应”运动技能，是指教师在很好地掌握了“一长”“两强”三项运动项目的基础上，对其他运动项目的掌握也能够达到教学要求的水平。教师在教学过程中对这些项目的技术动作要有准确示范的能力，同时还要大致了解该项目技术动作的理论知识和该项目的起源与发展、目前世界上开展最好的国家、练习该项目时应注意的事项、每个技术动作的练习方法和易出现错误动作的纠正方法等相关的知识。这样，教师在教学过程中既能教给学生运动技能，同时又能让学生了解该项目在进行练习时对身心健康的促进作用。由于目前我国各地区小学之间差别很大，因此开展的运动项目不尽相同。对于传统的运动项目，小学体育教师应该基本上能够达到教学要求。而对于学生们喜爱的新兴体育项目，如轮滑、跆拳道等项目要有所了解，这样才能满足具有不同特点的小学对教师的要求。另外，拥有“全适应”运动技能还包括体育教师拥有运动训练与健身指导能力、心理健康教育与保健能力、组织管理能力、科研能力和人际交往能力、不断创新的能力等。

## 五、小学体育教师提高全面技能的方法

随着体育事业的迅猛发展，各种新理论、新技术、新学科不断涌现，由此带来的新变化也必然反映到小学体育教育中来。在现有的小学体育教师队伍中，虽然大部分教师具有多年的体育教育工作实践经验，但是面对快速发展的新形势对他们提出的要求，小学体育教师还是要不断地进行知识更新。因此，从教师对学校体育教育的适应角度出发，小学体育教师应该不断地学习新的课程内容和教育理念，以适应新的教学任务的要求。

**（一）参加相关的专业技术及理论培训**

小学体育教师应通过参加专题讲座、专业技术及理论的培训和观摩课来提高自身

的全面技能。通过系统学习，体育教师可以掌握体育新的教学方法，成为既具有专修项目特长，又具有从事体育教学的多种实际工作能力和一定科学研究能力的体育教师。因此，小学体育教师应通过参加相关的专业技术及理论培训，不断地提高自己的全面技能，以适应新时期学校体育对教师的要求。

**（二）及时了解当前全国小学体育教育的新动态**

随着社会的发展，学校教育理念也在不断更新，学校体育工作也进入一个全新的发展阶段，这就意味着学校体育对体育教师的教学能力也提出了更高的要求。因此，小学体育教师不能完全靠有组织的培训来提高自身的能力。这就要求小学体育教师时时关注国家教育新动态，关注学校体育教育新的发展方向，根据需要，通过课余时间自学，以不断提升自我教学的能力，从而适应新形势下学校体育对教师提出的新要求。

**（三）通过网络提高自身的能力**

体育教师应利用业余时间，通过电子课件及网络教育来了解新的教育理念并学习运动项目，丰富体育知识，提高自身的能力，以适应新时期学校体育对教师的要求。

# 专题二 讲解设问——体育问题的解决

苏联教育家苏霍姆林斯基说："教师的语言修养在极大程度上决定着学生在课堂上的智力劳动效率。"在体育教学中，我们时常发现，即使传授同样的运动技术动作，有的教师并不多说，可学生的学习效果很好，而有的教师不停地解释、说明，但效果一般。课堂上，有的体育课学生参与积极、气氛活跃，而有的则死气沉沉、懒懒散散。分析后可知，体育教师在教学中的主导性相对于其他学科的教师而言显得更加重要，体育教师不但要讲解学习内容，还要较好地进行现场组织和管理。在这个过程中，教师能较好地运用语言进行简洁、有效的讲解，在恰当的时机提出引人注意的学习问题，是进行高质量体育教学的重要条件，这些能力是一名体育教师应具备的基本能力。

在体育教学中常常需要解决各种问题，一个事件、一种现象、一个动作或一项技术、一个问题，怎样去讲解和分析？怎样选择讲解的内容？讲解的重点是什么？每个问题又分为几个层次？讲解的顺序怎样安排？通过什么方式讲解的效果最好？等等。这一系列问题都需要教师在讲课之前认真地进行思考、琢磨、推敲和准备。不过，每位教师的高超讲解技能都不是天生就有的，这种讲解技能是可以通过教师不断地总结、学习和积累而逐渐提高的。

## 一、小学体育教学中的讲解与提问

1. 体育教学中的讲解

体育教学中的讲解是指教师通过简明、生动的口头语言向学生系统地传授体育知识、运动技能的方法。好的讲解不但能把道理说明白，还能将知识技能掌握、思想教育、智力发展和陶冶情操等有机地结合起来，从而达到最佳的体育教学效果。"精讲多练"是对体育教师讲解技能和水平提出的高要求的概括。

（1）关于"讲什么"

事实上，在体育课上，教师需要讲解的内容是非常丰富的，既有不同方面、不同层次的体育相关知识，又有各种运动技术方法、要领、战术。而身体运动技术的动态性特点，也使体育教学中的讲解更加复杂。此外，教师还要在课堂上对学生进行思想品德、心理健康方面的教育。所有这些内容都离不开教师有效的讲解、说明。具体来说，体育教学中的讲解可以使学生了解体育课的目的、任务、教学目标、基本知识概念、动作名称、动作要领、作用、方法、顺序及要求等。

(2) 关于“如何讲”

正如体育学科是一门综合性学科一样，体育教学讲解的内容既涉及人文知识，又涉及一些自然科学知识，如人体解剖学、运动生理学、运动力学等，其既带有一定的社会性，同时又培养练习者的个性特征，因此，体育教学中需要讲解的内容是非常丰富的。但是这些不同类型的内容如何能更加有效地被传授、讲解，采用的方式和讲解的类型也非常重要，在体育教学中可以采用以下不同的类型进行讲解（见下表）。

**在体育教学中可以采用的不同类型的讲解**

| 讲解类型 | 基本特点 | 举例 |
| --- | --- | --- |
| 事实性讲解 | 直述事实，有条理，节奏较舒缓，层次分明 | 如直腿后滚翻动作过程、肩上投篮动作过程等 |
| 解释性讲解 | 解释、说明，了解学生已有知识，获得较透彻的理解 | 如长跑中的“极点”现象、体育锻炼的好处等 |
| 概念性讲解 | 分析、综合、概括，获得动作技术概念 | 如足球中的“越位”、中国武术的概念、“跑”的概念等 |
| 归纳性讲解 | 引导学生观察、操作、归纳概况、形成概念，得出结论 | 如通过一定的练习后归纳技术动作要领，小组练习后进行总结 |
| 演绎推理性讲解 | 以概念或定义为前提，以观察资料为依据，解释推理或预测推理，得出结论 | 一些具有普遍指导性的概念，如“迁移”“协调性”“爆发力”等 |
| 对比性讲解 | 对比指出正误、优劣、差异等区别，其反衬性大，感觉鲜明，容易理解，印象深刻 | 相似技术动作，如羽毛球扣球与排球扣球技术比较、弓步冲拳与弓步刺剑、不同人的动作掌握差异 |

除此之外，还有一些具体的方法可以在讲解中得到运用，如采用实验、仪器测试的数据来说明一些规律、原理和概念，用生活实例和教训来说明一些道理和常识，用英雄故事和典型事例来教育学生。

2. 体育教学中的设问

“学起于思，思源于疑”，这句话深刻揭示了疑、思、学三者之间的关系。E. R. 汉密尔顿在他所著的《提问的艺术》一书中指出：“教与学的全部过程贯穿着提问的艺术。”设问是教师在讲解过程中为了促进学生积极思考，根据教学内容的需要适时提出一些问题的方式。教师在体育教学中恰当地设问既可以增加教师与学生之间的互动，集中学生注意力，调动学生的主观能动性，也可以对讲解的效果进行一定的检验，了解学生对所学内容的掌握情况，从而调整或加强某些方面的教学。

(1) 关于“问什么”

设问过程主要包括教师的询问、学生对教师询问的反应、回答，以及教师对学生的反应、回答的处理等，设问是课堂中教师讲解时所采用的一种形式。需要指出的是，由于体育教学的特点是以大量的身体练习为主，因此体育教学中的提问不宜太多，所提问题应该是关于学习重点、难点的问题，以体现出对学生学习的促进作用。具体来说，体育教学中有意义的设问主要针对以下几个方面：①体育历史文化常识；②相关动作的技术要领及其原理；③相关运动的战术与裁判法；④运动保健养生的常识及方法；⑤体育课堂中的教育现象。

（2）关于“如何问”

针对体育教学的特点，体育教学过程中的问答与文化课课堂中的问答在形式上有以下几点不同：①一般使用简短的语言来进行；②问答不能有太长时间的讨论；③问答以引起学生对练习的思考为目标；④问答散落在练习和讲解之中，但开始和结束的部分要重视。

在体育教学过程中，虽然广大体育教师很注重运用问答法来提高教学质量，但所提问题明显存在着“浅显”的问题，这使得提问失去了启发思维的意义。提出有价值的“真问题”是设问的关键，这需要教师深刻理解教学内容，精心选择和设计有关的问题，掌握提问的时机，组织提问的语言，引导学生进行思考和回答，最终获得相应的概念或结论。体育教师应在以下几个方面进行有效处理：①设计问题；②注意提问的技巧；③注意候答的策略；④注意对回答的处理。



美国体育教学论学者西登拓扑将体育中的设问归纳为四种类型（见下表）：

**在体育教学中可以采用的不同类型的设问**

| 设问类型 | 基本特点 | 举例 |
|---|---|---|
| 回顾性设问 | 记忆性的问题、复习的形式，一般用“是”和“不是”来回答。 | 运球时，你的眼睛离开过球吗？ |
| 归纳性设问 | 对以前问题的归纳，往往需要说明理由，回答可能是多样的。 | 练习身体柔韧性的方法有哪些？提高爆发力的方法呢？ |
| 演绎性设问 | 运用已有知识解决新问题，回答有一定的创造性，并且多种多样。 | 武术在现代社会中的应用价值有哪些？ |
| 价值判断式设问 | 要求学生进行选择，是一种态度上、认识上的提问或判断。 | 篮球联防战术的运用价值和时机是什么？ |

## 二、讲解设问时常见的问题与案例

1. 讲解设问时常见的问题

体育教学中的讲解主要涉及讲什么和怎么讲的问题。讲什么是由体育教学的具体内容来决定的，但需要教师很好地把握住所教内容，抓住重点，提炼难点，主次分明。设问往往是伴随着讲解进行的，是教师在讲解中为了强调重点、调动学生学习兴趣而采用的一种形式。在体育教学中，由于体育教师将更多的时间用在组织学生练习上，而对讲解设问的方法和技巧有所忽视，因此存在着一些问题，如下表所示：

**体育教学中教师使用讲解设问时常见的问题**

| 讲解的常见问题 | 设问的常见问题 |
| --- | --- |
| 过于注重动作外形，忽略动作过程要领 | 设问针对性不强，不具体 |
| 注重技术动作的讲解，忽略相关文化、原理的讲解 | 一次提出的问题太多 |
| 语言重复啰唆，不够精练 | 提出学生未接触、不了解的内容 |
| 逻辑不清，重点不明 | 对学生的回答缺乏反馈，处理不当 |
| 语言呆板，不够生动、风趣 | 将提问作为惩罚学生的一种手段 |
| 讲解时机掌握不恰当 | 提问时机与学习内容衔接性不强 |

以上讲解设问中存在的问题在一定程度上会制约体育教师教学技能的发展，并会影响体育教学质量，因此，针对以上问题有目标地进行改进、提高，是体育教师不断自我完善、提高教学技能的重要方式。

2. 教学案例

**案例 1**

某年，在某省的一节公开课上，一位教师正在上小学高年级的短跑课。准备活动后，教师教学生学习“蹲踞式”起跑动作。

教学从讲解开始，教师讲：“同学们，现在我给大家讲解一下蹲踞式起跑的动作要领，大家好好听。听到‘各就位’的口令后两脚依次踏于起跑器上，后腿膝跪地，两臂伸直，约与肩同宽，两手四指并拢，与拇指分开成人字形，虎口朝下，手指接触地面。重心前移，肩与臂基本垂直地面。此时，头颈放松，与躯干成一条直线，静止不动，听预备的口令。听到预备口令后，从容地抬臂，使股骨转子高于肩轴，两点的延长线与地面夹角约在15～25度之间。重心前移，使肩的投影点超过手支点5厘米，并缓慢地做一次深吸气，然后静止，听鸣枪信号。这时应注意的是两脚掌应紧贴起跑器抵足板，当听到鸣枪信号后，前腿用力迅速蹬至直，后腿积极蹬离起跑器并马上向前摆出，注意小腿，防止后撩。同时，两臂迅速前后大幅度地摆动，在蹬离前起跑器的一瞬间，后蹬腿充分伸直，后蹬角约35～30度之间，前摆的大腿与地面夹角60～65度之间，大小腿夹角约小于90度。头与躯干略成一条直线，眼看地面，前摆的臂手与头同高，后摆的上臂与前摆的臂约成直线。”

同学们刚开始很认真地听，但是在教师繁缛又晦涩的讲解过程中逐渐失去了眼中的光芒。体育教师看到这样的情景，心中生急，忍不住突然大喊了一声：“你们听懂了吗？”同学们吓了一跳，马上大声地回答道：“听懂了。”

**分析：**上述案例中，教师没能掌握讲解的基本技巧，并且在教学方法的选择上也欠妥。“蹲踞式”起跑这个并不复杂的动作，完全没有必要进行这么细致甚至是繁缛的讲解，这样的讲解远不如一个动作示范来得生动明白。首先，教师可以先做一些各种姿势的快速启动练习，在学生感受到乐趣，对快速启动有了一些体验并掌握了基本要领后，再导入“蹲踞式”起跑的讲解。其次，教师在教学前可先做正确示范，并结合动作示范作简单讲解，然后做一些常见的错误动作示范，让学生分析动作错误的原因。最后让学生进行尝试性练习，教师在练习中着重纠正一下错误动作即可。

**案例 2**

问题过于浅显，不具体

在某市教学基本功大赛上，教师在教学过程中使用了对学生提问的教学方式。

教师在做完某个动作的示范后问学生：“老师做得好不好呀?”学生回答：“好。”

在学生做完练习后，教师问学生：“我们做练习的积极性高吗?”学生回答：“高。”

教师挑选的学生做完示范后，教师问：“他做得好吗？好，我们就给他鼓鼓掌。”学生回答“好”并鼓掌。

**分析：**上述案例中，教师提出的第一个问题几乎没有任何教学意义，反而有相反的教学效果。如果老师真做得好，就有点自吹自擂，而且学生也不知教师的示范好在哪里。如果教师做得并不是很好，那么教师就等于让学生说违心的话。第二个提问看似是学生的自我评价，实际上评价的结论只能是一个“高”，没有任何意义而且显得非常奇怪。第三个提问也是同样的问题，由于做示范的学生是教师挑出来的，同学们自然要回答“好”，并报以热烈的掌声，因此没有教学意义。上述三个提问都只需要学生进行很浅显的判断思考，而且答案没有第二个选择，因此是“不成为问题的提问”。

针对上面这些问题，就以上三个提问建议作以下改进：

(1) 想想，刚才老师做的示范和你们自己的动作有哪些不一样的地方?（学生可以归纳出老师与自己的不同点，不存在好坏的评价，属归纳性提问）

(2) 大家评价一下第一组和第二组，哪组做练习的积极性高？为什么这样说?（同学们可以自主判断，属价值判断和归纳性问题）

(3) 谁来回答一下，他做的示范好吗？好在哪里？有哪些不足?（也属价值判断和归纳性问题）

## 三、讲解设问能力的修炼方法

通过上述分析我们可以看出，教师的讲解设问技能与其逻辑思维能力、语言表达能力、知识储备的丰富性、灵活运用和抓住时机设问的能力、与学生的互动能力等多方面相关。归纳起来，体育教师可以从以下几个方面提高讲解设问能力：

### （一）了解讲解设问的基本要求和运用方法

一般来说，讲解技能由讲解结构、语言流畅、使用例证、重点强调、获得反馈五项要素构成，各种要素在使用中均有一些要求和运用方法，体育教师应从这几个方面入手掌握讲解设问的技巧。

### (二)不断扩展和丰富讲解设问的内容

1. 扩展与体育教学内容相关的专业知识，既包括理论方面的知识，又包括相关运动项目、技术战术方面的知识和身体体验。

2. 加强运动技术动作的体验和总结。

3. 了解体育相关方面的生活实事，运用丰富的例证。在讲解设问之前，应做好充分准备，选择讲解内容，设计内容层次，编排讲解顺序，确定讲解重点。在体育教学过程中，要经常对讲解的重点、难点、要求和注意事项等问题进行强调，设问的穿插也是针对这些方面进行的。

### (三)提高语言表达能力

体育教师在平时读书看报时应有意识地分析他人运用语言表述事情的方式、表述的层次，逐渐养成分层、分条地表达问题的习惯。另外，还需要加强自身的写作能力，从日常教学中的点滴小事开始记录、分析，逐渐提高语言的条理性。这些能力也可以在平时工作的各个方面有意识地加以培养，如教学总结、备教案、课堂讲解等。

### (四)加强语言的科学性和艺术性

1. 亲切感人，具有诱导性

在体育教学过程中，教师的语言要亲切热情，不能是冷冰冰、硬邦邦的，更不能带刺儿。特别是那些技术水平较低、身体素质较差的学生，更要多鼓励、诱导，使其调整好心理状态，树立和增强完成动作的信心。教师要让学生既感到师生之间关系平等，又感到教师谦虚可敬，并乐于接受教师的教诲，从而提高教学质量。

2. 词准意切，具有科学性

体育教师在教学中运用的词语必须词准意切，不能含糊其辞，特别是对技术概念、动作要领要讲得准确，对动作完成的质量也要有个相对客观的评价。这样，一方面可以避免学生形成错误的动作概念，影响动作的掌握，另一方面也可以增强教学效果。

3. 活泼生动，具有形象性

在体育教学中，运用生动有趣的语言能激发学生强烈的求知欲，调动起学生学习的积极性。形象生动的讲解语言，不仅能使学生对教师所描述的技术动作有深刻的理解和正确的把握，而且也有利于激发学生学习的兴趣。

4. 富于哲理，具有激励性

教师的语言应富有哲理性，能使学生在学习过程中潜移默化地受到熏陶。在学生完成技术动作不理想时，可用“天下无难事，只要肯登攀”的名言鼓励学生。在学生测验成绩不理想时，可用“失败乃成功之母”等语言激励鞭策学生。这样既有利于激发学生学习的自觉性、积极性，又有利于教师顺利上好每节体育课，达到良好的教学效果。

### (五)获得反馈，及时调整

教师要善于观察学生的表情、态度、行为动作和回答问题时对动作的理解程度，及时得到学生各方面的反馈信息，并准确地加以判断，不断调整自己讲解的内容、速度和方式，保持信息传播的通畅，保证讲解的效率，提高讲解设问的质量和效果。

教师在准备讲解一个事件、一个问题或一个技术动作时，首先要思考讲解的总体框架，即通过对教学目标的分析，选择讲哪些内容，重点讲几个问题，每个问题又分几个层次等；其次，考虑针对这些内容使用哪些讲解的具体技巧，即如何导入，怎样强调，先讲什么，后讲什么，通过什么方式讲解效果最好等；最后，还要考虑如何结尾，使学生能够将兴趣保持到最后。

# 专题三　生动示范——技能的认知程序

## 一、体育教学中的示范

1. 示范教学的内涵

示范教学是小学教师教学的一种重要手段，是一种直观的教学模式，是教师在课堂教学活动中，对所授教材进行形象示范，把抽象的概念化为物质外壳。它是教学过程中最具实质意义的中心环节，也是区别于其他教学的一个根本特点。

示范教学是形象直观的教学，它的本质特点是，教师通过形体动作开展教学活动，表达教学思想。教师作为教学活动的直接组织者，其形体动作是否具有规范性直接决定着教学思想和教学计划能否贯彻实施，也决定着整个教学活动的质量。

2. 示范动作在运动技术形成过程中的作用与理论基础

在体育教学中，让学生学会各项运动技术并具有一定的水平，是教师应完成的任务之一。为此，教师在选择教法时，必须合理地运用示范教学，因为它可以帮助学生更好地理解和掌握技术，是使学生形成运动技术的基本条件。

教学过程即学生的认知过程，是学生从感性认识到理性认识的飞跃过程。不言而喻，教师在教学中运用示范动作，可以强烈地影响学生的感觉器官，使学生注意力集中在示范动作上，如此循环往复，使学生在头脑中逐步形成鲜明的形象和生动的观念。同时，教师通过对示范动作的讲解，积极促进学生的思维活动，通过比较、分析、综合和归纳，使学生认识技术动作各个环节的联系及其规律，从现象中认识本质。因此，教师根据教学过程的具体情况，恰当地运用示范动作是体育教学的重要环节。

从运动生理学的角度来讲，运动技术的形成过程即建立运动条件反射的过程。学生初学动作时，常常会出现动作生硬而不准确、有很多多余动作的情况。即使由泛化阶段进入分化阶段，学生也会因为掌握动作不够牢固，遇到刺激便会重新出现多余动作和错误动作的情况。这是由于大脑皮质的神经联系暂时尚未形成，或者是这种联系还不稳定的缘故。在这个阶段的教学中，教师应该用精练明确的语言来讲解和多做正确的示范动作帮助学生掌握动作要领。因为将语言和示范动作结合，可以使听觉、视觉神经与运动区的动觉细胞建立暂时的神经联系，帮助肌肉产生正确的感觉，从而区分正确动作和错误动作。

因此，在小学体育教学中，教师必须充分利用小学生具有较强的模仿能力这一特点，借助直观的示范，结合精练的讲解，使学生获得整体、生动的动作概念，并能真正理解体育知识和技能，从而获得理想的教学效果。

3. 示范的心理学观念

教师的示范从某种程度上讲，就是教师的形象。教师的形象美不美，不仅对学生的思想品德、学习态度有着重要影响，而且还直接影响课堂教学效果的好坏。在体育课的动作示范教学中，教师传授新的动作、技术，都需要给学生进行完整的或局部的动作演示。教师的示范是一种技能传授，在体育教学中起着重要的作用。学生通过教师的示范，可以在脑海中留下动作表象，经过反复练习，最后熟练地掌握动作。教师的动作示范若做得轻松自如、舒展大方，就能给学生以美感，激发他们的学习热情和求知欲望，也可以提高教师在学生心目中的地位。教师除了做示范外，还可以和学生一起跳、一起练习，这样才能够活跃课堂气氛，拉近学生与教师的距离，增强学生学习的主动性，增强学生自主学习的意识，把教师指导下的学习转变为学生自主学习。实践证明，教师的主导作用和学生的主体性两者相互结合对教育来说是至关重要的。

4. 视听的认知特点

视觉、听觉和触觉接受的都是外界信息，其中又以视觉最为有效，因而，在体育教学中，每一项教学内容的讲授和教法的实施，都离不开教师的示范动作。学生通过视听神经，对所要学的动作形成一般的运动表象，反映动作在一定的时间、空间和力量方面的特点，如身体的位置、动作的力量、幅度、方向、速度、旋转等。在体育教学中，学生总是先从所注视的动作形象中去学习动作的。因此，学生如果不能形成正确而清晰的运动表象，就不可能正确地掌握动作。

## 二、进行动作示范时应注意的问题

1. 有明确的目的任务

教师首先要研究教材，熟悉教学对象和授课内容，制订与两者相适应的科学的教学方法，明确教学任务。

科学合理的示范教学能达到事半功倍的教学效果，因此，教师的动作示范必须准确、合理。示范的准确，包括动作节奏的准确、动作发力的准确、空间运用的准确、身体的整体动作和局部动作的准确等。另外，除了对一个动作或一组动作进行必要的整体示范外，还要必要的步骤分解。总之，要根据实际需要灵活示范，要善于分析各种情况下矛盾的特殊性及其主次关系，力求用辩证唯物主义认识论加以解决。有目的的示范可以使学生在头脑中建立起正确的动作概念。教师示范的目的，是要使学生通过对教师形体动作的观察，在头脑中形成清晰的记忆表象，并使之“内化”，经过思维的加工，建立起正确的动作概念。

2. 示范的方位与距离

教师必须具备做示范动作的能力。作为一名体育教师，必须不断地提高自己的业务水平，掌握先进的运动技术，在教学中一定要使示范动作技术正确、位置恰当。教师在确定示范位置前应考虑到学生的视线，要以全体学生看清整个动作为原则来确定自己的位置，同时还应根据动作的结构特点来决定示范的面。身体侧向行进的动作，可以采用镜面示范；身体正向行进的动作，可以采用侧向示范。这些都是做好示范的前提。

3. 示范的时机与次数

随着教学过程的深入，教师对示范动作要有进一步的要求。一个教学项目开始后，教师要使学生了解技术的全过程，要做完整个动作的示范，并注意基本动作的正确。随着学生认识的深化，教师的示范动作也要深入，要注意主要技术的细节、重点、难点，以及各技术环节的内在联系，要突出重点和难点。同时，教师应恰当地进行一些正误对比示范，这对分化正确动作和错误动作也是行之有效的。

4. 示范与教学任务相结合

在体育教学中，技术动作的完整示范和分解示范，应根据教学的顺序和任务合理运用。在传授一个新的动作要领时，为了使学生在学习前建立一个完整的技术概念，使学生明确动作的结构和各部分之间的联系，应采取完整示范。如果为了使学生准确掌握技术动作的某个环节，或分析动作的关键、动作的要素，或有针对性地纠正某个环节的错误时，通常运用分解示范，这样就会收到良好的效果。

5. 示范与图片、影像等结合

由于很多技术动作的速度很快，教师尽管把示范动作做得很慢，也未必能使学生看清，这时倘若把示范动作和图片、影像等配合起来，收效就会更大。

6. 示范与讲解的有机结合

示范动作与讲解必须有机地结合。教学中的示范动作不是技术表演，而是有目的的教学过程，如果只做不讲，只让学生照教师的动作模仿，就会严重束缚学生的思维活动，因此在做示范动作的同时，必须结合必要的讲解。讲解从某种意义上讲，可以说是语言的示范。讲解必须紧紧围绕示范动作，以便学生看完示范后积极地进行思考，加深对技术动作的理解。

## 三、示范的技术要求

示范是最形象、最生动、最常用的一种直观的教学手段。所谓示范，就是在体育教学中，对每一个技术动作做演示，让学生了解动作的结构、顺序、形象以及要领和方法，使学生对所学的技术动作建立起一个完整的概念，让学生从感性认识上升到理性认识，从而更好地进行模仿，形成正确的运动表象。由于示范方法的选择合适与否直接影响到教学效果，所以在选择示范方法时，应考虑运动技术的特点、教学任务和学生的实际情况，有目的、有针对性地选择和运用，这对提高教学质量将会起到事半功倍的作用。

1. 示范的目的性

为了建立一个初步完整的动作概念，学生需要了解所要学习的动作的形象、结构和完整的顺序。这是形成条件反射过程不可缺少的重要环节。因此，示范是教师以具体动作为范例，使学生明确所要学习的动作形象、技术结构和要领的一种方法，其要求教师以准确、协调、熟练、完整的动作展示给学生。做示范要根据教学任务、教学内容、教材的难易程度、学生的理解能力以及学生掌握程度来进行。

2. 示范的准确性

示范的正确，不仅可以使学生建立正确的身体练习的形象，而且还可以提高学生的兴趣，激发学生学习的积极性。所以，示范的正确对教学效果有重要的作用。这就要求教师示范的动作力求达到准确、熟练、轻巧、优美，能激发学生跃跃欲试的情绪。因此，教师课前要认真备课，把要示范的动作反复练习，不断提高示范的质量，这样才能取得较好的教学效果。

3. 示范的位置与方向

示范的位置和方向，是根据教学中所用的队列队形、教材的性质、动作的技术结构、学生观察动作的方位以及安全要求等因素决定的。如针对横队、纵队或圆形的队形，教师示范的位置完全不一样。如果教师要求学生看示范的不同部位，那么示范的位置也应有所不同。

示范的方向要注意示范面。示范面有正面、侧面、背面和镜面四种。确定示范的位置和方向，以学生能清楚看到教师示范的动作为原则，同时还要注意避免学生迎风和面向太阳等问题。

## 四、两种特殊的示范

1. 预防性示范

教师在让学生练习之前可以对练习中易犯的错误动作、易发生的危险性动作，做出示范动作及讲解说明，在练习时有针对性地预防，同时要有针对性地进行保护与帮助，避免学生在练习中出现伤害事故。

2. 对比性示范

正误对比示范，是用对比的方法，显示正确的动作要领，使学生清楚了解正确与错误动作之所在。正误对比示范，主要是针对学生出现的某一错误动作而采用的。通过正误对比示范，可以使学生进一步建立正确的概念和明确正确的动作要领。

采用正误对比示范时，先要做正确的示范动作，然后再做错误动作，用正确的动作纠正错误动作。教师在模仿学生错误动作时，要严肃认真，避免丑化学生的动作及伤害学生的自尊心。正误对比示范的程序应该是：正确——错误——正确。

# 专题四　保护与帮助——为学生安全护航

学校体育是学校教育的重要组成部分，它肩负着为社会培养全面发展人才的神圣使命，它的基本任务是促进学生身心健康，增强学生体质。那么，保证学生的人身安全就成了体育教学的关键，也是每一位体育教师义不容辞的责任。

随着自然环境和社会环境的变化，由各类原因导致的校园伤害事故逐渐引起了社会的高度关注，与学校体育有关的伤害事故也日益增多，与此有关的纠纷也随之增加，这不仅影响了学生的身心健康，而且也使学校的体育教学陷入了困境。为此，有些学校的领导错误地吸取了一些体育伤害事故的教训，采取了因噎废食的做法，取消了单杠、双杠、支撑跳跃、跨栏，甚至长跑等存在一定危险和隐患的好项目。众所周知，体育是由角力活动、非正常体位活动、剧烈身体活动、器械活动、野外活动、极限运动等构成，是一种与危险同在的文化活动。不可否认，安全是体育教学的基本目标，但安全不是靠消极地躲避来实现的。消极的安全，潜藏着巨大的危险，体育教师只有敢于面对危险，克服它，战胜它，才能为未来的长久安全奠定坚实的基础。因此，体育教学的难点是确保学生的安全。而加强对学生的安全教育，落实防范措施，消除安全隐患，正确对待体育教学中的安全问题和安全教育，加强正确实施保护与帮助技能的学习与修炼，就成为体育教师的工作职责。

## 一、保护与帮助

### （一）保护

为防止练习中意外事故的发生而采取的安全措施叫保护。它包括发生危险时的安全措施、未发生危险时的预防措施，也包括自我保护措施及他人采取的安全措施。

1. 他人保护

为防止学生由于技术不正确或意外等原因发生危险而对可能出现的危险所采取的安全措施叫他人保护。他人保护包括老师保护和同伴保护两种，在小学体育教学中主要以老师保护为主。

保护者应根据项目的特点和动作的结构，站于合适的位置，自始至终地仔细观察练习者完成动作的情况，做好保护的准备，一旦练习中发生险情，即运用接、抱、拦、挡等手法，使其停止或减缓运动速度，避免其撞击器械、摔倒。

2. 自我保护

为防止由于技术不正确或意外的原因而发生的危险，自己运用特定的技巧摆脱危险叫自我保护。

自我保护方法一般有以下几种：

(1) 紧握器械（以体操为例），及时停止练习或跳下器械，是最简单且最常用的自我保护方法。

(2) 利用惯性顺势做屈臂、团身、滚动、滚翻、空翻或下蹲等动作，以减缓冲击地面的力量。这种方法经常用于在疾跑中失去重心将要摔倒、跳起落地和跳马等从高处落下时将要发生危险的情况，这时应顺势团身向前滚翻，进行自我保护。

(3) 改变身体姿势或动作性质。如做单杠“骑撑前回环”不能上杠时，可立即改为挂膝并及时改成双手正握。

### （二）帮助

帮助者在练习者练习过程中及时给予助力、信号或放标志物和限制物等，使其更快地建立正确的动作概念，更好地掌握、改进和提高动作技术的措施叫帮助。帮助分直接帮助和间接帮助两种。

#### 1. 直接帮助

帮助者直接加助力于练习者，使其更快地建立正确的动作概念，更好地掌握、改进和提高动作技术的措施，叫直接帮助。

直接帮助是一种最基本、最简便、最常用的帮助方法。一般的做法是：帮助者站在合适的位置，运用托、顶、送、挡、拨、拉、扶、推、按、搓等手法，帮助练习者完成动作。

#### 2. 间接帮助

间接帮助是帮助者不直接给予练习者以助力，而是借助信号、标志物和限制物等手段，使练习者掌握正确的用力时间和节奏，体会身体所在的空间方位，尽快地学会动作和提高动作质量的一种措施。

信号包括语言、呼声和击掌等，用以指示发力的时机、动作的节奏，利于练习者建立正确的时间概念。如帮助者发出“用力”“伸”“压”或数“一、二、三”等信号，以帮助练习者掌握用力时机和动作节奏。

标志物和限制物包括绳、竿、球、手帕等醒目的物品，用以指出运动的方向，标志动作的幅度，限制动作的范围，帮助练习者建立正确的空间概念。如在俯卧式跳高时，在助跑的前上方吊标志物，以示摆、穿腿的方向。又如，两膝紧夹手帕做“前滚翻”，以限制两腿的姿势，保证动作的正确完成等。

### （三）保护与帮助的意义

保护与帮助在体育教学与训练中是教师的一项基本技能，是教师为保障学生安全，加速动作的学习过程，促进技术的提高，最后使学生能独立完成动作所采取的一切手段的总和。

体育教学中的保护与帮助，不仅是学生掌握运动技能的需要，也是防止运动损伤的需要。学生在体育学习过程中，从初学到逐步掌握运动技术，不可避免地会出现一些错误动作，从而影响动作完成的质量。错误动作如不能及时得到纠正、改进，就会影响学生对正确技术动作的掌握和学习兴趣的提高，进而导致一些运动伤害发生。因此，保护与帮助是体育教学中不可或缺的重要教学手段之一。

进行保护与帮助是体育教学的特点之一，是教师实施体育教学、训练时经常采用的一种有效的教学手段以及防止运动创伤发生的重要安全措施。正确地运用保护与帮助，不仅能减轻学生的身体及精神负担，使学生消除顾虑，增强学习信心，而且能使学生正确地体会动作要领，利于学生尽快地建立正确的动作概念，掌握动作技术和提高动作质量。尤其是具有一定难度的较复杂的动作，离开了保护与帮助，就无法进行教学与训练。所以，保护与帮助既是缩短教学过程的有效手段，也是学习难度动作的有效措施。

保护与帮助作为体育教师实施教学、训练的基本技能之一，是教师通过体育教学过程向小学生实施安全教育的重要内容。学生通过力所能及的实际操作，既学到了帮助与保护的技能，也提高了观察能力、分析能力和纠正错误的能力。与此同时，保护与帮助对培养学生团结互助的集体主义精神亦有着积极的作用。

## 二、小学体育教学中保护与帮助的缺失及其恶果

1. 教师擅离职守

案例陈述：2001年，在北京一所小学的田径课上，教师安排学生齐某进行单杠悬垂举腿练习。练习时，教师不在该学生的身边，正在与别人说话，齐某不慎摔倒，造成踝关节扭伤。

缘由探析：造成这起伤害事故的最主要原因是，学生齐某在进行练习时，教师不在身边，未能对学生实施及时、合理的保护与帮助措施，造成了学生伤害事故的发生。

防护措施：学校应有计划、有目的地对青年教师进行师德教育，加强体育教师对学生的爱心和责任心的培养，要求体育教师重视体育教学和运动训练中的安全问题，掌握及时、合理地对学生实施保护与帮助的技能。

安全提示：体育教师在组织教学和训练，特别是在进行存在安全隐患项目的练习时，一定要在现场指导并随时准备实施保护和帮助，提醒学生注意在练习中可能发生的危险，教会学生保护与自我保护的技巧和方法，绝不能擅离职守。

2. 教师缺乏有力监护

案例陈述：在山东某县一所小学的体育课上，老师组织学生学习单杠跳上成支撑后摆下。学生张某在做动作时用力过大，支撑点太靠下，导致身体向前翻转，他慌忙中脱手，落地时手背着地，身体又重重地压在手上，导致尺桡骨骨折。

缘由探析：造成这起伤害事故的主要原因是，教师考虑不周，未充分意识到安全隐患的存在，没有详细介绍保护与帮助者的正确站位与预防倾倒的方法，致使参与保

护与帮助的学生思想上不够重视，想当然地认为事故不会发生。

防护措施：体育教师在教学实践中应本着“安全第一”的原则，排除隐患早预防，教会学生实施保护与帮助的正确方法和技巧并引起他们的注意，想方设法保证学生安全，要认真备课，全面考虑，上好体育课的每一个环节。

安全提示：体育教师的保护意识不能松懈，应该贯穿于体育课教学的每个环节。

## 三、小学体育安全事故的原因分析

学校体育伤害事故是指在学校参加体育课、课外体育活动和体育比赛时发生的人身伤害。导致学生体育伤害事故的原因虽然比较复杂，但也不外乎下面几个方面的原因：

### （一）学校的原因

1. 学校的管理制度不完善

体育场地、器材、设备缺乏定期检查、保养、修理和更换的制度或责任落实不到位。如体育器材中的单杠、双杠、爬杆等，因无专人保养，久而久之就会生锈、腐烂；运动场地的凹凸不平或者有杂物，跑道太硬或太滑，沙坑太硬或有小石头等都会引起伤害事故的发生。

2. 学校经费投入不足

学校的体育设施在陈旧、老化之后，由于没有充足的经费而不能获得及时的更新替换，导致学生伤害事故的发生。如生锈的跨栏架绊倒学生，凹凸不平的海绵垫使学生扭伤脚踝，年久失修或已腐烂的篮板脱落砸伤学生等。

### （二）学生自身的原因

1. 学生缺乏安全运动的知识和技能

学生在睡眠不足、患病或伤病初愈及身体疲劳时参加剧烈运动，生理功能和运动能力都会下降，这种情况容易导致伤害事故的发生。此外，有的学生还有不吃早餐的习惯，经常饿着肚子上课，这也是伤害事故发生的重要因素之一。

2. 学生缺乏必要的自我约束能力

学生在游戏或比赛中不遵守规则、动作粗野，在练习中打闹嬉戏，冒险做出超越自己能力的技术动作等，这些行为都是容易造成别人或自己受伤的原因。

### （三）教师的原因

1. 教师缺乏足够的爱心和责任心

教师对学生安全的关注程度，来自于他们对学生的热爱和责任感。只有具备了爱心和责任心，教师才会用心设计周密的安全对策，学生的安全才能得到基本的保证。

2. 教师缺乏过硬的业务能力

要保证学生的安全，教师仅有爱心和责任心是不够的，除此之外还需要有丰富的专业知识和高超的保护与帮助技能。如对场地、器材进行安全布置的能力、对运动器材进行检查和保养的能力、对学生的身体和技能状况进行准确判断的能力、把握教材的难易度与进行帮助和安全保护的能力、对紧急伤害事故进行正确的初步处置的能力等。因此，体育教师加强正确实施保护与帮助能力的修炼十分重要。

## 四、小学体育教师保护与帮助能力的修炼

### （一）不同教学阶段中保护与帮助的运用

运动生理学家指出，动作技能的形成可分为泛化、分化、建立动力定型三个阶段，即粗略掌握动作阶段、改进提高动作阶段及巩固与运用自如阶段。在不同阶段，学生对动作掌握的程度不同，教师的教学任务不同，对保护与帮助的运用也不同。但总体来说，第一阶段以帮助为主；第二阶段是保护与帮助交替运用；第三阶段以保护为主，鼓励学生独立地完成动作。

### （二）运用保护与帮助的一般原则

1. 保护者所站的位置要合适

一般而言，保护者站立的位置应靠近容易发生危险的地方，具体位置应根据项目的特点及各具体动作的结构而定。如技巧项目滚翻、手翻和空翻等，这类动作的特点是移动距离相对较大，保护者的位置必须适应这一特点。一般来说，在做向前的动作时，保护者应站于侧前方；在做向后的动作时，保护者应站在侧后方；在做向侧的动作时，保护者应站在背侧方，并随着动作的进行相应地向前、后、左、右移动，以保证始终站在合适的位置。

2. 实施保护与帮助的部位要正确

正确的部位是发挥助力最大效应的地方，它是根据具体动作的结构而确定的。一般而言，主要的助力作用点在人体总重心附近的部位上或运动轴两侧的身体部分的重心附近的部位上。

3. 实施保护与帮助的时机要恰当

掌握好时机，是保护与帮助的关键，也是保护与帮助的技巧所在。只有掌握恰到好处的助力时机，才能充分发挥保护与帮助的积极作用，而过早、过晚的助力则会成为阻力并影响动作的完成，甚至造成人为的伤害。

4. 保护与帮助的力量要适度

助力的大小必须根据学习的过程、学生的技术水平、身体素质以及动作的难易程度而定。一般情况下，初学阶段助力大些，随着学生动作能力的提高，逐渐减小助力，直至学生最后独力完成动作。此外，对于技术水平较差、能力较弱者，所给助力相应要大，反之则小。若不论对象，不管具体情况，均给予同样大的助力，或以为助力越大越好，都会影响学生对动作技术的掌握。

5. 保护与帮助的重点要明确

保护的重点是身体的要害部位和最易受伤的部位。首要的是头颈部，其次是上肢，

要避免头部直接着地和直臂手撑地。

6. 保护者要有高度的责任感

保护者必须意识到自身的工作对学生的安全负有全面的责任。在保护中应耐心细致、精神集中，并有任劳任怨的工作态度，在关键时刻应有舍己救人的精神，全力以赴地确保学生的安全。

**（三）保护者要熟悉动作过程及技术特点，掌握正确的保护与帮助的方法**

在体育教学中，不同的项目，不同类型的动作，都有其各自的技术特点，但也有一定的规律性。教师首先要掌握技术的一般规律，同时又熟悉每个动作技术的特点，才能明确完成动作的关键及可能发生危险的情况，才能正确地运用保护与帮助的一般原则，做到位置合适、部位正确、时机恰当、力量适度。

掌握保护与帮助的方法和掌握动作技术一样，需要一个从不会到会、从生疏到熟练的学习过程，这需要教师多实践、多学习，这样才能对它运用自如、得心应手。

**（四）要了解学生的特点，做到区别对待**

每一个学生的情况都各不相同、各具特色，因此保护与帮助者必须根据其不同的特点区别对待。

首先，要熟悉学生对动作技术掌握的情况；其次，要根据学生的性别、年龄，了解其身体素质和心理素质的特点；最后，还要了解学生当时的体力与思想状态。只有对学生全面了解，保护与帮助才能恰到好处。

**（五）在教学方法和手段的选择方面做到有的放矢**

对于不同的教学内容，体育教师在选择教学方法和手段时只有做到心中有数，才能对体育伤害事故做到防患于未然。教师备课时应认真钻研和分析教材，根据学生的生理特点，选择合理的教学方法和手段。

对于技术性较强、有一定危险性的项目，教师应依据循序渐进的原则，由易到难、由简到繁，通过挂图、录像或其他多媒体教学手段，使学生初步掌握动作的要领，了解动作的重点、难点及容易出现错误和危险的环节。同时，要严格要求学生按老师的要求进行辅助练习，发现学生出现错误动作后要及时纠正，从而减少因学生不能正确掌握动作而造成的伤害事故。

对于难度较大的内容，尽量采用分段式教学。如跨越式跳高，应先进行助跑、起跳练习，再进行过杆练习，这样使学生学习起来比较轻松，避免了学生勉强完成较难动作而受伤的可能性。对不同素质的学生也要作出不同的要求，以防止其在勉强完成高难度动作时出现伤害事故。保护与帮助学生做较危险或难度较大的动作时，教师要亲自或培养有责任心的体育骨干实施保护与帮助措施。

对于容易出现伤害事故的教学内容，如在铅球等投掷性项目的教学中，让投掷铅球的同学把间隔距离拉大，并统一口令投掷、捡器材，这样可以大大降低学生受伤的可能性。

对于一些对抗激烈的集体性项目，教师要明确纪律要求，控制好学生的情绪。当学生兴奋度过高，场面稍乱时，教师要有意识地暂停一下练习，简单地讲评后再练习。

总之，保护与帮助是一项较为复杂的工作，它具有一定的技巧性和艺术性。作为保护者，既需要有敏锐的观察能力、积极的思维能力、正确地分析和及时判断的能力，又需要有无比的热情，给学生以有效的保护与帮助。

**案例**

侧手翻的四步保护与帮助措施

在体育教学中进行侧手翻动作教学时，采用“四步”保护与帮助的方法可以大大提高学生的学习效率。具体步骤如下：

第一步：交叉扶推。教师站在学生的背后，当其摆、蹬、手撑垫时（以下均以向左侧翻转为例），教师右手在下扶其左侧腰部，左手在上扶其右侧腰部，运用托、推、送的方法帮助其完成翻转动作。翻转动作结束后，教师双手正位扶其两侧腰部，保护其平稳站立。

第二步：依次托拨。教师站在学生身后，当学生摆蹬接近倒立时，教师左手托其左侧腰部帮助提高重心，右手顺势扶、推、拨其右腿，帮助其增加翻转速度。

第三步：皮带绷弹。采用适当长度和宽度并富有弹性的皮带（汽车或自行车内胎均可），让双人牵拉或固定在物体上（可随意调整高度），让学生侧对皮带做翻转练习，借助皮带的反弹提高身体重心，加大翻转的动力。教师站在皮带的另一侧，扶住学生，使其平稳站立。

第四步：棍棒提拨。课前准备有弹性且光滑的棍棒，教师双手握其较粗一端，学生将左腰置于棍棒的另一端。学生侧翻的同时，教师顺势托、提、拨、推，帮助学生完成动作。

**分析**：运用上述“四步”保护与帮助法，一方面可以帮助学生克服恐惧心理，鼓励他们大胆地尝试；另一方面利用外力托、拨、推、扶的作用，可以帮助学生尽快地体会动作要领，更好地掌握动作技术。此外，在组织教学时还可以鼓励学生之间互相保护、帮助，从而加深学生对动作的进一步领会和认识。这样既可以提高教学效率，亦可以激发学生的练习兴趣，对动作技术的尽快形成和教学任务的完成可以起到积极的促进作用，达到事半功倍的效果。

# 第三篇

# 基本教学能力

体育教师除了要具备本学科特有的教学能力外，还要具备一切教师必须具备的基本教学能力，并将二者有机地融合在一起。唯有这样，体育教师才能在课堂教学中吸引学生，展现体育的独特魅力，在体育教学中做到游刃有余。

## 专题一　动机唤起——运动参与的引导

小学体育教育是带有强制性的学校教育。这种强制性为各级学校有力地实施体育教育提供了保证，但这种强制性也会使体育教育存在一种潜在危险的可能性，即它会使体育教学中直接或变相地存在“我怎么说，学生就怎么做”这样一种忽视学生情感、态度、动机的做法。此外，我们常会认为适宜的价值观、情感及动机能够在体育活动中自然而然地形成。然而研究表明，积极的情感不会随着对材料的认识或理解而自动产生。情感、动机等主观体验应该放在与技能、体质同等重要的地位考虑并有意识地加以培养。尽管兴趣是有利于积极动机形成的因素，然而，将动机水平停留在兴趣上是不可取的，兴趣只是引导学生向更高的动机水平迈进的一个阶梯，而不是最后的结果。

长期以来，体育教学一直存在着逐渐丧失乐趣和魅力的问题。我们常以为动机是自发的，因而忽视了自己在学生运动参与中的引导作用。面对学生越来越不愿意上体育课，我们常常以为在体育课上做两个漂亮的示范，学生的动机就自然被唤起了。但唤起动机的因素众多，对不同类型的学生需采取不同的方法。对于小学体育教师来说，唤起学生的动机意味着让学生迈出了成功走向终身体育学习的第一步。因此，小学体育教师必须加强这方面的专业化修炼，进行读心术、攻心术、驭心术和变心术四步修炼。读心术教会您了解运动动机和体育动机；攻心术让您走近小学生；驭心术指导您掌握动机唤起的方法，驾驭学生；而变心术则告诉您在修炼中需要时刻掌握的技巧。

### 一、读心术：发现学生心中的太阳

著名心理学家马斯洛认为，动机是一种需要，它是人们对现实的不满和对未来的渴求。它因人因事、因时因地而异，呈现出多样性。体育动机是学生接受体育教育、参与体育活动的主要动因。影响体育动机的因素主要有体育兴趣、体育态度、教学质量以及教学情景、场地器材、天气等。

#### （一）施教之初，贵在引导——“兴趣是最好的老师”

对于小学生而言，由于受年龄、认识水平和社会经验的限制，他们对体育活动的动机不可能一下子达到增强体质、学习本领、培养情操等社会要求。体育动机是受本能驱动的一种生理性动机，这种动机直接影响到学生对待练习的态度、克服困难的积极性和练习的效果，从而影响小学体育教学效果。

兴趣是成功的起点和动力，兴趣使记忆集中、思维活跃、印象深刻，是学生求知欲的源泉。在教学中，把激发兴趣作为教学的基点，引起学生对运动技术的兴趣，有助于创造愉快的教学情境，诱发最佳的学习动机。施教之初，贵在引导。因此，教师应唤起学生学习运动技术的兴趣，激发他们的探究兴趣和求知欲，从而培养学生学习的积极性，使学生追求体育的乐趣。

**（二）投其所好，用心守护——教育是等待的艺术**

爱玩好动是儿童的天性，对于这种天性，我们不能简单地认为是“贪玩”，它是学生自身心理和行为发展社会化的自觉行动。小学生活泼好动，富有朝气，情感易表露，他们的体育学习动机概括起来就是“玩”与“乐”，尤其是低年龄段的入学儿童，表现尤为突出。

1.“玩”

玩，是人的天性，这种天性在小学阶段表现得尤为强烈。小学生往往会为了玩而将一切抛置脑后：家庭作业，教师、家长的叮嘱，甚至吃喝，都全忘得干干净净。但正是这些小学生，每天要承受繁重的学业负担，度过漫长的课堂生活，他们渴望痛痛快快地玩，却不被允许……在想玩而不能玩的矛盾中，他们在心理上逐渐产生了一股强烈的“运动饥饿感”，而生理上则要求将这种心理反应彻底宣泄出来。利用体育课尽情地玩，正是他们得以名正言顺地发泄情绪的绝好时机。

对于在“玩”中自主学习，有些人可能联想起“放羊”，而有的人则称之为“尝试教学”，也有人把它叫做“自主教学”。不管叫什么，它跟“放羊”有着本质上的区别。我们所说的“玩”，是有控制的，是开发式的，是以培养小学生对体育的兴趣和终身体育锻炼习惯为目的的。

2.“乐”

乐，是小学生从事体育活动的原始动机，也是小学生评价玩的结果的重要标准。按照玩得是否“开心”这一要求，他们将日常生活中的各种玩法划分为“有劲的”与“没劲的”两种。“有劲的”则不断重复、乐而忘返；“没劲的”则不再问津，甚至对其产生厌恶情绪。这个潜意识的衡量标准也被不自觉地带到了体育课堂上，表现为学生对令他们“开心”的活动内容积极参与、不断探究，能主动克服困难；对不能令他们“开心”的活动内容则热情不高、缺乏信心，遇到困难易退缩不前……只有让小学生在不断的“玩”中感受到“乐”，他们那股积蓄已久的“运动饥饿感”才会彻底得到宣泄，那些来自社会、家庭、学校的压力才会得以暂时摆脱，也才能使紧张已久的神经得到暂时的松弛，从而维持身心平衡。因此，可以说“玩而生乐”是小学生学习体育的根本动机，“玩”仅是手段，“乐”才是目标和归宿。

## 二、攻心术：与学生无碍沟通

**（一）学生为什么不喜欢体育课**

造成学生不喜欢体育课的原因主要有以下这些：小学生具有日益强烈的独立倾向，如果教师过多地对其课堂行为进行限制，如不许嬉笑、阻挠自发性活动、过多的集合调队等，会使学生的主动性受到压抑，易引起他们的情绪危机；教师的情绪直接感染学生，教师本人对体育教学兴趣不浓，学生对体育课的兴趣也难以提高；教师对学生过多地处罚和持否定态度，挫伤了学生的自尊心，使学生产生厌学情绪；教师课前、课后缺乏与学生的交流，因而不了解也不能满足学生对体育的需要。

**（二）学生喜欢怎样的体育课**

1. 小学生渴望教师的关心爱护、理解和尊重，渴望与体育教师一起活动。教师应该用慈母般的爱心，体谅关怀学生，做到思想上严格要求、学习上耐心辅导、生活上体贴关心。只要教师回想一下自己读书时，希望老师怎样对待自己，就应该知道如何去对待自己的学生，这叫心理位置互换，也叫以心换心。为了做到这一点，教师应该经常和学生谈心，走访家长，还应利用有利时机帮助后进生和遭遇困难的学生。每个孩子都需要被尊重、被理解、被接受，教师如果能做到尊重学生，相应的，学生也会回报老师，体谅老师工作的辛苦，尊重老师的人格，顺从老师的要求。体育教师与学生一起活动，既能满足学生的要求，又能调动他们的积极性，使他们对锻炼产生兴趣，这样对教学就大有裨益。

2. 小学生喜欢体育教师幽默风趣、和蔼可亲、认真负责。脾气好，不打骂学生，有良好的作风、开朗的个性、温和的态度和博大的胸怀，这些都是一个体育教师必须具备的素质。学高为师，身正为范。教师若有高尚的人格，就会对学生产生良好的影响；反之，则必定"人贱言轻"，使学生对体育课不感兴趣。为此，教师在教学工作中要不断地加强师德修养，肯于奉献，敢于负责，以诚待生，以情育人。同时，加强业务进修，力求达到知识渊博、技艺高超。一个体育教师如果专业水平过低，哪怕有再好的性格，也不会被学生喜爱。

3. 小学生喜欢体育教师一视同仁。在体育教学中，教师必须对每个学生一视同仁，使每个学生都能感受到老师的关心和爱护。不论是男生还是女生，是学习好的还是学习差的，是学生干部还是一般学生，教师对他们都要做到不偏爱、不袒护、不歧视、不冷落。即使在对违纪学生的处理上，教师也应根据学生的个性特点，区别对待，做到有的放矢。例如，同是批评，对于性格开朗的学生，教师可直接给予批评教育；而对于性格内向的学生，最好还是采用先暗示而后个别谈心的方法进行教育比较妥当。

4. 小学生希望教师多给他们一点自由活动的时间。体育教师不能忽视学生的兴趣和需要，不能忽视学生的个性发展和生理特点，更不能采用一些机械的、呆板的、枯燥的、成人化的体育教学方式。不重视学生个性的发展，就不能使学生的创造性得到充分发挥。因此，我们在统一学习、练习的基础上，应该合理安排一定的时间让学生自由活动，这样才可以满足学生的不同需求。

### （三）小学生无法产生体育动机的原因

1. 教师方面

（1）课堂行为不当

林格伦在《课堂教育心理学》一书中根据教师的不同类型，指出教师的课堂行为有四种：①精明而生动的行为，其课堂行为是刺激的、鼓励的；②冷酷而严厉的行为，其行为是有序和有过多直接制约的；③不安而焦虑的行为，其行为是犹豫不决、组织不良、迟钝呆板的，经常处罚学生，对学生持否定态度；④过于学究化的行为，其行为是过于强调理论的，要求课堂秩序有条不紊。

（2）不能激发学生的学习动机

在体育教学中，由于练习的内容缺乏新意，教师讲解的语言单调、贫乏，练习的手段重复、雷同，运动负荷强弱波动大，这些都使学生感到体育课枯燥无味，且难以产生强烈的学习动机。教师的教法欠妥具体表现为教法单一化、教学进度无序化。比如，一些教师强调“实效”，组织教学有时随心所欲，从而使学生不能系统地学习和掌握基本的运动技能，因而也使学生无法通过掌握技能对体育产生兴趣。我们发现，不热爱本职工作、责任心不强的体育老师的课堂往往缺乏生气，这极易导致学生产生厌学的情绪。

2. 学生方面

（1）过度焦虑

小学生感到焦虑的普遍缘由有：第一，学习压力过大。由于学校追求升学率，频繁地对学生进行测验、考试，加之部分家长“望子成龙”心切，在学生考分高时奖励，考分低时训斥、挖苦，致使学生学习负担过重，无心上体育课。第二，思想负担过重。由于学生的生理、心理承受能力较差，在体育课中，教师经常会安排一些竞赛性较强的练习，这一方面有利于激发学生的学习积极性，但另一方面也使一些学生遇到了较多的失败和挫折，缺少成功的愉悦，因而加大了他们的心理负荷。

（2）缺乏学习动机

动机是行动的内驱力，是学习积极性的源泉。缺乏学习动机，势必造成对学习的冷漠，这是造成学生学习心理障碍的因素之一。在教学中，学生对自己感兴趣的，对那些对自己有帮助、有促进、有提高作用的教学内容、手段和方法容易产生学习、探索和尝试的动机。反之，则缺乏学习的动机。此外，学生的学习心理障碍与学生本人的神经类型、意志品质、知识结构、身体机能等也有一定关联。

（3）学习方法不当

有些学生运动能力较差，因而难以领略练习的乐趣和体验成功的喜悦。学生过多地重复那些简单、机械的练习，势必产生心理、生理上的疲劳。

## 三、驭心术：唤醒沉睡的舞者

### （一）培养价值观

价值观是指一个人对周围客观事物的评价和态度，反映了一个人对客观事物的好坏、主次的看法以及采取的态度和行为。教师必须让学生了解体育活动的价值在于增强体质、娱乐身心并养成终身体育锻炼的习惯，让学生了解体育的社会意义及其对学生全面发展的意义。

### （二）激发学生学习动机和求知欲

1. 恰当导入，适当展现

体育课的导入应该语言简练、生动形象。体育教师也要在适当的时候展现自己的技术优势，用优美的示范征服小观众。

2. 注意教材因素

教师丰富教学法，让学生在体育活动中不断地获得新的经验和感受，以及保持体育活动的不确定性，是使活动富有乐趣的一个因素。教师应不断地变换教法和组织形式，以满足学生对新经验的需要。值得注意的是，学生对准备活动的兴趣往往影响之后的课堂气氛。

3. 注意对态度消极学生的引导

教师在体育教学中常常会遇到这样一些学生，他们尚未表现出对体育活动的兴趣，这种学生也许每节课必到，但缺乏活动的积极性，“人在心不在”，他们比淘气、好动的学生更使教师头痛。如果一个班里有三四个这样的学生，则会对教学产生十分不利的影响。

因此，对待态度消极的学生，教师没有必要推迟学习活动，最好的办法应该是不管他们当时的动机状态如何，都要尽可能有效地去教他们。学生若开始尝到体育的乐趣，就可能产生要学习的动机。在某种情况下，提高学生学习动机最适宜的方式是，把重点放在学习活动上而不是学习动机上，依靠有成效的教学来增强学生进一步学习的动机。

4. 目标教学

目标教学是近年来运用较为广泛的教学方法之一，也是激发学生学习动机的一个重要途径。根据教材内容和大纲要求，在体育课中，教师和学生都要制订和明确各种教学目标。教师应该对照目标，找出差距，激发学生的学习动力，促使他们不断进步，最终达到目标要求，让学生获得完成教学目标的成就感。这种成就感对其保持与提高学习动机非常重要。

5. 及时反馈

及时反馈是教师对学生学习成绩和学习态度作肯定或否定评价的一种强化方式。教师及时给予学生有效的反馈能激发学生参加体育活动的积极性，培养学生学习的动机。在体育教学中，教师应该对学生的表现进行客观的评价，通过评价使学生获得精神上的满足。特别是运动能力较差的学生，当他们得到肯定时，他们会产生进一步坚持目标及努力学习的欲望，使已有的动机得到强化。

反馈要注意以下几点：

(1) 要有具体的行为要求，以便检查。比如，学习投篮时，初学者往往不知如何压腕，对他们来说，压腕是一个抽象的概念，而“投篮后手心向下”就比较具体，易检查。学生只有明确具体的要求，才能从学习中发现自己的成功与进步。

(2) 任务难度要适于学生的水平，是学生经过努力所能完成的。

(3) 善于不断地、适时地提出新的要求。当原有的任务经过努力被完成后，个体的认识欲望会向着更高的水平看齐，这时教师应该及时对学生提出新的要求，当学生不断地获得认知欲望的满足后，他们就会把努力与满足所产生的愉快情感联系到一起。

### (三) 创设愉悦环境与问题情境

1. 创造宽松愉悦的环境，让学生带着轻松的心境学习

体育教学氛围是教师和学生都能直接感受到的心理环境，它对教师的教学行为和学生的学习行为都有着深刻的影响。教师在体育教学中常遇到一些问题，如在进行“跳山羊”的教学中，有些学生，特别是一些女生，由于存在恐惧心理，就是不敢跳，怎么办？批评学生胆小或是强制学生练习，都易导致伤害事故。这时，教师除了鼓励学生，让他们多进行分解动作练习和加强对他们的保护措施外，还应给学生创设一个宽松、奋进的学习环境。哪个学生敢跳，就让他排在前面，不敢跳的先在旁边观摩。其实，学生不敢跳只是由于自己的恐惧心理在作怪，在看到别人尝试成功后，他们自然就会将畏惧心理消除一些。

2. 创设问题情境，激发学生的学习动机和求知欲

激发学生的学习动机，主要是让他们感到学习是一种需要，并设法去满足这种需要，以形成动力。问题情境是指具有一定困难的、需要学生通过努力才能解决的问题。问题情境对学生具有较强的吸引力。在问题情境中，学生的思维积极活跃，求知欲望十分强烈，这最容易激起学生的学习动机。例如，在前滚翻教学中，教师先提问：“怎样才能滚动得圆滑？为什么？”然后再拿出两个篮球做实验，一个充满气，一个气不足，让这两个球同时滚动，看哪个滚动的效果好，然后引出课题“前滚翻低头与团身”。这种情境设置，既能引起学生积极思维，又能帮助学生深入地理解教材。

### (四) 调控与激励——“胡萝卜”和“大棒”的艺术

1. 有效地利用竞赛

体育运动以竞赛为特点，它能调动积极向上的精神，激发斗志，满足个人的成就需要。体育运动通过比赛肯定自我，培养富有竞争意识的人。然而比赛也有消极的一面。实践证明，在竞争的状态下，更多的学生会把能力的强弱看做自己成功或失败的原因，而失败的学生更倾向于自责、认为自己无能，因此比赛可能会使一些学生丧失

信心，甚至会对比赛产生焦虑或以无所谓的态度掩盖怕挫折的心理，这样就会妨碍他们体验运动本身带来的享受。所以，教师应该有效地利用比赛，暂缓让那些没自信、技术差、自尊心强、羞怯的学生参加比赛。教师也可在课堂上尝试多种竞赛形式，如合作性集体竞赛更适于需要鼓励的学生。

心理学研究证明，成功的体验是培养学生学习兴趣和意志品质的添加剂，追求成功是每一个学生的一种现实体验和强烈的动机趋向。教师让学生在“成功教育”思想的启迪下获得成功的体验，不但能够增强学生的自信心，而且还能够激发学生的学习热情，培养学生的学习兴趣。当教师在课堂上让学生以坚韧的毅力、顽强的品质、持之以恒的精神取得成功时，不但能使他们体验到成功的乐趣，还能激发他们学习的动机和欲望。

2. 艺术地纠正学生的错误

教师一般会为改进学生的技术而不断地纠正他们的错误，这本来无可厚非，然而若教师过多地、经常地、频频地纠正某些学生的错误则会使他们感到焦虑、窘迫和小心翼翼，教师的这一行为或许一时有效，但从发展的角度看，则是不利的。教师在纠正学生错误时所用的语言往往会对学生的学习成效产生微妙的作用。否定性语言，如“错了”“不对”等，对容易自责的学生是无益的，教师在教学中应该多采用鼓励性话语，如“如果你这样做就更好一些”“上一次做得更好些”之类的用语，其成效会比简单的否定好。

另外，教师要让学生知道，运动技能的高低、技术的好坏在很大程度上与经验和时间积累的多少有关。

## 四、变心术：跨越心的距离

今天，你变心了吗？

你可曾有过这样的体验，你要去某地，等来的却是一辆满载乘客的公交车，你在犹豫中被人群挤到后面，没能挤上车。这时，你心里想：“车厢中间明明还有位置，怎么这些人不能往里走，差一两个人了，就不能让我们上去？”过了一会儿，又来了一辆公交车，你终于挤上了车，被塞在车门处。很快，车到了下一站，车下的人挤着要上来，这时你心里想：“挤什么挤，没看车都满了吗？不会等下一辆？”在这里，因角色不同，乘车者的心理状态发生了很有意思的心理转换现象。由此，心理学又把公交车的踏板叫做变心板。

作为体育教师，为了解学生不同的体育活动动机，应该设身处地地站在学生的角度考虑问题，西方心理学家把这种行为称为感情移入，这是了解动机的最好方法。教师要时刻转换自己所站的角度，学会从“车上”看“车下人”，从“车下”看“车上人”，这样才能更好地缩短与学生之间的心的距离。

# 专题二　体育知识——运动的科学化

体育是寓教育于各种身体活动之中的一种教育手段，体育课是帮助学生获得体育知识，发展各种运动技能，培养良好的体育态度和行为，促进学生身心健全、和谐发展的一门课程。那么，什么是体育知识？体育课堂应该教授什么样的体育知识？在我们这个对体育依然存在偏见和误解的社会中，体育教师应该如何加强体育知识的学习，以提升并充分展现自我呢？

## 一、什么是体育知识

### （一）体育知识的含义

体育知识是人类在体育实践过程中获得的运动经验和认识的总和。体育知识是一种包括自然科学、社会科学和人文科学在内的综合性知识体系。在体育教学过程中，体育知识表现为理论知识和实践知识两种形式。例如，在以田径素材为教学内容的体育教学中，教师除了要传授“跑、跳、投”等技术知识外，还要介绍与其相关的历史文化背景、赛事欣赏、对生理和心理健康的促进、安全运动等理论知识。

### （二）体育知识的分类

1. 认识上的误区

由于人们对体育知识的认识经历了一个由浅到深的发展过程，其分类也经历了一个逐渐科学化、合理化的过程。最初的体育教学仅仅是对体育技术技能的教授，但随着社会需求的发展，人们对体育教学的内容又有了新的认识。在1964年，教育部、国家体委和卫生部针对当时学校体育只重视传授运动技术的问题，下发了国务院批转的《关于中小学生健康状况和改进学校体育、卫生工作的报告》文件，要求学校体育尊重学校教育规律，克服不重视体育文化知识、过分强调体育项目成绩指标的问题。1993年的体育教学大纲则强化了理论知识，将体育知识分为体育实践知识和体育理论知识，将体育文化知识、体育理论知识单纯理解为体育卫生、保健等知识。

对体育知识的这种分类给体育教师们造成认识上的错觉和误区，使他们在教学过程中仅注意卫生与保健知识的传授，忽视了与运动技术知识相关的其他知识（如相关的历史、文化背景、体育欣赏、运动技术与健康促进、安全运动等知识）的传授，久而久之，也使体育教师忽视了体育文化知识的学习和积累，忽视了体育文化素养的提高。

2. 对体育知识进行合理分类

按照不同的角度、目的与标准，对知识进行分类的方法有多种。其中一种分类方法是依据知识的特征，将教材中所出现的知识分为事实性知识、概念性知识、方法性知识和价值性知识①，笔者认为这种分类方法比较适合用来对体育知识进行分类。下面以游泳教材为例，来说明用这种分类方法对体育知识进行分类的合理性。

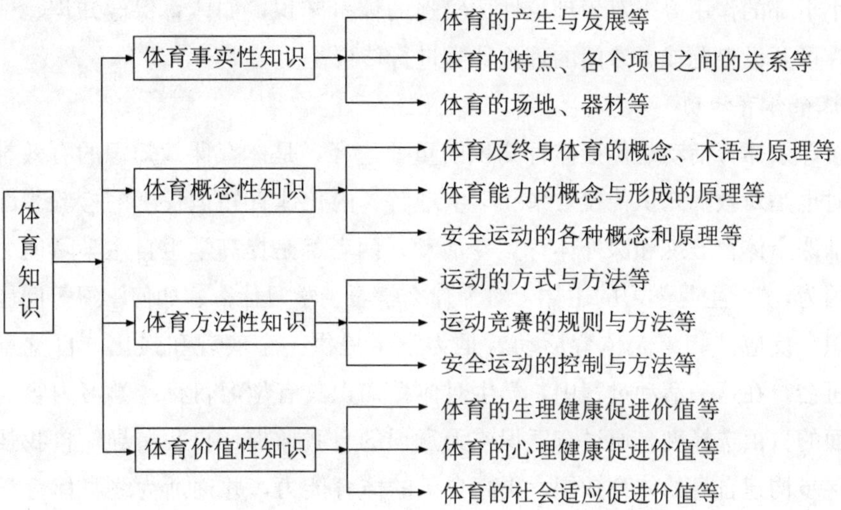


事实性知识就是关于“是什么”和“怎么样”的知识，游泳运动的起源、发展、项目特征等知识就属于这一类；概念性知识就是关于概念和原理的知识，游泳运动概念、各种泳姿的技术特征与原理等知识就属于这一类；方法性知识是关于程序和方法的知识，学习游泳的步骤、安全进行游泳运动的方法等知识就属于这一类；价值性知识是关于功能和意义的知识，教师向学生介绍的关于进行游泳运动的意义、游泳运动对身体锻炼的价值等知识就属于价值性知识。

## 二、传授体育知识的途径及方法

传授体育知识就是教师对体育知识进行筛选和信息加工，把自身作为知识信息的输出端，通过一定的媒介，将体育知识信息传输给输入端——学生。这是一个信息的传输过程，其中媒介指的就是信息传输的途径和方法。教师要保障体育知识传授的流畅性和有效性，就必须保证传授途径的完好、顺畅和传授方法的合理、得当。

### （一）传授体育知识的基本途径

在学校体育教学中，体育知识的传授主要是通过课堂教学和课余体育活动进行的。

1. 体育课堂

体育课堂是传授体育知识的主要途径，教师要保障体育课堂教学这一知识传授途径的完好和顺畅，要做好四个方面的工作：一是创设安全、顺利地进行知识传授的环

① 季苹．教什么知识——对教学的知识论基础的认识［M］．北京：教育科学出版社，2009.86—87.

境，包括场地、器材的选择与布置等；二是创造知识传授能顺利进行的良好的人际关系和沟通条件，包括对知识传授组织形式的设计、对学生讨论与交流课题的准备、对学生交流的组织与控制；三是要强调进行知识传授的课堂纪律，包括对教学常规的执行、对知识传授所需的特定教学纪律的制订和执行、对进行纪律教育手段的选择；四是构建高效的教学反馈渠道，包括建立能经常性使用的知识学习反馈机制、发挥体育骨干或小干部的作用等。对于理论性比较强的体育知识，如体育保健知识、体育卫生知识等，可开设专题或者专门的理论课堂进行传授。

2. 课余体育活动

学校课余体育活动是传授体育知识的重要途径，是体育课堂知识的有效补充和延伸，同时也是对教师知识传授效果和学生理解、内化体育知识程度的检验。课余体育活动包括课余体育锻炼和课外体育竞赛活动，两者都是提高学生自主学习能力的良好途径。因为，“学生是学习的主体，对为什么学习、学习什么、如何学习等问题都有自觉的意识和反应。”① 课余体育活动就是为学生提供一个实现和强化“自觉意识与反应”的机会。在这一活动过程中，学生对体育知识具有学习目标、学习内容与学习方法等方面的自由选择度，通过有意识或无意识的自我监控、自我指导、自我强化三个过程，逐步构建自身的体育知识，提高自己的体育能力，并逐渐为终身体育学习打下良好的基础。学生在这一过程中仍然需要教师的指导与帮助，以利于解决在学习中遇到的问题。

**（二）教师如何传授体育知识**

1. 准确把握知识点和教学关键环节

同一个体育教学素材，同样的事实、概念、方法和价值性知识，由不同的教师进行教授，学生掌握的程度和理解深度可能是不一样的。因为，每一类知识都有其自身的知识点和关键环节，如果教师在授课时对这些知识点把握得好，对关键环节处理得当，那么，学生对体育知识的掌握情况就好。有专家曾经提出：“什么体育知识是最有价值的？应该用什么方法教给学生？”对这一问题缺乏思考的体育教师就很难成为优秀的体育教师。

2. 合理运用教学方法

讲解与示范是体育教学过程中最为有效的教学方法，体育教学素材中所涵盖的所有知识都要经过教师加工，形成言语信息后再传递给学生，使学生形成并逐渐提高体育知识认知水平。而这些知识的载体——身体练习、体育技术的练习、体育战术的推演等都需要教师通过优美、规范、合理的示范展现给学生，使学生获得对体育知识的深刻认识。

---

① 丁晓昌．学校体育现代化理论构建与实践探索［M］．南京：南京师范大学出版社，2008.156.

3. 熟练掌控设问、讨论、引导、总结等过程

在体育教学中，讨论是促进学生积极参加体育活动、培养学生合作精神与思考能力的一种常见的方法，它有利于提高学生的学习情绪，激发学生的学习兴趣。教师若要有效地运用讨论，就必须针对所要教授的知识认真进行准备：一要精心设计问题，最好是有利于知识传授的“问题串”；二要细致安排讨论，力求讨论顺畅、高效；三要适时引导，无论是对知识要点的提示，还是对讨论气氛的调节，都要准确适度；四要总结得当，学生讨论形成的结论，教师在总结时要准确把握，多借用（或部分借用）学生讨论时形成的语言来描述知识要点。

4. 充分利用肢体语言

肢体语言是进行知识信息传递的另外一种方式。教师除了用示范来传递知识和方法之外，在表达肯定与否定、鼓励与反对、表扬与批评等评价及某些身体动作姿态时，经常会用到肢体语言。例如，对动作完成情况比较好的同学点头、竖起大拇指或微笑表扬；对比较努力或学习稍有懈怠的同学鼓掌鼓励、握拳鼓励、轻拍鼓励等。教师在使用肢体语言时，要充分考虑使用的目的、对象、范围及方式等。

5. 善于列举形象化实例

教师在进行教学活动时，为了使学生充分理解体育知识，提高学生对体育知识的学习效率，往往会准备许多形象化的实例来使体育知识变得更加生动。教师在列举实例时，不但要使实例与体育知识素材及教学情境紧密结合，还要使之与情境发展的时段紧密结合。例如，在教授篮球胸前传球技术时，可以列举 NBA、CBA 等球星传球的准确性、隐蔽性和灵活性等，以激发学生的学习兴趣，但不能谈（或过多地谈）传球技术的多样性，否则会分散学生对所教内容的注意力，影响学习效果。

## 三、如何提高体育知识传授技能

### （一）要重视体育知识筛选与整合能力的培养

1. 注重体育知识的积累

随着信息社会的发展，学生获取体育知识的渠道越来越多，学生的知识水平也在不断地提高，因此教师也要不断地提高自身的专业知识水平。体育教师只有不断加强体育知识的学习，注重体育知识的积累，才能更好地适应学校体育教学和社会的发展要求。

2. 准确理解和把握体育素材的知识点

体育教师在体育知识的准备阶段，要非常熟悉所教授的内容，了解知识内容的重要节点，要有针对性地选择和设计教学方法，并在教学过程中加以合理使用，帮助学生形成准确、清晰的概念，提高知识传授的效率。知识点就是知识的基础部分和关键环节，每一个体育教学素材都包含较多的知识点，如体操支撑跳跃技术就包含助跑技术、上板技术、第一腾空技术、推手技术、第二腾空技术和落地技术六个知识点。但

是，随着教授对象的不同、教学条件的变化，教师所教授的知识点也会发生变化。例如，同样是教授支撑跳跃，如果踏板不一样（目前有三种：木板、“U”型板和弹簧板），上板技术和起跳技术（知识点）要求就不一样。又如“山羊分腿腾越”，不同的学段或级段，教授的知识点（六项技术）也会有侧重。因此，体育素材知识点的多样性与知识点在教授时的可选择性就要求教师准确理解和把握体育素材的知识点。

3. 认真做好体育知识的筛选和整合工作

大量的研究表明，体育教师课前充分的准备工作是成功体育教学的关键因素之一。准备工作的第一步就是对体育知识的选择和整合，要认真做好这项工作，就必须遵守符合学生认知发展水平，有利于引起并能够持续激发学生学习兴趣，有利于与体育课堂教学相适应，有利于体育文化传承等原则，使筛选和整合出来的体育知识系统性强、概念明确、条理清楚、重点突出、难易适度。

**（二）要注意课堂掌控能力的培养**

1. 准确与合理运用教学语言的能力

在体育教学中，教师的语言除了要解释、说明体育知识的因果、逻辑关系之外，还要有启发性和感染力，以便更好地激发学生学习的兴趣和热情。这就要求教师要有良好的语言素养和较高的语言表达能力，教学语言要清晰、简练、准确、生动，并富有感染力。

同时，还有一些体育知识隐于人的知觉、动觉、经验之中，没有（或很难用）准确的语言和示范进行描述的知识，如“球感”“气沉丹田”“节奏感”“协调性”“小肌肉群运动”“中等力量击球”等。在教授这类知识时，教师要多用形象的语言、比喻、肢体语言等来描述。比如“鱼跃”“金鸡独立”“转如轮、轻如叶”。又如，说明体操美感意识的“脚尖绷、膝盖硬、胸要挺”等。

2. 对体育游戏与比赛的控制能力

游戏与比赛是教师激发学生学习兴趣，达成教学任务的有效的教学方式。游戏通常有一定的情节和竞争成分，有竞争型、合作型和表现型等多种类型，不限于某个项目。而比赛一般是实战，具有强烈的竞争性，往往与某个项目有关。因此，教师一定要培养对游戏和比赛的操控能力。教师应根据发展体能的需要来选择相应的内容与形式，采用相应的规则和要求；应教育学生严格遵守和执行规则，鼓励学生在规则允许的范围内发挥自己的主动性和创造性去争取优胜；在游戏或比赛时，要做到认真、公正、严格、准确；强调安全游戏或比赛，布置好场地与器材；游戏或比赛结束时，作好讲评，指出缺点和优点。

3. 合理调节教与学比例的能力

“既懂又会”的教学目标要求体育教师要“精讲多练”，不能“满堂说”和“满堂讲”，也不能“只练不讲”。因此，教师要注意把握好“教”与“学”的比例，讲解或回答要用简短的语言，要促进学生对练习的思考，不能偏离，不能有太长时间的讨论；

集中的讲解与示范要少，讲解与示范大部分要分散在学生的练习之中；教学要结合挂图、黑板等，使学生能够根据各自的需要进行观察和学习。

## 四、案例：一次鱼跃前滚翻（1/3）课

听说要学习“鱼跃前滚翻”动作，一部分学生一脸的不情愿，也有一部分学生摩拳擦掌，跃跃欲试。教师启发大家思考：在足球比赛和排球比赛时，经常看到场上队员做前滚翻动作，为什么呢？

在做完准备活动后，教师对开始的设问进行讨论性总结，说明“鱼跃前滚翻”的生活实用价值。在教师的启发和鼓励下，学生进行“前滚翻”动作的练习。然后教师又引导学生回忆：“运动员比赛做前滚翻是站着做的吗？显然不是，是在身体向前，失去重心而且惯性比较大的情况下做的。”教师带领学生从“蹲”的姿势开始，模仿身体重心向前、两手远撑、低头滚翻动作（可在斜垫上进行）。以此开始引出“鱼跃前滚翻”动作，并带领学生进行集体练习（1～2 次），同时提示动作要领及自我保护与帮助的方法（两腿屈膝，前脚掌蹬地，两手远撑；教师可根据学生情况在垫上画线示意，学生身体跃起时，两手臂与地面短时对抗，缓解身体向前的惯性，然后屈臂前滚，后脑勺、背部、臀部依次接触地面，团身抱腿站起），练习完以后引导学生分组练习体验动作（5～6 次）。在此过程中，教师巡回辅导，提示安全。练习后活动头颈部 30 秒钟。

最后是双人前滚翻练习。动作掌握较好的学生在老师信任的眼光及鼓励声中自由结合（4～5 对），尝试“勇敢者的游戏”——挑战双人前滚翻。教师讲解要领及配合的技巧：“下面的同学两腿举起，分开并弯曲，上面的同学两脚蹬地要用力，双手紧握脚踝不放松，两人配合要默契。”4～5 对同学尝试完了以后，其他同学也跃跃欲试，教师再次总结动作要领及注意事项（低头最关键），学生自由结合，每队尝试一次。学生意犹未尽，教师提醒学生若要做好双人“鱼跃前滚翻”，单人的动作一定要过硬，下次课再进行练习。

**分析：**体操动作由于有大幅度的关节屈伸动作，练习时会有眩晕感，学生常常感觉到“害怕”和“痛苦”，因此很少有学生对它感兴趣。然而，无论从生理学价值上还是从心理学价值上，无论从对学生现实的锻炼意义上还是对学生终身体育锻炼的基础性意义上看，体操都是一项非常好的教学素材。本案例中，通过这样一个“鱼跃前滚翻”素材，教师从不同的角度，向学生传授了体操的基本术语（如蹲、蹲撑、举、屈等），“鱼跃前滚翻”的生活实用价值、生理学价值，以及安全进行“鱼跃前滚翻”的知识原理。同时，还通过让学生进行“鱼跃前滚翻”动作的拓展训练——“双人前滚翻”，使学生亲身体验双人协调配合的乐趣，从而培养学生的协作精神。此外，教师还以喝彩与鼓掌等生动和感性的语言，向学生传递了一些有关信任、成功、成就感等心理健康和社会适应方面的知识（当然，要使学生获得这些知识并形成一种稳态品质，

还需要对他们进行长期的培养和锻炼)。

从上述案例中我们可以看出，体育知识的教授不仅能够提高学生的体育文化素养和体育能力，而且对促进学生探究能力的发展，激发学生的学习兴趣，实现体育课程目标有着重要的意义。因此，在教学中，教师要做一个有心人，要有意识地挖掘与所教授的体育素材相关的体育知识和技术原理，创造性地对其进行分类、整合，并有计划、分层次地以最有效的方式向学生传授。

# 专题三　体育游戏——玩乐教学的利用

在北京某小学一年级的体育课上，王仲生老师在带领学生做完了很有趣味的准备活动后对学生说："我们一起做个看天的游戏。"然后要求学生思考低着头看天的办法。一个学生趴在地上从两腿之间看天，其他的学生纷纷模仿。王老师又说："我们再做一个看谁做得快的游戏。"然后就叫出一个学生和他比赛。两人站在垫子后面，游戏要求一声口令后谁先坐到垫子上即为赢。结果，当学生跑到垫子上坐下时，王老师早已做了个前滚翻坐下了，显然王老师做得快。学生在两个游戏中不知不觉地学会了一个动作"前滚翻"。

## 一、游戏教学

### （一）体育游戏

游戏是人类在一定规则的约束下进行的一种娱乐活动。游戏因其特有的趣味性，深受人们尤其是儿童及青少年的喜爱。

体育游戏是以体育动作为基本内容，以游戏为形式，以增强学生体质为主要目的的特殊活动。体育游戏作为一种体育手段，是学校体育教育的重要内容，尤其在小学的体育教学中，体育游戏的内容比重很大。因此，游戏化是小学体育教学最鲜明的特点。

### （二）体育游戏教学的形式

体育游戏教学的形式是与体育教学的任务，尤其是每次课的具体任务紧密相关的。在小学体育教学中，常用的体育游戏教学形式有以下几种：

1. 集中注意力游戏

这种游戏目的是集中学生注意力，为上课做好准备，常采用趣味性较强、要求协调性较高、需要一定智力活动配合的练习。其运动负荷较小，一般被安排在课堂开始时进行。

2. 准备活动游戏

这种游戏目的是热身，使身体得到活动，采用的练习以适宜人体基本活动能力的练习为主，运动负荷中等，一般被安排在课堂的准备部分进行。

3. 体育技术游戏

这种游戏是以各种体育项目的基本技术动作为素材的游戏，如篮球的传球、运球，田径的起跑等。其主要目的是为了提高练习的趣味性和学生的积极性，提高复习、练习的效率，一般被安排在课堂准备部分和基本部分进行。

4. 力量素质游戏

这种游戏目的是增强学生的某项力量素质，一般采用分队接力和个人赛的形式。如俯卧撑接力、跳绳单飞接力等，一般被安排在课堂基本部分的后半部分进行。

5. 放松游戏

这种游戏目的是使学生在运动后身心放松，由运动状态过渡到安静状态。一般采用趣味性较强、运动负荷较小的练习，被安排在课堂的结束部分进行。

**（三）体育游戏的特点**

1. 具有锻炼身体的价值

这是体育游戏不同于智力游戏的地方。体育游戏与体力劳动一样是通过身体运动的方式进行的，对人体具有锻炼的价值。在实施中，游戏的创编和组织者又有意识地采用各种不同的手段与形式，赋予游戏某种特定的锻炼价值，以便通过游戏达到预定的锻炼学生身体和增强学生体质的目的。

在体育游戏中，由于目的和任务不同，就决定了一部分游戏的运动负荷量较小，如集中注意力练习、放松游戏等，但这些游戏仍然是由身体运动的形式实现的，因此也有一定的锻炼身体的价值。

2. 具有趣味性

《辞源》中提到，游戏乃“玩物适情之事也”。游戏是有趣的、玩要一类的事情，它能使人在精神上得到某种欢娱，能满足人类对娱乐的需求，因而，尽管它不能直接创造物质财富，但还是能吸引不同的对象主动去参加。

体育游戏作为游戏的一种，必须具有趣味性，如果没有趣味性，则不能称为体育游戏，而只能称为体育练习。

3. 具有一定的规则

人类的各种活动都是以适应人类的需要而产生的，娱乐活动即平时人们所说的“玩”，就是人类的一种很重要的精神上的需要。游戏是“玩”的一种，是一种有规则的“玩”。体育游戏是游戏的一种，也有一定的规则，没有规则的游戏只能称之为“玩”，不能称之为游戏。

由于规则能够约束犯规行为，维护游戏的安全，保证双方的公平竞争，引导游戏技术和战术向正确的方向发展，因而游戏的规则在游戏的发展中起着非常重要的作用。

4. 具有综合性的特点

体育游戏是综合性最强的一种特殊的体育教学手段，其综合性特点主要体现在以下几点：

（1）几乎任何体育项目的练习都可以作为体育游戏的素材。

（2）几乎任何体育项目都可以将体育游戏作为教学与训练的手段。

（3）体育游戏既能被用来培养与提高身体的基本活动能力，又能被用来学习与提高运动技能、技术和战术。

### （四）体育游戏的功能

体育游戏对于学生来讲，主要有以下几种功能：

1. 健身功能

体育游戏是以身体运动的形式进行的，活动的内容与形式是经预先设计的，具有其他体育活动所具有的功能。另外，学生参加体育游戏一般都是出于他们的直接动机，是为了体验有趣的游戏过程，参加游戏是他们自觉自愿的行动，可以发挥他们最大的能动性，因而在体育游戏中学生的锻炼能达到最好的效果。

2. 娱乐功能

体育游戏的娱乐功能表现在：能满足学生相互交往、互动的需求；游戏练习本身的新奇和惊险刺激能给参加者带来愉悦；在游戏中胜利了，人会产生自豪感，增强自信心，并在精神上获得一种满足的快感。

3. 教育功能

体育游戏能培养学生的集体主义精神、团结互助的优良品德。通过游戏，可以培养学生自觉遵守规则的良好习惯；可以激发学生的进取精神，培养学生机智、顽强、勇敢的品德；能在一定程度上发展学生的智力，培养学生的身体基本活动能力，以及让他们学习运动技术和战术。体育游戏都是集体进行的，通过游戏活动可以让学生相互交往，增进了解和友谊，在相互交往中增加社会交往的知识和经验，从而促进个体的心理及社会化的发展。

## 二、体育游戏教学的特点及注意事项

儿童期是指从出生到十二三岁这一年龄段，根据儿童的年龄和教育特点，又将儿童期分为两个阶段，即幼儿期和学龄期，其中六七岁至十二三岁为小学儿童期（学龄期）。

### （一）教学内容的特点

儿童在学龄前虽然对人体基本活动能力的动作有一定程度的掌握，但由于年龄小，受体力和智力的限制，对一些较复杂和较难的动作难以掌握。学龄期儿童游戏的教学应以走、跑、跳等训练身体基本活动能力的动作为主。但在小学高年级的游戏中，可适当采用一些简单的体育运动技术，如田径的起跑，篮球的传接球、运球等。

### （二）教学形式的特点

体育游戏的形式应变化多样、趣味性强，以利于引导儿童的注意指向和集中，使游戏教学取得较好效果。在小学低年级的一些游戏中，可适当采用具有表演情节的游戏，而在中高年级的游戏中可采用具有情节的分队竞赛游戏。

在小学中高年级的学生里，男孩特别喜欢能表现他们的体力、敏捷、机智和主动精神的球类游戏及对抗赛游戏；而女孩则喜欢优美协调、韵律感强的平衡类动作游戏。因此，在给学生上课的过程中，教师应投其所好，这样才会取得较好的教学效果。另外，教师在选用教学形式时，切忌以成人的心理来衡量孩子的爱好。

**（三）教学方法的特点**

1. 多采用直观的方法

儿童的思维方式以形象思维为主，他们的抽象逻辑思维的发展水平还比较低，而年龄越小的孩子，他们的这种思维特征就越突出。因此，教师在游戏教学中应多采用直观的教学方法，这样教学效果才会好些。

2. 语言要生动形象

儿童自我控制能力差，注意力分散，无意注意比有意注意更能持久与集中。因此，在儿童的游戏教学中，教师的讲解应简短，只要能使儿童明白游戏的做法就可以了，讲解的方式也要适合儿童的年龄特点，要生动形象，多采用启发式和提问式的教学方法，以启发儿童开动脑筋，在游戏中培养他们的智力，同时这也有助于集中他们的注意力。

**（四）体育游戏教学注意事项**

在组织儿童做体育游戏时，不宜采用的练习及相关的注意事项有：

1. 负重过多的练习及时间较长的静力性练习

儿童的骨骼正处于生长时期，其发育特点是：骨组织内有机物较多，无机盐较少，骨松质较多，骨密质较薄，骨的硬度小，容易变形。因此，若让他们长时间站立和负重，容易影响他们下肢骨的发育，甚至造成下肢骨的弯曲变形及产生扁平脚。

2. 经常需要憋气、肌肉过分紧张以及运动负荷过大的练习

儿童的心血管系统发育不完善，心缩力弱，心率快，每搏输出量比成人小。儿童在运动时主要靠增加心率来增加输出量，不适应运动负荷量大的练习。

3. 较长时间的耐力练习

儿童的胸廓狭小，呼吸肌力量弱，呼吸表浅，肺活量较小，呼吸频率较快。在进行激烈运动时，儿童雪乳酸的含量比成年人明显，这说明儿童的无氧代谢能力较低。因此，儿童不适合较长时间的耐力练习。

4. 规则复杂的游戏

游戏是一种有规则的娱乐活动，游戏规则是随着游戏本身的发展而发展的。学龄期儿童虽然比学龄前儿童力量要强一些，但还是年幼无知，思维和理解力比较差，注意力容易分散，因此，不适宜规则复杂的游戏。

## 三、体育游戏的创编原则及步骤

**（一）创编原则**

体育游戏的创编原则是人们在创编与运用体育游戏的实践中逐步总结、积累和概括出来的，是创编体育游戏必须遵循的准则。

1. 锻炼性原则

创编的游戏应该具有锻炼身体、增强体质的作用。如以走、跑、跳、投掷等训练人体基本活动能力的动作为素材创编体育游戏，以某些竞技体育基本动作技术为素材创编体育游戏，以球类基本战术为素材创编游戏，以力量素质练习为素材创编游戏，从而使学生在游戏中锻炼身体、发展力量素质。

2. 趣味性原则

创编的游戏应具有一定的趣味性，使学生在练习的过程中感到愉快、有意思，从而吸引学生主动参加到游戏中去。

3. 针对性原则

创编的游戏要有明确的目的性、针对性，要根据需要有的放矢地进行创编。

创编体育游戏除了遵循上述原则，还应注意启发性原则、安全性原则和教育性原则等。

**（二）创编步骤**

1. 明确游戏的目的和任务

作为体育游戏的参加者，其目的是为了体验愉快的游戏过程。作为游戏的组织者，其目的是锻炼学生，增强学生的体质。

2. 选择游戏的素材

体育游戏的素材应体现体力活动的特征。任务不同，选择的素材也不同。如提高身体基本活动能力的动作，可选择走、跑、跳跃、支撑、悬垂、攀登、爬行等素材；队列动作，可选择原地转法、报数、下蹲、起立等素材；竞技体育的技术动作，可选择球类中的运球、传球，田径中的起跑、传接棒，体操中的各种滚翻、跳跃、分腿腾跃等素材。

以上这些动作可以直接用做游戏的素材，也可在加工改造后再用做游戏的素材。除此之外，教师还可以创造一些新颖的、有趣的动作作为游戏的素材。

3. 确定游戏的方法

（1）游戏的准备。包括游戏所需要的教具及安放方法、场地的规格和游戏的分队方法等。

（2）游戏的进行形式。游戏的进行形式有接力、追逐、角力、争夺、攻防、传递、抛接等。

（3）游戏的队形。一般有纵队、横队、圆形、疏散队形及其他指定的队形。

（4）游戏的路线。一般有穿梭式、来回式和围绕式。

（5）游戏的接替方法。第一，交物法，即用接力棒、手帕或其他物品作为信号进行接替。第二，接触法，即前后两个学生以身体接触的方式进行接替。第三，过线法，即前一个学生越过起跑线后，后一个学生进行接替。

4. 制订游戏规则

(1) 明确合理和犯规、成功与失败的界限

为了体现竞赛的公平性，教师应在规则中明确合理的做法和犯规的做法，明确什么情况算失败，什么情况算成功，并以此判断输赢。如果几种做法难易程度相差不大，则可不必划分为合理与犯规，可让学生在游戏中开动脑筋，找出容易的方法，以取得游戏的胜利。

(2) 明确对犯规者（或犯规队）的处理方法

一般情况下，对犯规者可采用的处理办法有：犯规者取得的成绩无效，对犯规者（队）进行扣分或降级，犯规队名次列于最后，罚犯规者退出比赛等。

(3) 要有利于维护游戏的安全

在一些容易出现危险动作的游戏中，教师要让学生明确哪些动作为犯规动作，以及出现犯规时的处罚方法，以此维护游戏过程的安全性。

(4) 要有一定的灵活性

在制订规则时不要太死，要留有余地，让学生充分发挥他们的思维能力与创造力。规则的条文不要过多或过于复杂，一般有 2～4 条即可。

5. 确定游戏名称

确定游戏名称就是给游戏命名，给游戏命名的方法包括：直接命名，如以游戏的内容、形式、内容加形式和游戏的规则命名；拟喻命名，是假设和虚构游戏名，以游戏的内容或形式的主要特征为依据，采用模拟和比喻的方法，赋予游戏某种带情节的名称。

## 四、体育游戏教学的实施

### (一) 游戏的准备工作

游戏的准备工作主要包括场地、教具（道具）与助手三个方面的准备。

1. 游戏场地的准备

体育游戏需要一定的场地，场地的大小应根据参加人数的多少及游戏活动范围的大小而定。除运用现成的体育场地（篮、排球场等）外，很多游戏都需要提前准备好场地。在这个过程中，需要注意以下几点：

(1) 注意场地的安全性

场地地面要平整，清除所有砖块、木棍和碎石等一切可能造成学生伤害的隐患，不要在有水或结冰的地面上做奔跑游戏，以免学生在游戏中摔倒受伤。场地的边界离障碍物要有一定的距离，以免学生撞伤。

(2) 场地的界线要清楚

游戏场地的各种界线涉及对游戏中犯规及游戏胜负的评判的问题，因此，游戏场地的各种点、线（如边界线、起点与起点线、终点与终点线、中线、回转线等）都要

画清楚。

(3) 游戏场地离教室要远一些

因为做体育游戏时，学生难免喧闹，为避免影响其他班级的学生上课，选择游戏场地时要离教室远一些。

2. 游戏教具的准备

体育游戏不像其他的体育项目那样有专门的器材与教具，因此，游戏的教具应该在课前就准备、安放好。体育游戏教具获取的途径包括：利用其他体育项目的教具，如各种球、标枪、栏架、垫子、跳绳等；收集各种废弃物作为游戏教具，如纸箱、包装泡沫板、饮料瓶等；购买教具，如气球、飞碟、松紧带、各种面具等；教师自己动手做教具，如各种样式和颜色的小旗、竹套圈等；发动学生准备，在游戏中需要数量较多而学生又能自己做的教具，可以发动学生动手制作，这样既解决了教具问题，又可以培养学生自己动手的能力，如小沙包、毽子等。

3. 游戏小助手的培养

有些游戏场地器材的布置工作较多，有些游戏则需要一个或几个人担任裁判，因此教师应提前选好小助手，并做好培训工作。游戏助手可以从带伤或带病的见习生、班长、体育委员、各组组长，以及在做分队游戏时某些队多出的人中选择。

**(二) 游戏的讲解和示范**

讲解是体育游戏教学的一个难点，应力求简练、清楚。教师在讲解时应注意站位正确，讲解前先集中学生注意力，尽量一次讲清楚，按照“游戏的名称——游戏的队形分布——游戏的方法——游戏的规则与要求”的顺序讲解，用直观的方法做示范。另外，还要以娴熟的、有趣的动作激发学生的情绪，吸引学生参与到游戏中来。

**(三) 游戏的裁判与赏罚**

体育游戏的裁判与赏罚是游戏的重要内容，是顺利完成游戏和达到游戏目的的重要保障。在这个环节中，教师要注意：

1. 严格认真执行规则

在游戏中严格执行规则，既可保证游戏的正常进行，又是对学生进行自觉遵守规则、纪律的一种教育。如果放松一次犯规行为，违反规则的现象就会接踵而来，整个游戏就会无法进行或无法裁判。

2. 必须公正

裁判员必须公正无私。教师应挑选公正、负责的学生任裁判员，一般不让本队的学生检查本队的犯规情况，而采用各队学生交叉检查的方式。

3. 游戏的赏罚是游戏式的

恰当的赏罚手段，能够激励学生更加认真地投入游戏。惩罚一般采用游戏的方式，这样不会伤害学生的自尊心，学生容易接受。切不可采用侮辱性的惩罚，如让学生学狗叫、让学生从胯下钻过等。

**（四）游戏的结束工作**

结束工作主要包括游戏小结和收拾器材两项工作。

游戏小结要在游戏结束后及时进行，小结应以表扬为主，对在游戏中遵守规则、勇敢顽强、机智敏捷、气势高涨、行动迅速的队和个人大加赞扬，安排适当的机会让同学们分享他人成功的经验、总结失败的教训。另外，教师还应该对在游戏中出现的犯规、安全等问题提出适当的批评和引导。

游戏结束后，教师要安排学生收拾、归还器材，一般以各组轮流的方式为好，要做到每节课都能善始善终。

# 专题四 快乐成功——为终身体育奠基

一个有多年教学经验的体育教师感慨地说："教了这么多年体育，发现学生自己玩的时候最高兴。现在我上课就一点，让学生自己玩，这样学生也快乐，我也快乐，这不就成功了吗？"不可否认的是，这位教师意识到了学生在课堂上快乐成功的重要性，但是"放羊"等于"快乐成功"吗？

在这位教师眼中，在体育课上让学生"快乐成功"似乎是个很简单的活儿，不需要什么技术含量，体育不就是"玩"嘛！似乎体育课是随便来个人就可以上的，不需要专业的体育教师。但是他忘了体育课是体育"教"与"学"的过程。作为体育教师，我们要在体育"教"与"学"的过程中让学生切实体会到"快乐"和"成功"，这就是个技术活了，而要做到这一点，则需要经过必要的专业化修炼。

## 一、"快乐体育"理论

### （一）寓教于乐——"快乐体育"的提出

针对学生厌学这一现象，教育界提出了愉快教学、趣味教学、寓教于乐的主张。受到这些教育思想的影响，一些体育工作者提出了"趣味教学""情境教学""男拳女舞""音乐进课堂"等主张，并进行了大胆的教学实验。这些主张虽然说法不一，各有特点，但有一点是共同的，那就是"寓教于乐"的思想。在这种背景下，20 世纪 80 年代"快乐体育"由日本传入我国，并随着我国教育体制的改革和素质教育的深入开展，逐渐对我国广大体育教师和体育教学产生影响。

### （二）"快乐体育"教学思想的基本特征

快乐体育从方法论角度而言，是指在教学过程当中充分调动教师和学生的积极性，使教师乐教、学生乐学，使全体学生在师生融合的气氛中生动活泼地求得发展，并在学习过程中始终充分体验运动的乐趣，体验克服困难后获得"发现"或"成功"的快乐的一种体育教育思想。因此，在快乐体育的实践中，学生成为教学活动的主体和学习活动的主人，从而扩展了其体质、个性、能力发展的自由的空间，"主动学习、愉快发展"就成为其方法论的主要特征。

### （三）对"快乐体育"容易产生的误解

在中国，"快乐"一词具有多义性，也比较容易引起误解，容易被理解成表面的心情愉悦。快乐一词很难解释失败与成功、痛苦和快乐之间的复杂关系，因此在体育教育领域一直有人对快乐体育存在着反感和误解。在中国实践快乐体育的过程中出现了许多理论上的误解和实践上的歪曲，这些误解和歪曲总结起来主要有两种：一种是支持快乐体育的人把“快乐”误解为体育教学游戏化，他们认为运动学习内容完全由学生来选择和决定；另一种是反对快乐体育的人把“快乐”误解为教育的丧失、对学生的迁就、教学的自由化，是“学生想干什么就干什么”。在这样的形势下，“成功体育”伴随着“成功教育”的诞生而诞生了。

## 二、“成功体育”理论

### （一）体验成功——“成功体育”的提出

“成功体育”是针对“快乐体育”在名称上容易造成误解的缺陷，借用“成功教育”的名称和“挫折教育”的思想，在“快乐体育”的理论和实践的基础上，融合了国内外相关的理论，如日本的“TROPS理论”而发展起来，其标志性的论述和著作有《“成功体育”的呼唤》《探索成功的体育教学》等。“成功体育”经过多年的研究和实践，已经具有独立的理论。在20世纪90年代中期，有关“成功体育”的研究成果很多，也出现了许多好的实践案例。

### （二）“成功体育”教学思想的基本特征

“成功体育”特别强调要使学生在体育教学中获得愉快和成功的情感体验，并将这种体验作为培养学生体育意识和兴趣，培养学生自尊心、自信心等心理素质的必要途径。

“成功体育”明确主张，要通过有效的体育教学实践和独特的方法体系，让学生充分地体验学习的成功和运动的乐趣。但学习的成功是建立在选择科学的教法和严格的教学要求基础上的，不是迁就，也不是自由化，而是挫折和失败之后的成功。“成功体育”坚决反对“莫名其妙的失败”和“以失败而告终的失败”。运动乐趣的体验是每个学生都应该享受的体育权利，体育教师要让每个学生都能相应地体会到运动的乐趣，特别要关心那些身体条件、体育基础和体育自信心差的学生，应采用多种“激励学生在自己的水平上努力成功”的方法让学生在体育中获得成就感，使全体学生形成终身体育的理念。

## 三、“快乐体育”与“成功体育”的比较

两种教学思想的最大共同点是从人的情感入手，强调以人为本，充分发挥学生的主动性，尊重学生的兴趣、自尊心，尊重学生在运动中获得快乐和积极的情感体验。两种教学思想的侧重点又有不同：“快乐体育”强调学生快乐的情感体验，而根据需要的不同，快乐可以是多种多样的；“成功体育”则强调学生获得成功的体验，强调“成功了才是快乐的”。两种教学思想的提出背景和利弊分析比较见下面两个表：

**两种教学思想提出的背景比较**

| 教学思想 | 针对体育教学中所存在的问题 | 依据的教育学、哲学理论 | 依据的心理学理论 |
|---|---|---|---|
| 快乐体育 | 学生厌学现象 | 寓教于乐的愉快教育理论，日本的快乐体育思想 | 快乐的情感体验 |
| 成功体育 | 快乐体育的弊端 | 成功教育 | 成功的情感体验 |

**两种教学思想的利弊分析**

<table>
<tr><th>内容</th><th>利</th><th>弊</th></tr>
<tr><td>快乐体育</td><td rowspan="2">能充分发挥学生的积极性和主动性，使学生在体育教学中获得愉快、成功的体验，有利于培养学生的体育意识和兴趣。</td><td>词语表述表面化，对快乐的理解不同，在学习和实践中容易引起误解、疑虑，甚至反对。</td></tr>
<tr><td>成功体育</td><td>对于体育能力较差的学生，这种成功体验是不充分的，而且还带有一定的虚假性和欺骗性，不能提高学生的自尊心；对于特长生来说，赢了会自满，输了也无所谓，不能产生积极的情感体验。另外，也不利于对学生意志的培养。</td></tr>
</table>



两种教学思想都各有其利弊，我们不能肯定了一种教学思想就完全抛弃另一种教学思想，而应该认真学习和研究每一种教学思想的本质，取其精华，去其糟粕，这样才能在教学当中取得更好的教学效果。

## 四、“乐玩”与“玩乐”的策略

在体育课中，若让学生既能“乐意玩”，又能“玩得乐”，就需要教师拥有一定的智慧，采用一定的策略。

**（一）突出运动的“固有乐趣”，让学生体验不同运动的特点**

任何体育运动都有其固有的乐趣，游戏最本质的乐趣是竞争和表现。角力类运动的乐趣是力量的博弈，隔网球类运动的乐趣是网上的往返和争夺，目标类运动的乐趣是准确命中目标的次数（如射箭、射击等运动），而竞争和目标类相结合的运动项目的乐趣是多命中目标并最大限度地阻止对方命中目标（如篮球的乐趣既是篮球进筐，也是防止球进筐，而足球的乐趣则是射门和成功地阻止射门），体操类的乐趣是非正常体位动作的完成和特殊的身体感受。

教师要充分地认识和提取这些乐趣，然后在教学过程中体现这些特质，把运动的内在乐趣充分地传达给学生，让学生真真切切地体验到每项运动都有乐趣，从而促进学生的运动参与。

对此，体育教师要在课程教学前做好以下准备：

1. 从运动乐趣的视角深入研究各个运动项目的特质。

2. 把“乐趣的提炼和扩大”作为教材研究的重要内容。

3. 研究体验运动乐趣的条件和过程。

**（二）突出学生的自发性、自主性**

自发和自主地参与体育运动既是一种生活习惯，也是一种生活能力，更是一种生活态度。学生的习惯和能力都需要教师在长期的体育教学过程中进行培养。教师在教学中激发学生的自发性和自主性的主要方法有：

1. 不断提高学生对体育运动意义的认识。

2. 培养学生判断和选择适合自己特点的运动项目的能力。

3. 教会学生更多的参与体育运动的策略和方法。

4. 增加体育教学中各种选择的可能性。

5. 不断提高学生参与体育运动的成功感和自信心。

**（三）突出体育“小集团学习氛围”**

体育运动大都是集体的活动，在集体中与伙伴和睦相处，与集体共有目标，拥有集体荣誉感，服从领导，完成好自己的职责，遵守大家共同的约定和规则，参加组织活动，在同伴和集体的帮助下更好地提高自己的运动成绩，更多地获得比赛的成功，等等，是学生有效地和愉快地参与体育运动的重要条件。教师在教学中突出体育小集团学习氛围的主要方法有：

1. 注重对小集团学习相关原理的研究。

2. 开发小组学习的各种教学形态和过程模式。

3. 研究和应用各种不同功能的分组方法，如随机分组、异质分组、等值分组等。

4. 研究和开发有利于小组学习的各种方法，如让小组间相互评价、相互学习，在教学开始阶段使“教学目标”向“小组学习目标”转化等。

5. 研究和开发有利于小组学习的辅助教具，如小组学习卡片、多媒体教具等。

**（四）体验多种乐趣的“目标学习”**

“目标学习”是日本“快乐体育”的一种特殊教学过程之一。其目的是让学生在体育学习过程中体验到“尝试运动”“学习提高技能”“发展创新”等多种运动乐趣。目标学习的基本过程主要分为三个阶段：

第一个阶段是“学生在自己原有的技能水平上尝试和享受运动”的阶段。这个阶段不强调学习的意义，而是让学生做自己可以做的各种运动，给学生一个充分运动的时间，并等待学生在这个运动阶段产生学习新的运动技术的动机和要求。

第二个阶段是“学生挑战和学习新的运动技术，享受学习和挑战成功”的阶段。在这个阶段，学生出现了自发性的学习动机后，教师因势利导，引导学生进行深入学习，通过分组学习，让学生自主选择具有挑战性的运动，加强学习的效果和挑战的成功感。

第三个阶段是“学生在掌握新技能的基础上进行一些创新型的学习延伸，体验发挥创造性、进行创新型学习的乐趣”的阶段。这个阶段强调学生的创造性思考和学习方式，如健美操的重新组合、小创编、技术战术的归纳和演绎、个人技术特点总结、学生之间的技术评价等。

**(五) 培养学生的自信**

要在体育教学中实现“成功体育”的目标，主要有以下几个策略：

1. 注重成功的积累效应，避免无谓的失败

“积小成功为大成功”的教学策略，其原理是尽量避免无谓的失败，即“莫名其妙的失败”，而应该利用不断的小的成功经验的积累，使学生获得成功感。

**案例**

成功的排球发球教学

在一节体育课上，学生在学习排球的下手发球，练习的场地是两个标准的排球场，在两个排球场靠近场地底线的地方分别画着相隔一米的四条线（其中两条线在底线的后面），有一个排球场使用的是标准的网高，而另一个球场使用的是比标准网高降低了不少的网高。学生们可用的排球既有成人用的排球，也有软式排球。教师在讲解了下手发球的技术要求和动作顺序后，就让学生开始发球的练习。教师让同学们根据自己的情况选择软式排球或正式排球进行发球练习，也可以选择不同的网高、不同的位置来进行练习。学生如果认为在某个合适的位置连发了三个好球，就可以换成难发的球或是换到难发的位置上继续再挑战；如果在新的位置上失败了，就回到原来的位置上继续练习；而如果在新的位置上又成功了，就向新的难度继续前进，最后达到可以用正式的排球，在离底线两米处把球准确地发到对方球场这一学习目标。于是，同学们由易到难地进行学习，积小成功为大成功，最后所有的学生都体验到了成功的乐趣。

2. “所有人都可以成功”

这是一种在特定的教学环境下，教师根据需要，采用回避绝对的标准比赛和评价方法，突出相对的标准比赛和评价方法，使一些在特定的运动竞赛和练习中不可能取得胜利的学生也获得胜利并体验成功乐趣的教学方略。该策略可以克服竞技体育在通常情况下只承认胜利者而否认弱者的教育意义上的缺陷，让全体学生都有机会体验比赛的胜利，帮助学生建立自信心并对运动产生好感，促进学生积极参与体育运动。这个方法也可以让那些很少失败的学生重新获得挑战勇气，促使他们不断地刻苦练习。通过这种策略，学生在学习时会面临无尽的挑战，因为他们的对手就是他们自己。

**案例**

只有一个人胜利的赛跑与全体都胜利的赛跑

场景1：在我们常规的体育教学和学校体育田径径赛中，只有一个第一名，这似

乎是一个正常的体育竞赛现象。但却不是一个正常的体育教育现象，因为体育教育的目标是使所有的学生都能体验到运动的乐趣和体育学习的成功感，而这种只有“唯一胜利者”的体育竞赛却让很多身体条件差的学生在不断的失败体验中丧失了对体育的信心。可以想象，这些从来没有在体育中获得过成功感的学生是不可能在未来的生活中积极主动地参与到体育运动中去的。也许在他们未来的余暇生活里将没有赛跑，没有篮球，没有网球，没有那些只承认少数胜利者的体育运动，而只有其他的文化活动，也有可能是麻将和网络游戏，甚至是赌博、吸毒等非法的娱乐活动。

场景2：当我们转变了常规的体育比赛思维以后，我们的体育教学和学校体育中的田径径赛也会发生重大的变化。我们可以让每个学生都有机会获得胜利，都能体验成功的感受。例如，在“反50米跑”的比赛中，我们可以在正常比赛中让每个学生在不同的起点反向进行赛跑，这时每个人的获胜机会都是一样的。也就是说，在这场比赛中每个同学都有可能取得胜利，每个同学想获得更多胜利机会的动机被唤起了，他们都会积极地参加到有可能使他们获得第一次胜利的竞争之中去，包括总是获得第一的那位同学，因为他（她）有可能第一次不能获得第一了。同理，在日本的“8秒钟跑”比赛里（让学生在8秒钟内各自向自己的纪录挑战），挑战自己纪录成功的都是胜利者，只是有人胜利的程度更大一些，有人胜利的程度略小一些而已。

注意：让位跑、反50米跑、自我挑战跑等也不能滥用，要选择时机适当地运用，时机和频度是关键。

3. 利用“人人为我，我为人人”的团队力量

利用集体的力量帮助学生体验运动的乐趣，促进运动能力较差、自信心不足的学生更好地投入体育运动中去是体育教学的另一个策略。集体中蕴藏着巨大的鼓舞力量，有着巨大的温暖，有着掩盖个别学生缺陷的容量，因此，善于利用集体的因素来鼓励学生、温暖学生和掩盖个别学生的运动能力差距是促进那些体育能力较差、自信心不足的学生勇敢地参与体育运动的有效方法。

**案例**

场景1：我们司空见惯的跳远比赛比的就是谁跳得远。跳得远的人似乎永远都跳得远，跳得近的人似乎永远都跳不远。跳得远的人，其脚印永远在前面；跳得近的人，其脚印永远都落在后面，这个差别永远摆在大家的面前，似乎在证明着某种差异的固定性。而对于那些跳得近的人来说，这个摆在大家面前的无法缩短的差距似乎是一种无言的羞辱，似乎是拒绝某些同学参与这种竞赛。

场景2：改变了思维和规则的“目标跳远”则完全打破了“跳的距离不够远的学生不能获得胜利和成功感”的定式。“目标跳远”是采取让学生自己向自己的最远距离挑战，并以组为单位把学生挑战的成绩加起来进行小组间比赛的方法。具体方法为：在沙坑中间放置一条红线作为大家挑战的目标，将同学们随机分成几个比赛小组，同

学们各自按照自己最好的跳远成绩（事先测好）量出自己的起跳地点，然后进行跳远比赛。每人三次跳远，没有达到目标的不得分，超过目标的得1分，大大超过目标的得2分。每人跳完三次后，教师将各个小组的分数分别相加，各小组得分相比后得出比赛成绩。“目标跳远”是激励学生自我挑战的方法，也是典型的利用集体和团体赛的因素进行教学，消除技能差的学生的劣等感，使他们也可以参与到集体的比赛中而不受到歧视，让他们能同技能好的学生一样为集体争光，并在积极的比赛中不断挑战自我，不断提高自己的跳远成绩，最终实现使全体学生参与到体育学习和锻炼中的成功策略。

4. 调整场地和器材，体验成功

体育教师可以根据学校和学生的实际情况及需要，采用调整场地大小、器材软硬和大小等方法来降低或增加比赛、练习、游戏的难度，使一些在特定的运动竞赛和练习中不可能取得胜利的学生也获得胜利并体验成功的乐趣，或使一些原本很容易取得胜利的学生能体验挑战成功的乐趣。这不仅能增加学生对项目的新鲜感，提高学生的学习兴趣，还可以帮助学生建立自信心并使他们对运动产生好感，促使学生积极参与体育运动。例如，利用反弹板帮助学生体验跳绳的乐趣，扩大或多设球筐帮助学生体验投篮的乐趣，用底线当足球门帮助学生体验射门的乐趣，利用支架打棒球帮助学生体验打棒球的乐趣。

# 专题五　情境教学——故事情节的效果

## 一、运用情境教学的必要性

从教育学的角度来看，在小学阶段的体育课程教学中，尤其是在给中低年级的学生上课时，进行直观而富有激情的情境教学，是体现体育教师运动素质与教育智慧的一种教学方式，这对少儿的心智发展和身体健康都具有积极的影响。

体育教学情境的创设，需要符合不同年龄段儿童的心理特点和认知规律，要根据不同的教学内容和教学场地、设施等教学环境而有所变化。对于中低年级的儿童，教师可以通过讲述简短的故事、做游戏、模拟表演、直观演示等形式创设教学情境；而对于高年级学生，则要侧重于创设有助于学生自主学习、合作交流的问题式的教学情境。

由于体育课需要在室外的运动场地进行，小学生容易“散、乱、跑”，体育教师在体育课中使用情境教学法时，需要思考的因素会更多，也更为复杂和烦琐。为此，体育教师要更多地考虑到如下原则性因素：

1. 整体性与系统性

整体性与系统性是提示教师在运用情境教学法的过程中，既要考虑到情境教学本身的整体性，也要考虑到其在整体教材体系中的整体性；既要考虑到作为教学模式之一的情境教学的直观性，也要整体性地考虑到其在系统性教学模式中的局限性。同时，也要从整体的层次上思考情境教学与其他教学方式的有机结合，要在系统把握这一教学方式的同时，艺术性地处理与教学过程相关的问题，从而使情境教学成为整体教学背景下的运动情境教学，成为系统性的教学计划中合理而又科学、灵活而又有重点的教学安排。

2. 直观性与生动性

直观是情境教学的重要特点之一，生动活泼的情境教学过程是体育教学直观性特点的重要体现。情境教学的直观和生动不仅仅是教师所期待的，更是学生感受情境教学的乐趣所在。直观不仅仅体现在情境教学的内容上，也体现在情境教学生动活泼的形式和组织方式上。学生在参与情境教学的过程中自发地、主动地参与评价，由此带来了直观而又生动的教学效果。

3. 示范性与指导性

动作示范是体育教学的特点，也是情境教学所能体现的最有效的、直接的教学过程。教师在进行动作示范的同时也在对学生进行技术指导，因此这样的运动情境教学对学生有更直接的教育性。教师在运动环境下进行示范性的情境教学时，尤其是在面对低年级的小学生时，用简短而具有艺术性的语言引导很重要。进行直观而又有重点的示范，可以促进学生注意力的相对集中。

4. 心理性与教育性

运动情境教学的直观性与生动性，能够调动小学生参与运动的积极性，对小学生的心理也是有积极作用的。由于情境教学对学生心理的间接影响往往不是短期的，因而其具有的教育性作用很明显，这也是许多学者和教师乐于使用它的主要原因。

运动情境教学因其特有的“运动情境”和场所，对学生养成良好的运动习惯具有难以想象的教学效果。

5. 运动性与思考性

运动是孩子的天性，因此运动情境的运动性容易理解。而运动情境的思考性，是指在相对安静的状态下，教师对学生进行教育的过程。运动情境的思考性往往不被体育教师所重视，而这个恰恰是需要教师在孩子们运动前或是运动过程中进行“画龙点睛”式引导的。教师进行适时而简单扼要的语言提示，如“好好想一想”，在一些爱好思考的孩子身上，往往会产生意想不到的教学效果。

## 二、运动情境的种类

“情境教学”作为一种教学模式，对教师开拓教学思路具有启示性。它能激发学生对运动的兴趣，提高运动的健身效果，增强学生的参与意识，同时也让教师感受到教育过程的乐趣。情境教学会直接或间接地对教师的教学评价产生积极的促进作用，从而能激起体育教师的自豪感和责任感。

基于对教育学的认识与理解，我们认为运动情境有如下几种：

1. 语言类运动情境：即在运动游戏教学过程中，尤其是在低年级的教学中，以各种方式的语言提示为主。

2. 艺术类运动情境：在中高年级女生的运动过程中，尤其是在体现技巧性的运动过程中，会有相对较多的艺术性体现。

3. 模仿类运动情境：主要是在中低年级的学生课堂上，进行模仿动物或具有特定技巧的运动，其示范性教学因素较多。

4.（民族）地域类运动情境：它更多的是用在民族地区或用在体现传统运动方式的情境中。对教师来说，对其进行教育性和思考性的提炼与分析这一过程显得尤其重要。

5.（城乡）文化类运动情境：在具有不同社会文化背景的学校里进行情境教学，其所反映出来的运动情境内涵是有所区别的。如在一个乡村或是偏远地区的学校使用的运动情境内容，若把它运用于大城市的学校教学中，则会因生活环境和生活方式存在差异性，而使该教学内容产生的直接效果完全与此前不同。

## 三、运用情境教学的注意事项

1. 避免形式主义，更具有引导性

在网络时代，由于信息有可复制性和传递快速的特点，为避免出现形式化的教学过程，教师需要对情境教学进行深入浅出的理解与消化。教师应设计出更具有教学引导性的，能体现思想上的文化性、教育上的艺术性的情境模式，这样，运动情境教学百花齐放的局面才会真正形成。

2. 避免“思想抄袭”，强调教师的“个性化”

相对于形式的抄袭，思想抄袭的危害性更大，教师往往会在一次次不经意的抄袭中加深对别人思想成果的“依赖性”，久而久之，作为一名教师必须具备的“个性化”思想就会在抄袭中丢失。抄袭更大的危害则是误导教师对教育思想的正确理解，教师会在不良的“个性化”教学思想中对学生进行错误的教育。

3. 体现教育性，更多运动特性的教育思考

运动情境教学的教育性，根本的是要更新教学观念和体现运动的教育特性，同时要体现创造性与评价方式的多元化。人们期待以此为契机，更有针对性地思考运动情境教学的模式，更有深度和广度地研究小学教育中的运动与文化。

4. 体现地区性、民族性和传统体育的运动

教师在借鉴和学习运动情境教学的过程中，应在方法上多思考，要结合本地区的特点，尤其是在有民族性的传统体育运动中，教师的首要任务是能以情境教学的范例，更多、更好地展现自己的地区性、民族性和传统体育运动，并使之成为“新的运动情境教学”模式，从而提高体育教学的艺术性。

5. 体现启发式的教学过程

运动情境教学注重对学生进行各方面的启发，如语言的、肢体（手势）的、组织和合作过程中的种种配合和互助。对于学生而言，个体的运动和思考过程需要“情境”来启发，而学生在教学过程中的小组或团队意识的培养，则必然需要不同方式的教学过程。

6. 注意评价方式上的学生参与、师生互动

在运动情境教学的过程中，评价方式的多元化显得尤其重要。因为运动情境教学过程中诸多引人入胜的情节常常会让一些本就活泼爱动的孩子更加兴奋，而让学生得到适度的教师评价或是同学间的评价，往往会使课堂收到意外的教学效果。

在教学实践中情境运用得较好，不仅学生能得到乐趣，教师也能收获精神财富。情境教学中的案例极少有“表演”成分，更多的则是具有教学艺术性。

**案例 1**

“织渔网”

教师在教学中一般采用多种游戏方法进行教学。教师先创设情境：“水中有很多

鱼，我们要去捉它们，怎么办呢？”在给予学生一定的时间进行讨论后，教师对大家的意见予以统一：用渔网捕捉。之后，教师讲解游戏方法。

第一步：“织个渔网”捕鱼。教师把学生平均分成人数相等的6个小组，进行织渔网游戏，学生每人手拿一根布条，教师预先拿两根标枪插在泥地上，上面平行地系着两根绳子。学生听到口令后，依顺序先后跑过去织渔网，哪一组最先把布条系完就为胜，然后教师再让学生把织成“渔网”的布条解下来。这样的游戏活动不仅能反映学生动手、动脑的能力，而且使游戏活动的气氛更加活跃。

第二步：让学生用织好的“渔网”捕鱼。教师先让3个同学手拉着手做渔网，3个人的手不能分开，其他学生分散在半块篮球场内不同的地方当鱼。然后让两张网（6个人）同时捕鱼，捕到鱼后“网”连接起来，接着由5人组成渔网，用两张“网”同时捕鱼，方法同前。在游戏中要求做到：（1）不出圈，不破网；（2）碰到就算抓到。在这次教学过程中，教师采用多样的游戏方法，激活了同学们的活动情绪，也提高了同学们的反应能力和灵敏性。

**分析：**这个游戏在传统运动游戏的基础上，增加了一个学生动手、动脑的运动过程，比较有新意，因此是学生乐于参与的运动游戏。尤其是在第二步的“捕鱼”过程，需要教师把握学生运动素质的差异性，适度掌握运动负荷的大小，这样可以较好地培养学生的速度与耐力。这在小学高年级，甚至中学的教学过程中都是一个较好的素材。同时，这个游戏也可以较好地培养学生团结合作、相互理解与相互信任的良好品质，促进学生间的友好往来和相互关心。可以相信，如果这位教师在“运动情境游戏”的评价方式上作一些变化，如让学生自己参与评价（第二步“捕鱼”中换人），学生的参与热情肯定会更高一些。

另外，有三点需要更细的分析：（1）注意提醒学生：系的布条不能太紧，要考虑到还有要解下来的这一步；（2）在练习方法上，还可以再进行更多的调整，如在第一步练习的过程还可以两人或是三人（依年级高低进行增减）同时进行，或是在织网图案上有所要求，以增强学生的创造性意识，第二步练习可以采取“换人”的方式，即三人或是五人中的任何一人被“碰到”了就换人，这样，学生在练习过程中往往也更有“针对性”；（3）从安全的角度考虑，第一步不宜进行“集中跑过去”的游戏过程，尤其是对低年级的学生更不宜采用，教师要把握“安全第一”的原则。

**案例2**

由于体育教学具有艺术性的特点，教学中的缺憾常常会使教师在总结思考中收获更多，因此对其进行相关的分析与研究也是必要的。

在“小学体育课情境教学”中，有教师谈及，可创设游戏情境，培养学生的活动能力。游戏是学生十分感兴趣的一项体育活动，它内容丰富多样，形式生动活泼，有利于激发学生的学习动机。例如，将障碍跑的教学过程设计成送“鸡毛信”的故事情境，即让学生进行穿插接力跑，使学生在躲闪中以最快的速度完成任务。在这样的教学活动中，学生的思维异常活跃，练习的情绪十分高涨，学习的效果也得到极大的提高。（资料来源：河南省洛阳市洛龙区第十四小学张老师，2008—05—06，略有改动）

**分析**：在新浪网的博客上，相关的文章常常会被点击上百次甚至更多，但上述文章却不见有任何的评论。就其教学过程分析，这也许是简易的教案，但网友更多的是关注教师的提问方式、提问的内容等，如场地的布置（图示）、场地的大小或是如何“躲闪”的教案说明等。然而，上述文章皆缺乏应有的注解，若该案例在运用时能考虑到前述的五项原则性因素，相信其教学过程肯定会更精彩。

# 专题六 教学研究——科学体育教学的探索

科学的体育教学需要不断地进行研究和实践，那么，教学研究与科学研究是否相同？若有不同，表现在哪些方面？体育教学研究应从哪些方面展开？一线教师应如何进行体育教学研究？这或许是大多数教师长期以来都比较关心的问题。本专题重点从人、事、物三个维度探讨体育教学研究的结构要素和研究方法。

## 一、体育教学研究与科学研究的关系

教学研究与科学研究尽管都是研究者要从事研究活动，但是二者并非完全等同，二者之间既有一定的联系，又有明显的区分。

### （一）教学研究及其结构要素

教学研究是研究者（尤其是教师）对教学的目标、内容、过程、教具、方法、组织、管理、评价等多方面进行的研究工作。教学研究的主体包括人、物、事三个方面。其中，对人的研究又可以细分为对教师、学生单个对象的研究，以及对教师与学生、学生与学生之间的关系问题研究；对教学中的物的研究，则包括对教材的研究、对教具的研究（体育教学研究的教具主要指场地和器材）；对事的研究不像人与物那么具体，对事的研究带有一定的抽象性，但也是可以量化的，且具有可操作性。对事的研究包含的要素较多，有教学目标、教学方法、教学组织、教学管理、教学评价等，其主要结构要素如图 1 所示。

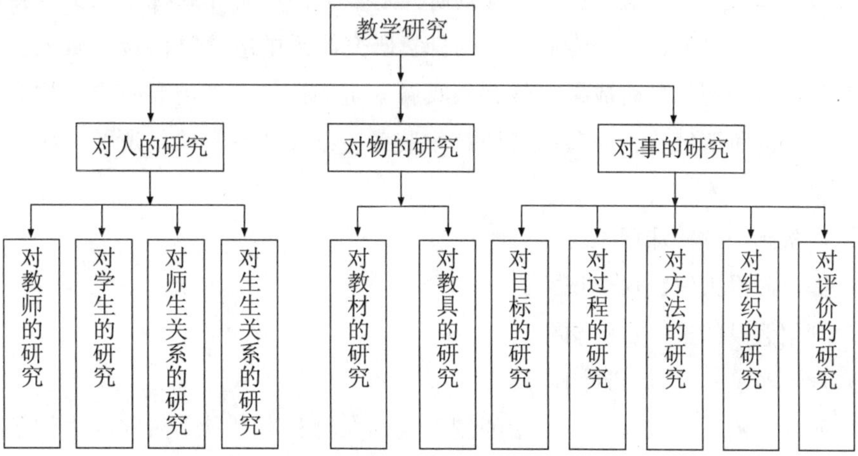


**图 1 教学研究主要结构要素及其关系**

从图 1 中我们可以看出，教学研究各要素之间是有一定交叉关系的，并非完全的独立，如在“对人的研究”结构中，对学生的研究，除了要研究学生的兴趣爱好、个性特征等，还包括对学生学习方法、学习目标等的研究，因此与“对物的研究”结构中的对方法的研究和对目标的研究等就有一定的交叉性。同样道理，对教师的研究也是如此，也会涉及“对物的研究”结构中的目标问题和方法问题。由此可见，本结构要素图只是出于研究的便利而建构，实际上教学研究的人、物、事是不能截然分开的，各要素相互融合、共同作用，才能构成教学，因此，教学研究也不能孤立地看待各要素，而是要用一种发展的眼光和联系的眼光看待要素及要素之间的逻辑关系。

当然，教学研究的构成要素除了按主体分类以外，还有其他的一些分类视角，如从研究者、研究时间、研究内容、研究方法等角度都可以将各要素及其关系作一个逻辑定位。但无论采用哪类分类方式，其教学中的人、物、事都是教学研究所不可忽略的重要因素。

**（二）科学研究及其结构要素**

科学研究一般是指利用科研手段和装备，为了认识客观事物的内在本质和运动规律而进行的调查研究、实验、试制等一系列的活动。科学研究的基本任务就是探索、认识未知的东西。

科学研究的分类方式也有很多，从大的方面我们可以将其分为自然科学研究和社会科学研究。如果从研究工作的目的、任务和方法等方面来划分的话，通常可以划分为基础研究、应用研究和开发研究。其中，基础研究是对新理论、新原理的探讨，目的在于发现新的科学领域，为新的技术发明和创造提供理论前提；应用研究是把基础研究中发现的新理论应用于特定目标的研究，它是基础研究的继续，目的在于为基础研究的成果开辟具体的应用途径，使之转化为实际成果；开发研究又称为发展研究，是把基础研究、应用研究中的成果应用于生产实践的研究，是科学研究转化为生产力的中心环节。基础研究、应用研究、开发研究是整个科学研究系统中三个互相联系的环节，它们在一个国家、一个专业领域的科学研究体系中应该是协调一致的。要进行科学研究且取得一定的科研成果，就必须具备一定的条件，如需要一支结构合理的科研队伍、一定的科研经费、完善的科研技术装备，以及科研实验场所等。科学研究的方法步骤主要有：

（1）观察到一种特殊现象。

（2）提出假设去解释这个现象。

（3）利用假设作进一步的预测。

（4）设计实验检验以上预测。

科学研究的侧重点在人，而科学的侧重点则在物和事。科学研究的主体是人，科学研究需要人发挥主观能动性，去思考事物的道理，寻求原因，找出规律，追求应用。

### （三）教学研究与科学研究的联系

教学研究与科学研究二者并非完全重合，也不是各自完全独立，二者呈现出上下位概念的关系。从概念的上下位关系来看，科学研究相对于教学研究而言，属于上位概念，也就是说教学研究包含在科学研究之中，教学研究一定属于科学研究，但科学研究不一定只是教学研究。不科学的教学研究是站不住脚的。

### （四）教学研究与科学研究的区别

教学研究与科学研究除了具有一定的联系，二者的区别也是十分显现的。二者不但在研究对象范围方面有别，而且在研究方法、研究目的、时间跨度和成果转化等方面也具有一定的差异性。

从研究对象范围来看，科学研究所涵盖的对象范围更加广泛，几乎世界上的任何事物都可以作为科学研究的对象。而教学研究的对象范围一般就设定在对教学要素的研究上。

从研究目的来看，科学研究的目的根据研究的范畴不同而有所区分。就自然科学而言，进行研究的目的无非就是使人类能够更多地了解自然的奥秘，为了使人能够更好地与自然和谐相处。就社会科学而言，主要就是为了正确、客观、科学地描述、解释和预测社会发展趋向。其中描述就是对社会现象或事物状况、过程和特征等进行客观的说明，作出是什么的回答。解释是对研究对象的过程、原因等作出的分析，即回答为什么的问题。预测是对研究对象未来发展状况的预期。而教学研究的主要目的无外乎探寻教学规律，提高教学质量，最终能够更好地为学生的全面发展服务。

从时间跨度上来看，科学研究的时间一般情况下跨度都略长于教学研究。就科学研究内部结构要素而言，自然科学的研究时间跨度往往略长于社会科学的研究。

从成果转化而言，科学研究的成果转化无论从数量上还是从价值上，就目前现实的情况来看，都要远远超出教学研究的成果转化。

## 二、体育教学研究的主要内容及方法

### （一）体育教学研究的主要内容

由于体育教学研究首先属于教学研究的范畴，是教学研究的学科化研究体现，因此，从教学研究的结构要素中我们展开谈体育教学对象、体育教学内容、体育教学方法、体育教学目标、体育教学评价等主要研究内容。

1. 体育教学对象研究

体育教学对象的研究包括对体育教师的研究和对学生的研究。但是如果从狭义的教学概念出发，教学的对象就是学生，因此，当我们谈到对体育教学对象的研究时，首先需要限定教学的概念。对教学对象的研究，如果是对教师的研究，我们需要研究的内容就很多，诸如体育教师的教学行为研究、教育教学能力研究、基本素养研究等。如果是对学生的研究，我们可以研究学生的学习行为，可以研究学生的兴趣爱好和个性特征，还可以研究学生之间以及学生与教师之间的关系问题等。

对体育教学对象进行研究不但有利于更好地调控体育课堂，还能够在教学内容、教学方法的选择上更具有针对性，在教学目标的确定上会更具有可操作性。而且教学活动就是教师和学生借助于场地器材，运用一定的方法，共同完成教学内容，最终达成教学目标的过程，离开了对教师和学生的全面把握，要想达到较好的教学效果，往往会有一定的难度。

在对体育教学对象的研究中，有待加强的是对关于体育教师的教育教学能力、学生的学习行为和方式方法等问题的研究。

2. 体育教学内容研究

体育教学的内容是教学的核心要素，离开内容的教学是不存在的，离开教学的内容也发挥不了其自身的功能和真正的教育价值。因此，对体育教学内容的研究就显得非常重要。在对其进行研究的时候，一方面要考虑到体育教学内容自身的特点和功能价值；另一方面还要考虑如何根据教学目标、学生特点、教学条件等选择教学内容。其实，在很多研究者所提出的“教什么”的问题研究中，就是对教学内容的探讨。当前对体育教学内容的研究尽管很多，但是其中很关键的问题，也是一直未得到解决的问题，如关于内容与内容之间的逻辑关系，以及不同学段甚至是不同年级体育教学内容的分配与衔接问题等急需加强研究的力度。

3. 体育教学方法研究

体育教学方法既包括教师教的方法，也包括学生学的方法。当前，在对这些方法研究的过程中存在着一些重教法研究而轻学法研究、重教法自身研究而缺乏对教法与学法关系问题研究等的错误导向。由此，体育教学方法理论始终是一边倒，即基本上呈斜塔状。消除这种现象的有效方法就是要加强对学法的研究，真正探明学法是什么，和教法有什么关系，以及如何引导学生掌握有效的学法，以便更好地为终身学习、终身锻炼奠定好的基础。要想改变这一状况，研究者转变观念是至关重要的，要摒弃过去一些片面地认为教学方法就等于教法，以及学法等同于教法的错误理解。只有对体育教学方法展开全面而深入的研究，才能真正更有效地促进教学效果的提高。事实上，过去大家总是在讨论“怎么教”，而很少讨论“怎么学”，随着体育教学改革的进一步深入，“怎么学”已经越来越备受人们的关注。体育课堂上，无论教师的教法如何精彩，它都最终要通过学生发挥作用，因此，没有学生对教师教法的内化和有效学法的对接，教师的教往往是徒劳的。

4. 体育教学目标研究

体育教学目标不但在选择教学内容的时候起到一个引领作用，而且是整个教学活动的努力方向。体育教学的目标通过实施教学过程最终是否得以达成，很关键的一点就是目标的制订是否具有可操作性和针对性，而且有些时候甚至还需要对教学目标进行分层，否则，水平参差不齐的学生要在同一堂课达成统一的目标是有一定难度的，而且也是不现实的，但是，在当前的体育教学中，很少有教师注意到这一点（从教师的教案中我们就可以一目了然）。由此，对体育教学目标的研究也应该切中要害，而不应是泛泛地研究。除此之外，当前的体育教学目标还存在着空洞的、缺乏可操作性的表述，有的甚至是难以实现。由此，对目标的研究还要进一步考虑应如何量化，使其具有可评价性。其实，体育教学目标的研究，也就相当于对“教成什么样”问题的探讨，体育教师最关键的是要明确“应该教成什么样”和“能够教成什么样”的关系。无论是在教学前的准备阶段还是在教学过程中，都需要对这两个问题有个清晰的认识。

5. 体育教学评价研究

体育教学评价是对体育教学效果的评判，无论是一线教师还是研究者，都对其越来越关注。加强对体育教学研究不但能为评价实践提供有效的方法，而且还能不断地完善体育教学理论。长期以来，人们对体育教学评价的认识已经发生了质的转变，既包括观念上的转变，又包括形式和内容上的转变，这说明了人们在评价体育教学效果的时候价值尺度发生了根本的改变。如过去是单纯地通过学生的运动技术成绩来评价学生，而现在又增加了对学生学习过程中的态度、阶段性成绩、最后考试成绩进行评价，同时在对学生的评价方式上也一改过去教师单一评价的方式，增加了学生互评和学生自评等，甚至还尝试家长参与评价的方式。但是，就目前体育教学评价的研究与实践而言，尚未形成成熟的评价体系，仍需进一步研究。诸如，不同学生的评价尺度是否一致的问题，如果不一致，那应该如何制订分层评价标准等。



**（二）体育教学研究的常用方法**

1. 当前体育教学研究方法存在的问题

当前对体育教学的研究多采用文献研究法、观察法、经验总结法、专家访谈法、问卷调查法、教学实验法等。而且对这些方法的应用，不同的研究者、不同的研究内容还有所侧重。但总的情况反映出文献研究法一直是人们普遍采用的方法，其次是观察法和问卷调查法，较为少见的是实验法。其实，对于体育教学而言，观察与调查固然重要，但是，如果能够通过一定的实验采集到可靠的实验数据将是最具说服力的教学研究，但是目前对这种方法的运用并不突出。另外，就一线教师和理论研究者而言，一线教师多使用经验总结法和观察法，而理论研究者则侧重于文献研究法、问卷调查法等。

对于体育教学研究而言，不但不同研究群体之间需要有效合作，研究方法内部也需要进行有效整合，而且是在不同研究内容需要的前提下所做的整合工作。如对教学效果的研究应该尽可能地采用实验研究法，否则，效果无从说起。而对于教育教学能力的研究就要借助于观察、问卷调查、访谈等方法的通力合作。由此，就人们目前在体育教学中所采用的方法而言，有待拓展和整合。

2. 几种常见的体育教学方法的运用技巧

（1）文献研究法。在很多研究中都会用到文献研究法，但是就体育教学研究而言，在运用此方法进行研究的时候，要注意一个最关键的问题，那就是尽量穷尽文献。如要研究体育教学方法，在收集文献资料的时候不但要在电脑中输入关键词“体育教学方法”，还要输入“体育教法”“体育学法”，甚至是“教学方法”“教法”和“学法”，这样我们才能真正做到在前人研究的基础上进一步展开研究，否则很容易出现重复性研究。

（2）专家访谈法。这种方法也常被人们运用，尤其是硕士生、博士生等在撰写论文的时候，涉及体育教学的研究，他们常常会采取专家访谈的方法。但是，最根本的问题是访谈哪些专家，访谈什么问题，访谈后采用什么方法处理访谈结果等，都需要认真考虑，不能随意找几个认识的专家问问就了事。选取专家一定要尽量考虑行家，要考虑他们的专业性和专业化程度。访谈的问题需要事先有个访谈提纲，无论是对一个问题的深度访谈，还是对多个问题的广度访谈，访谈提纲的设计是很重要的。在访谈过程中，还要能够采取多种方式记录，最好能够有录音设备，单纯的笔录难以记录到全面的信息。

（3）问卷调查法。这种方法的难点在于对问卷的设计，重点在于对问卷调查过程的质量控制。如果这两个环节有所保证，问卷调查法的应用应该是成功的，否则，就会出现徒劳无益的现象。运用问卷调查法进行研究，其中问卷设计所花费的时间和精力不亚于问卷调查的过程和问卷的输入统计，因为问卷的设计需要反映所研究问题的全部内容，更重要的是调查者要考虑如何设置题项和被选答案才能真正达到研究的真实目的。那么，如何设计问卷呢？首先需要了解想要的是什么、研究的是什么、这些问题的研究可以划分为几个维度、每个维度应该有几个重要的问题支撑，如不清楚这些问题的话，也就失去了运用这种方法的初衷。

## 三、小学体育教学研究题目案例及分析

### （一）小学体育教学研究题目案例

对小学体育教学的研究，无论从哪个视角展开，都会有一个主题，并以题目的形式展现出来。但是，就当前已有的研究题目来看，题目的设置有好差之分。下面按照研究的内容列举出一些好的题目和一些有待进一步提高的题目，如表1所示。

**表1　小学体育教学研究题目举例**

| 好的题目 | 有待进一步提高的题目 |
|---|---|
| 《浅析小学体育教学计划中学习目标的表述》 | 《小学体育课程教学方案的设计》 |
| 《新学期小学体育教学“五忌”》 | 《如何提高小学体育教学的效果》 |
| 《省首期农村小学体育教师教育教学能力提升工程培训工作的实践与反思》 | 《浅谈小学体育课堂教学的改革》 |

续表

| 好的题目 | 有待进一步提高的题目 |
| --- | --- |
| 《小学体育教学中学生的交往障碍及其消除方法》 | 《体育游戏在小学体育教学中的运用》 |
| 《小学体育教学妙用小体操垫》 | 《新课标下小学体育田径教学内容实施的研究》 |
| 《小学体育滚翻教学中"教"与"玩"的几点体会》 | 《青蛙跳荷叶——小学四年级体育教学设计》 |
| 《小学低年级开展体育双语教学的尝试》 | 《小学体育课堂教学方法浅探》 |
| 《小学小班化体育分层教学效果的实验研究》 | 《小学体育教学中的"情境活动"激发学生学习兴趣》 |
| 《乒乓球直拍进攻型打法在小学体育教学中的发展探讨》 | 《浅析小学体育的教学方法》 |
| 《"奖卡"激励机制在小学体育教学中应用的实践探索》 | 《新课标下小学体育教学方法改进》 |

### （二）小学体育教学研究题目分析

体育教学研究题目是好的题目还是有待进一步提高的题目，关键在于看题目本身是否具有创新性、学术性以及是否简单明了，具体分析如表 2 所示。

**表 2　小学体育教学研究题目对比分析**

| 特点 | | 题目举例 |
| --- | --- | --- |
| 创新性 | 具有创新性 | 《小学体育教学中学生的交往障碍及其消除方法》 |
| | 缺乏创新性 | 《体育游戏在小学体育教学中的运用》 |
| 学术性 | 学术性较强 | 《小学小班化体育分层教学效果的实验研究》 |
| | 学术性不强 | 《浅析小学体育的教学方法》 |
| 简明性 | 简单明了 | 《新学期小学体育教学"五忌"》 |
| | 繁杂啰嗦 | 《小学体育教学中的"情境活动"激发学生学习兴趣》 |

从表 2 中我们可以看出，对小学体育教学问题的研究，有些题目突出了创新性，如《小学体育教学中学生的交往障碍及其消除方法》就具备了这样的特点，相反，有的题目创新性却不太明显。有些题目突出了简明性特征，如《新学期小学体育教学"五忌"》，让人们从题目上就能非常清晰地了解到，该研究是对"新学期"的"小学体育教学"展开的研究，而且以"五忌"的方式提出了该时期教学应注意的关键问题。

第四篇

# 体育保健能力

体育教育是一项特殊的教育，与身体健康有关的各个方面都会涉及。体育教师不仅要让学生了解体育基础知识，更重要的是让他们掌握身体保健的方法和意义，引导学生形成终身体育的观念并养成健身锻炼的习惯。

# 专题一　健身锻炼——身体素质发展的紧迫要求

《小学生健身活动》教师指导用书前言中提到，目前城市青少年发育过程中普遍存在“硬”（韧带僵硬）、“软”（肌肉软）、“晕”（由于缺乏倒立、滚翻等训练，使前庭器官能力发展较差）等现象，尤其是小学、初中、高中的近视眼，分别达到60％、70％、80％的比例。各种慢性病和生活方式病，在小学生中也呈现出上升的趋势，因此加强小学生的健身锻炼显得极为迫切。

## 一、健身锻炼的重要意义

体育，作为学校教育提倡的德、智、体“三育”之一的教育，在发展学生的身体素质方面有着不可或缺的重要意义。

中国已步入快速发展的历史时期，但种种因生活方式问题而产生的慢性病增长得也很快。同时，人们的思想中也普遍存在认识上的问题，如一味地重视对国外各种教育理论的探讨研究，对本国教育发展史却缺乏基本的了解。这种不良现象在体育教学中也普遍存在着，如偏重竞技体育的教学，却缺乏对体育的健身性、普遍参与性，以及对传统体育健身方式和各民族传统健身游戏、传统武术、太极拳等丰富多彩的文化内容的认识；普遍缺乏对适合国情和少儿特点的体育的准确把握。在小学体育教学中，更多的是以城市化的、竞技性的、国际性的内容为主，对更适合少儿特点和有民族、民俗文化特点的健身锻炼，没有进行更有效的“整体性”把握与应用。

因此，在中小学生体质普遍下降、近视眼普遍增长，各种成年人慢性病在逐渐低龄化、儿童化的今天，体育教学应注重发展学生的身体素质，培养学生良好的生活习惯，增强学生自我保健的意识。

1. 健康教育观念与流行性疾病

如今，社会上所提倡的健康教育观念，更多的是指现代医学意义上的教育，而对传统中医学养生保健等简单易行且行之有效的方法进行有深度研究的较少，体现在宣传和基础教育中的就更少了。

因此，当现代流行性疾病出现时，人们往往不是依靠传统医学保健去增强自身的抵抗力，而是盲目地吃药，依赖医院的治疗。

为此，教师需要督促学生进行有针对性的强化健身锻炼，在练习过程中要更多地考虑到学生“劳逸结合”的健身需求，让他们在运动游戏中体验乐趣，从而达到增强学生免疫力和抵抗力的目的。

2. 对运动健康进行教育学思考

进行关于运动健康的教育学思考，不仅要关注和研究国外的相关研究状况，还要研究中国传统文化中关于健康教育的整体而系统的、有效的保健方法，并从体现“整体观”的中医文化（运动保健）中挖掘与基础教育相关的运动健康知识。

3. 面对种种困难的体育健身锻炼

体育教师除了要面对社会的种种关注与期待，还要面对校园内各学科的“动与静”，因此要进行全面有效的教育思考。目前，许多在大、中城市里的小学生，不同程度地面临着升学的压力。从体育教学的角度说，已步入高年级的男女生之间，随着身体的不断发育，生理性差异正在增大，学生的一些心理问题，也不同程度地反映了出来。体育教师必须要考虑到如何引导学生参与健身，尤其是在高年级学生自主意识不断提高时，必然要考虑到健身锻炼的课余化，如让学生与父母亲或是祖父母一起做简单可行的游戏。

## 二、健身锻炼应注意的事项

体育教学中的健身运动不同于以竞技体育为主的训练，也不同于注重娱乐性的全民健身。由于小学生的年龄特点及其所处的教学环境、自然条件等各有不同，他们的个体发展也就存在差异性。

因此，教师在健身教育中需要注意，要加强对教学和教学评价的思考，教学和评价都要有针对性，以下几点是尤其需要注意的：

1. 少吃多餐

中国人传统的饮食方式受到西方的不良饮食习惯和生活方式的直接冲击，在短时间内，“肥胖症”比较突出。不良生活方式导致的种种慢性病，近些年来已不同程度地降临到了小学生身上。因此，教师要用健康的运动方式引导小学生形成良好的餐饮习惯，提醒他们注意饮食方式的调整，培养小学生良好的饮食和生活方式，有针对性地指导小学生“少吃多餐”。这对小学生整体性地理解健身运动教学与健康的生活方式显然是十分有益的，而且它也是体育教学不可缺少的重要环节。

2. 目的明确

健身运动和适宜小学生参与的健身性游戏练习的教学目标十分明确地指出，要充分发挥师生的能动性和创造性。健身活动重在培养小学生参与有运动乐趣的教学活动的积极性，在于突破已有的不适合小学生年龄特点的教学常规，在于教师要突破“传统教学”观念，明确让学生乐于参与健身的活动，让学生体验与感受参与健身运动过程的创造性。

因此，体育教师需要改变原有的教育观念，学习体现传统文化的教学思想，尤其是要树立“整体观”，形成教育哲学观念，这不但能使学生在体育健身教学中受益，而且也体现了学校教育的整体性。

3. 安全有趣

把保障学生安全与生动活泼的教学过程相结合，是体育教师需要考虑到和要处理好的教学原则，也是健身练习在教学中得以顺利进行的前提与保证。

体育教师要树立安全意识，在教学过程中不仅要提示学生本人注意安全，同时也要提醒学生在练习过程中注意同伴的安全。体育教师既要注意保证教学场地的安全性，也要注意保证健身器械的安全性，因为这些往往会直接影响到健身运动的教学效果。

4. 变化多样

健身锻炼中变化多样的健身方式和游戏方法，体现了体育教师对体育教学过程的评价和思考，展现了教师的自主性和创造性，以及文化素质与运动素质，展现了他们高超的教育教学能力。综合性的健身方式是体育教师在教学实践中经过提炼、总结与升华而形成的，体现了体育教师的运动智慧与教育艺术。

## 三、北京市“小学生健身工程”介绍

笔者作为“小学生健身工程”的直接参与者和实验教学、摄制等工作的组织者和指导教师，也对其进行了一些研究与思考，在此仅就相关背景资料略作介绍。

受多年来形成的升学考试压力的影响，小学生在学校的运动和活动时间明显减少。如何使少年儿童既热爱体育活动，又爱上体育课？如何纠正以往体育课中以“达标”为主要目标的现象，使“快乐体育”与“体质增强”融合起来？如何切实做到通过体育锻炼，引导学生建立起安全运动的意识，唤起他们参与体育锻炼的积极性和主动性？解决这些问题成为实现青少年健身目标的当务之急。

为此，我们认为必须采取有针对性的干预措施，来阻止学生体质下降，从而逐步解决全国中小学生的各种身体问题。因此，开展“全国亿万学生阳光体育运动”和“中小学生健身工程”这样的具有体育宣传意义和实际锻炼意义的工作是非常有必要的。

作为“中小学生健身工程”项目基础的第一期和第二期的北京市“小学生健身工程”，分别于2003年和2007年完成，该活动的成果得到了北京市广大实验学校和推广学校的好评，也得到北京市教育行政部门领导的好评。许多体育教师对与之配套出版的《小学生健身活动》和光盘《小学生健身操》《体育游戏365》等反映良好，并强烈要求继续出版更多的实用的锻炼内容，特别是要求内容要扩展到中学部分，以促进广大中小学生锻炼身体。

由于长期受竞技体育发展的影响，学校体育的活动内容也随之出现了“大肌肉群运动为主体”（缺乏对小肌肉群的锻炼意识）、“四平八稳运动为主体”（缺乏发展学生灵敏和协调性的意识）、“大头朝上运动为主体”（缺乏对学生平衡器官锻炼的意识）的倾向。近年来，随着家长们对独生子女的过度保护和他们过度的安全意识，以及学校内事故纠纷和不合理的处罚增多，学生业余活动时间、活动空间和活动内容日益减少。

为了让学生很好地达到健身的效果，学生体育锻炼需要有具体的措施和方法，需要有科学的锻炼内容作保障。

“中小学生健身工程”的具体实施内容为11个，包括基本身体活动系列、300多个健身动作和200多个健身游戏。通过创新以上系列的发展学生身体基本活动能力的内容，为全方位地转变全国农村体育课教学内容和方式，扩充学生课外锻炼活动内容，尤其是为推动教学思想的转变和切实促进学生综合活动能力和身体素质的提高作出了贡献，使之成为一组具有科学性的计划和内容体系。

本项目从2000年开始进行（当时北京市教委开展了旨在“发展学生身体活动能力，全面促进学生身体健康”的“小学生健身工程”研究，并将这项研究列为北京市教委的“折子工程”），当时“健身内容”研究课题组在北京市两个区共18所小学进行了实验研究，他们通过问卷调查和统计分析，证明“小学生健身工程”为小学体育教学内容的改革提供了一个新的思路，同时也为解决我国小学生体能和运动能力下降的问题以及有效增强学生运动能力提供了新的视角和方法论。活动内容不仅符合小学生身心发展的实际需要，而且具有可行性、安全性和有效性，并为创编《学校体操》提供了分类方法和框架。“小学生健身工程”活动内容既可以调动体育教师“教”和学生“学”的积极主动性，又可以充分发挥师生的能动性和创造性。

《小学生健身操》作为北京市教委“折子工程”的内容，是在专家们深入基层和广泛实践的基础上进行研究的成果，其中介绍了很多有难度的动作，其对教学过程和学生练习也提出了更高的要求。

“小学生健身工程”中的练习方法，有助于开拓我们的教学思想，有助于体现出具有民族特色的健身运动，有助于丰富我们的健身内容，有助于我们更好地落实“每天一小时体育锻炼”的计划，并为切实提高学生的身体素质起到积极的促进作用。该项目主要是为了启发教师进行创造性教学与评价。

1. 北京市“小学生健身工程”教育原则

（1）文化性原则

健身运动要体现民族文化特色和民族教育（健身）思想，体育教师要将传统文化与教育思想统一在健身运动中。

（2）民族性原则

健身运动应展现中国的多民族性。中国有56个民族，每个民族都有自己独特的健身运动方式，这些健身运动方式展现了各民族特有的民俗风情，如竹竿舞、踢毽和各种跳绳活动等。因此，健身运动教育既要体现健身运动的大众性，也要反映出民族性。

（3）教育性原则

我们的学校体育，需要有自己民族的优秀教育思想，需要有体现大整体观且具有健身运动特色的教育理论，需要有现代竞技体育“誓争第一的运动精神”。因此，体育教师要培养学生乐于参与运动的良好习惯，要在传统健身游戏中培养学生的创新意识和能力，提高学生的运动素质。

2. 北京市“小学生健身工程”的思路

在选择教学内容和方法上，我们突出了传统运动游戏和有民族特色的健身练习，重点选择了一些小学生乐于参与的游戏，体现了多元化评价方式。这对于转变体育教师的教育教学观念，促进体育教师注重传统文化并进行教育思考，具有重要意义。

（1）在健身性上做文章

小学生健身运动要体现学生的兴趣，要从根本上改变以竞技体育取代健身体育的状况。体育教师要开阔思路，善于创新，勇于尝试，并乐于研究体育教学。

（2）在游戏中呈现文化性

中国人很重视游戏的教育作用，常常是寓教育于活动中，以游戏的方式启发和影响学生，因此所选游戏中常常蕴涵着丰富的文化内涵和教育作用。

（3）体现民族文化的多元性

中国体育活动具有民族性、多元性，为我们的健身教育提供了丰富多彩的内容和各种健身方法，为师生提供了广阔的思考与想象空间。

（4）注重组织纪律

传统教学中的队列组织方式，常常是当今的小学生不乐意接受的，而健身游戏不仅能体现趣味性，也体现了约束性，集体观念、组织纪律教育已寓于游戏的全过程，它让许多学生在参与活动的过程中能真正感受到纪律的重要性。

（5）评价方式多元化

体育锻炼达标的评价方式相对较单一，它虽然在增强学生体质方面起到了积极的作用，但也导致许多小学生从小就没有感受到体育的乐趣，进而远离运动游戏和健身运动。而评价方式的多元化，则极大地调动了学生参与游戏和健身的热情，也为体育教师进行更有深度的研究和教学评价奠定了良好的基础。

# 专题二　健康行为——日常行为的规范

由于生活方式的改变，少年儿童在户外的身体活动有减少的趋势，生活习惯病在向低年龄蔓延。为此，WHO（世界卫生组织）1997年提出了“The Initiative on Active Living”（积极地生活：主要内容包括合理的营养、适量的运动、良好的心理状态）的口号。从宏观的角度看，少年儿童的身心发展危机光靠体育教师是解决不了的，但不可否认的是，体育教师的作用越来越重要。“身体健康”概念的提出与“体育课”更名为“体育与健康课”，对体育教师提出了更多的要求。

## 一、健康行为——健康教育的首要领域

健康行为是指人们从事的保持和促进健康或有损健康的活动（不论他们目前感到的健康状况如何以及这种行为是否达到了目标）。

### （一）健康行为的分类

1. 基本的健康行为。即日常生活中有益于健康的基本行为，如合理搭配营养、促进膳食平衡、适当锻炼、按时休息等。

2. 预警行为。即预防事故发生和事故发生后的正确处置，包括自救和他救。

3. 保健行为。即正确合理地利用卫生保健服务，如定期进行体格检查、预防接种，发病后及时就诊或咨询、遵从医嘱、配合治疗、积极进行康复锻炼等。

4. 避开环境危害。即避免生活、工作环境中对健康有害的各种因素。

5. 戒除不良嗜好。即戒除日常生活中对健康有害的个人偏好，如吸烟、酗酒、滥用药物等。

6. 进行心理的调适。如保持情绪愉快，促进人际关系和谐，保持人格统一。

### （二）增进健康的行为

增进健康的行为指个体或群体（不论其健康状况如何）所表现出的在客观上有利于自身和他人健康的行为。其判断标准是：

1. 有利性（有益于自身、他人和社会的健康）。
2. 规律性（有一定的重复性和持久性）。
3. 同一性（外在行为和内在动机协调一致，且与环境条件并无冲突）。
4. 适宜性（行为强度适中）。
5. 整体性与和谐性（个体的行为能反映自己固有的特性并保持整体的和谐）。

**（三）损害健康的行为**

损害健康的行为指偏离个人、他人及社会健康的行为，通常可分为：

1. 不良的生活方式和生活习惯。如饮食过度，偏食、挑食和过多地吃零食，嗜好高温加热的食物和烧烤食物，进食过快或吃过硬、过酸的食物等。

2. 不良病感行为。表现为疑病、恐惧、忌医、不及时就诊、不遵从医嘱、迷信、自暴自弃等。

3. 日常危害健康的行为。如吸烟、酗酒、吸毒、不良性行为等。

## 二、健康内容——教师需了解的健康行为

小学生正处于身体的快速发育期，对于这一年龄阶段的儿童来说，塑造良好的体型与体态是非常关键和重要的，因为这直接关系到学生今后的健康状况。良好的体型与体态是健康的基石，如目前很多的现代性疾病正是由于人们过度肥胖而引起的。

**（一）关于安全的健康行为**

不做危险游戏，燃放鞭炮时注意安全，在上体育课时注意衣着要求，运动前做准备活动，游泳前做好预防溺水的准备工作。在劳动中要预防砸伤，发生意外伤害要及时就医。

**（二）关于饮食的健康行为**

1. 了解良好饮食习惯的重要性，不偏食、不挑食、定时定量进餐；了解暴饮暴食的危害、吃早餐的必要性，少吃零食。

2. 预防食物中毒，不吃变质腐烂的食品。

3. 生吃瓜果要洗净，不吃不洁食品，防止病从口入。

**（三）关于身体的健康行为**

1. 了解人体的头、颈、胸、腹、四肢等部位的作用，了解眼、耳、口、鼻的基本功能。

2. 初步了解人体内部的心、肺、胃肠、大脑等主要器官的所在位置和基本生理功能，懂得如何爱护这些人体器官的基础知识。

3. 学会正确测量身高、体重、脉搏的方法，懂得其测量的意义。

4. 在小学高年级（五六年级）的教学内容里，适当加入有关青春期生理变化和可能面临的一些问题等内容（如女孩月经来潮、乳房发育，男孩变声等）。

**（四）关于卫生习惯的健康行为**

1. 饭前便后要洗手，勤洗澡，勤换衣，常剪指甲，早晚洗脸，睡前洗脚，不与他人共用毛巾、水杯；生活作息要有规律，睡眠充足，坚持午睡，劳逸结合。

2. 早晚刷牙，知道刷牙的正确方法，知道怎样选择牙刷、牙膏。

3. 保护眼睛，预防近视，知道如何做眼保健操，养成正确的读写姿势。

## 三、健康理念——健康行为的践行原则及方法

### （一）健康行为的践行原则

1. 知行并进

健康行为不仅涉及行为层面，还涉及意识层面。

有关健康方面的知识很多，我们的体育教学既要让学生掌握基本的知识量，又要帮助学生学会"举一反三"；既要让学生学懂，又要让学生学会。体育教师要让学生掌握基本原理和规律，也要让学生学会具体的操作，不能让学生停留在认知的水平上，一定要让他们掌握具体的实际操作方法，如紧急处理伤口的方法、利用各种器械的方法、保护与自我保护的方法等。在知识和原理的学习方面，也要多运用发现式的教学方法，结合情境式的教学方法、演练式的教学方法来进行教学。对于操作性的知识，要更多地运用演练式的、情境式的教学方法，帮助学生获得实际的经验。

**案例**

《伤患搬运》教学设计

一、教学目标

基本知识：通过多媒体演示、教师讲解，让学生掌握运动伤害处理的方法。

基本技能：通过演练处理危险和紧急情况的方法，使学生学会紧急情况处理及正确的急救技能，以降低伤害的严重性。

情感、态度、价值观：通过对各种伤患的搬运练习，培养学生相互协助的精神，以及助人为乐的优良品质。

二、教学流程

（一）解说伤患搬运的必要性

急救人员为避免伤患再受到其他伤害，在安全计划下，将伤患送到安全的地方或是接受治疗的地方。

（二）搬运伤患时应注意的事项

1. 急救人员在搬运伤患之前，要保持冷静，首先必须了解伤患的伤势，除非环境情况危急迫切，否则需对伤患进行初步急救处理才能搬运。

2. 搬运前最好对伤患进行解释及说明。

3. 急救人员在两名以上时，动作应整齐，步伐要均匀。如果时间允许，急救人员宜先进行练习。

4. 若需将伤患拖至安全地带，应沿身体长轴的方向直向拖行（脚前头后），不可用侧面横向拖行，上下坡时伤患宜平抬。

5. 凡是头部、大腿、小腿、手臂、骨盆、背部骨折者，不宜直接搬运，需先固定住。若脊柱发生骨折，应使用平板（门板、木床、竹床等）搬运，不得使用帆布担架搬运。

（三）运用多媒体课件、图片来介绍、讲解搬运伤患的方式

1. 徒手搬运

（1）单人搬运

①扶持法：病人仍能自己行走时使用。

②背负法：病人无法自己行走时使用。

③肩负法：病人无法自己行走时使用。

（2）双人搬运

双人搬运包括前后抬式、两手抬式、三手抬式、四手抬式、双人扶持法。

（3）三人及三人以上搬运

这种搬运法包括异侧搬运、同侧搬运。

2. 器械搬运

搬运伤患最理想的方法是使用车辆及标准担架，但事实上在很多意外事件发生的现场不容易或不可能获得这些器材，因此为了把握时间，急救人员必须当机立断、就地取材，可用坐椅、小床、门板来搬运。必要时，也可制作临时担架做搬运工作。

（1）标准担架搬运

（2）临时担架搬运

（四）观看教学录像

观看骨折、脱臼、扭伤的急救及伤患搬运法的部分内容。

（五）学生发问及问题讨论、意见交流

（六）到操场实地练习伤患的搬运

**分析**：对学生而言，掌握基本的紧急救护技能是非常必要的。然而，在体育教学中，长期以来，我们都忽视了这一问题。有些老师可能会问："体育课是要教运动技能的，运动技能学习的时间本来就很紧张，哪儿还有时间教救护技能呢?"这里就存在一个为什么教和教什么的问题。关于"为什么教"的问题，我们没有必要进行讨论，因为紧急救护在运动损伤中的作用是有目共睹的，其价值也是公认的，所以，教是肯定要教的。那么，应该教什么呢? 对于小学生而言，当然是应该教一些常识性的、简单的方法，这只需占用很少的课时为学生介绍一下即可。这节课就是利用上室内课的时间为学生介绍伤患搬运的方法，其目的就是如此。

2. 师生共同参与

学生健康行为的养成如果只成为教师的事，那体育与健康课就面临失效和无果；学生健康行为的养成如果只成为学生的事，那教师就违背了体育的本质。教师的言行举止都可能对学生产生潜移默化的影响，例如，教师不说脏话，不随地吐痰，注意个人卫生，发现跑道上有石子及时捡起来，避免学生不小心踩到等。因此，体育教师要真正做到以身作则，与学生共同参与体育活动。

## 四、行为修炼——体育教师培养学生健康行为可做的工作

1. 利用队列训练改善学生的体型和体态

在体育课中，通过严格的队列训练和身体姿态的练习，可以使学生养成保持正确的姿势和体态的意识，以促进学生的身体发育，并使他们对体态和体型形成良好的审美意识。体育教师要通过这种特殊的训练，让中国的新一代国民都能“站如松，坐如钟，行如风”。体育课的队列训练应该向“姿态培养”与“集体行动意识和能力培养”的方向发展，体育教师要深入研究“集体行动”的教材。

2. 利用体育课堂的时空变化养护学生的身体

体育教师要充分重视并利用体育课特殊的时空效果，要努力把体育课与课间操、课后活动等结合起来，合理地安排学生每天的学习时间和体育锻炼的时间，充分利用宝贵的时间和空间来养护学生的身体。

3. 利用户外刺激效应锻炼学生的身体

体育教师要充分认识到一小时左右的户外活动对提高学生身体适应能力的良好作用，要把阳光、风、寒冷和暑热都当做学生锻炼身体的积极因素，而不是体育教学中的不利因素，要通过科学的组织和安排，利用这些自然因素来锻炼学生的身体。在这方面，日本学校中经常进行的“赤足体育”和“赤膊体育”都是很好的范例。

4. 充分利用运动技能的练习提高学生的体能

体育教师在提高学生运动技能的同时，要注意学生身体素质的全面发展，除了一些特定的情况和特殊的需要，要尽量避免运动技能的提高和身体素质锻炼“两张皮”的现象，要找到技能教学和体能促进的内在关系。

5. 要利用体育课中的集体因素、情意因素促进学生的心理健康

在体育课中，学生可以直接用语言来交流，体育课因“热血活动”和“即时评价”等因素而充满情意。因此，体育教师完全可以，也应该利用好这些因素，让每节体育课都对学生心理健康发展有积极的促进作用，让学生不断地融入集体和体会成功的乐趣。

## 五、促进学生身体健康——小学体育教师肩负的健康使命

体育与健康课程是一门以身体练习为主要手段、以增进中小学生健康为主要目的的必修课程，是对原有的体育课程进行深化改革并突出健康目标的一门课程，但它并不是体育课程与健康教育课程简单地合并在一起的一门课程。它关注的是学生如何通过体育实践活动增强体能，掌握体育与健康方面的基本知识和技能，形成体育锻炼的习惯和良好的生活方式，提高身体、心理的健康水平，从而达到课程标准所提出的健康目标。在该课程中，体育与运动安全、营养、锻炼方法、急救、保健等内容更加紧密地联系起来，学生在体育锻炼中的各种问题也会成为教学的主题，体育的教学目标

更加明确，体育教学内容更加丰富，体育教学的策略也更加清晰。

传统的健康教育必须和体育教学结合起来，才能更好地为促进学生健康服务。例如，解决学生的心理健康问题要和“心理拓展训练”结合起来，对学生进行安全教育要和“安全救护的演练”结合起来，效果才能更好。空洞地讲解理论，是不能完成健康教育的任务的。因此，体育教师对学生进行健康行为教育时，要注意使用正确的教学内容和方法。

**案例 1**

某学校的体育老师王老师发现，学生在上体育课时做准备活动并不认真，于是他给学生讲了个小故事：“小明 800 米达标测试又没过合格线。他不明白为什么，他每次都很努力地跑了。又一次体育达标考试时，小明睡午觉睡过头了，他匆匆忙忙下楼，一路小跑到操场，脸红红的，累得气喘吁吁，直出汗，他心想这下完了，又不能合格了。结果，这次小明竟然通过了。这是为什么？”学生都很困惑。于是，王老师说出了原因：“因为小明匆忙下楼，一路小跑，正好相当于为测试做了准备活动。”接着王老师讲了准备活动的作用和重要性，让学生明确了准备活动是科学的健康运动的保证，是一种健康行为，在进行正式体育运动之前，一定要做准备活动。

**分析：**健康行为的形成往往源于对健康知识的掌握，而知识原理又往往枯燥乏味，不容易让人理解。而这位老师用讲故事的即时教育方式，引导学生认识到准备活动的作用和重要性，学生既容易接受，又容易理解。

**案例 2**

在一次小学三年级的体育公开课上，在分组进行比赛时，队伍中有两个学生打起了架。作为授课教师，一定很尴尬，但是这位老师并没有喝止两个学生，而是不慌不忙地说：“下面老师要看看哪组小朋友站得更好！”只见两个打架的小朋友立刻回到自己的队伍，站得笔直。

**分析：**一些教师在教育观点和教育方法上的缺点或错误，可能会导致学生养成不良的健康行为并导致其不良品德恶化。如有的教师由于讲课不认真、枯燥乏味，而使学生听不懂、没有兴趣；有的教师在课堂上不善于处理学生的违纪行为和偶发事件；有的教师性格急躁、粗暴、主观武断，处理问题不公平，导致学生对此产生怨恨、反抗和逃避的情绪或行为；有的教师心情不愉快，在学生身上寻找发泄机会；有的教师把学生的偶然行为看做是严重的过失，引起师生关系紧张等。这些都是造成学生危害健康行为增多的重要原因。

而这位在上公开课的教师则用机智化解了危机，同时也给学生保留了尊严，这就是教育的艺术。

# 专题三　健康教育——为学生成长护佑

“让我们教健康教育课？为什么？教健康教育课应该是校医的事儿，或者是大队委的事情，体育教师都去上健康教育课，那谁来教学生体育技能？我们的课时如何完成？我们都很少接触健康教育，怎么去教孩子？体育的课时都不能保证，怎么还去上健康教育课？怎么在户外上健康教育课？必须去教的话，我们应该提前做什么准备？”当提起健康教育课时，上述回答是老师们最常见的反应，他们或因不解而反对这种提法，或已接受但困惑于如何操作。我们今天的话题就是和大家讨论：为什么开展健康教育也是小学体育教师的专业化修炼之一？小学体育教师又如何增强这一专业素养？

2007 年 5 月 7 日，中共中央国务院下发了《关于加强青少年体育增强青少年体质的意见》，文件强调“学校教育要树立健康第一的指导思想”。

2008 年 1 月，卫生部发布了《中国公民健康素养——基本知识与技能（试行）》（简称《健康 66 条》），这是全球第一部关于公民应当了解和掌握的健康素养知识的官方文件。

2008 年 12 月 1 日，教育部制定了《中小学健康教育指导纲要》，以应对新时期学校健康教育的需求，为中小学进行健康教育指明了努力的方向和工作的方法。

短短两年间，国家就出台了一系列促进全民健康，尤其是促进青少年健康的纲领性文件，不难看出，在广大中小学生中开展健康教育的重要性及国家对此项工作的重视程度。作为小学体育教师，我们有必要了解小学健康教育的意义、目标、原则和内容，健康教育为什么以及如何与传统的体育教学有机融合，从而有目的地增强自身的业务能力，提升业务素质，满足新形势对一线体育教师提出的新的岗位要求。

## 一、为什么要在小学开展健康教育

### （一）小学生健康现状不容乐观

大家都知道，随着人民生活水平的持续提高，广大学生的营养状况得到了极大的改善，但从 2005 年国家体育总局和教育部联合公布的《第二次国民体质监测报告》来看，我国小学生的健康状况是不容乐观的。专家们通过对学生的身体形态（如身高、体重等）、生理机能（如肺活量等）、身体素质（如反应速度和灵敏性的 50 米跑、反映柔韧性的坐位体前屈、反映下肢力量的立定跳远等）、健康状况（如是否有近视、龋齿等）等24项指标与2000年对比分析发现，反映小学生生长发育状况的数据有逐年增长的趋势，而反映学生生理机能和身体素质状况的数据却表现出逐年下降的趋势，尤其是5年间持续上升的肥胖症和视力不良发生率已经成为威胁青少年健康的最大问题。

要有效遏制青少年体质下降的趋势，需要家庭和社会的努力，更需要教师加强学生在校期间的身体和健康教育。2006年12月23日，由教育部、国家体育总局、共青团中央发起的"全国亿万学生阳光体育运动"正式启动，为体育教师开展工作提供了良好的政策和环境支持。

### （二）健康行为应从小养成

在经济快速发展的今天，人类的健康杀手主要是与不良的生活和行为方式有关的慢性疾病。比如，儿童肥胖症就是和不合理的饮食结构及运动严重不足等生活习惯密切相关的。按照行为学的观点，人一生的行为经历四个发展阶段：3岁以前以无意识的模仿为特点的被动发展阶段；3～12岁以主动模仿、探究为特点的主动发展阶段；12岁到成年以自行调整为特点的自主发展阶段；成年以后行为定式已经形成，主要以完善和适当调整为主的巩固发展阶段。可见，行为发展有一定的连续性，对健康有益的行为越早建立越好，对健康有害的行为也越早纠正越好。

因此，小学教育工作者除了对学生进行德、智、体、美、劳的教育之外，还应同时实施健康教育，以帮助他们养成有益的健康行为习惯，培养他们良好的健康素养，以免错失建立良好行为的关键期！

### （三）健康教育是学校教育的一部分

1994年，国家教委在其下发的《实行新工时制对全日制小学、初级中学课程（教学）计划进行调整的意见》中明确规定，在学生"科技文体活动"中，每周应有0.5课时用于健康教育。1999年6月13日，中共中央国务院在其印发的《关于深化教育改革全面推进素质教育的决定》中，也明确提出"学校教育要树立健康第一的指导思想""培养学生良好的卫生习惯，了解科学营养知识"。因此，作为教育工作者，要转变教育观念，要认识到学校不仅是孩子增长才智的地方，更是促进健康的场所。

综上所述，在小学开展健康教育，是改善广大青少年体质现状的需要，是良好行为习惯养成的需要。健康教育是学校教育的有机组成部分，是孩子们成长不可或缺的教育因素。

## 二、健康教育与体育的关系

在我国的学校卫生工作领域，健康教育和体育从来就有着千丝万缕的联系，从1979年第一次大规模的全国学校体育卫生工作经验交流会议开始，国家就确立了将预防为主、提高学生的健康水平、培养学生良好的卫生习惯、防治学生常见疾病等作为学校卫生工作的主要任务，而实现上述任务的主要途径就是依托中小学的体育。当然，健康教育和体育的目标、内容、工作方式又各不相同，剖析和了解两者的异同，可以帮助体育教师更好地认识自身的责任和义务，也更有针对性地弥补自身业务的不足，以满足时代提出的更高要求。

**（一）健康教育与体育的区别**

首先，两者的区别体现在教学目标上。健康教育意在引导学生树立健康意识，养成有益于健康的生活方式与行为习惯，掌握必要的保健知识和技能，自觉地改造及保护环境，从而促进他们身心的正常发育，为其一生的健康打下基础。学校体育的教育目标是以增强学生体质为主要方向，教育学生掌握运动的基本知识、基本技术和基本技能，以便他们更好地锻炼身体、增强体质和培养优良品格。

其次，两者的教学内容不同。健康教育主要是向学生传授卫生保健知识，以及培养他们良好的卫生习惯、卫生态度和卫生行为。学校体育主要是向学生传授一定的运动知识和技能，培养学生的思想品德、意志品质。

再次，两者的区别还体现在组织形式上。健康教育的组织形式多种多样，主要有健康教育课程、专题讲座、健康咨询、卫生健康指导、行为矫正、健康知识竞赛，以及各种形式的宣传教育活动。而学校体育的组织形式主要是体育课、早操、课间操、班级体育锻炼、运动队训练和运动竞赛等。

**（二）健康教育与体育的联系**

尽管健康教育与学校体育有着本质的区别，但两者都是学校教育的重要组成部分，因此，体育与健康教育又是密切联系的。

首先，健康教育和体育都是学校落实“健康第一”指导思想的重要途径。通过体育教育，使学生的身体得到锻炼、体质得到增强、健康素养得到提高。同时，在集体竞争和练习中，可以培养学生健全的人格、良好的心理品质，使他们养成服从集体、遵守规则、团结协作的良好行为习惯，从而全面提高学生的健康水平。通过健康教育，则可培养学生的健康意识，提高他们的健康素养，为其一生的健康奠定坚实的基础。因此，两者在落实“健康第一”思想方面互为补充。

其次，健康教育是身体教育的重要内容，体育则是实现健康教育的一个重要手段。在小学生的体育教学内容中，就包括帮助学生建立运动促进健康以及合理安全运动的理念和方法。在健康教育中，健康行为与生活方式、疾病预防、心理健康、生长发育与青春期保健、安全应急与避险五大领域的内容无一不可借助体育活动来组织完成。此外，青少年健康教育中的行为矫正也常常需要借助身体活动来实现。因此，两者在健康促进方面又互相渗透。

再次，学校体育与健康教育结合能够更好地促进学生的体质与健康发展。以往正是由于我们的体育课只强调运动的“三基”，而忽视了对孩子进行健康教育，从而导致很多学生成为不爱体育、不会运动、不懂保健的“体育盲”加“健康盲”。如果学校体育与健康教育能充分结合，学生们就会懂得健康的意义，学会保健的方法，这在帮助他们树立健康意识的同时，也激发了他们对体育的兴趣和参与动机，从而促进学生们身心同步健康发展。

## 三、小学健康教育的目标、原则和内容

### （一）健康教育的目标

在小学有计划地开展健康教育，总目标是促进学生健康，为其一生的健康奠定坚实的基础。具体目标包括：

1. 培养学生的健康意识与公共卫生意识。
2. 使学生掌握必要的健康知识和技能。
3. 促进学生自觉地采纳和保持有益于健康的行为和生活方式。
4. 减少或消除影响健康的危险因素。

简单来说，健康教育的目标就是为孩子创设环境，培养其健康意识，传授运动技能，最终使孩子自觉改正危害健康的行为，积极采纳促进健康的行为方式。

### （二）健康教育的原则

学校健康教育是把培养青少年的健康意识、提高学生的健康素质作为根本出发点，而且注重实用性和实效性。具体执行时要遵循的原则如下：

1. 健康知识与健康技能传授并重。
2. 健康知识和健康技能传授呈螺旋式递进。
3. 健康知识传授、健康意识与健康行为形成相统一。
4. 总体要求与地方实际相结合。
5. 健康教育理论知识和学生生活实际相结合。

由上述内容我们可以发现，与传统的健康宣教不同的是，健康教育更注重与实际的结合，即要根据孩子兴趣和需求等的不同而开展健康教育。这对教师提出挑战的同时，也为教师提供了极大的主动权，教师可根据实际情况选择具体的教学内容和教学方式。

### （三）健康教育的内容

根据教育部制定的《中小学健康教育指导纲要》的规定，在小学开展的健康教育包括：健康行为与生活方式、疾病预防、心理健康、生长发育与青春期保健、安全应急与避险。根据青少年的身心发育特点，还可将上述内容分成三个水平等级，不同水平等级对应不同的内容，具体见下表。

**小学生健康教育内容及分级**

| 内容＼水平 | 水平一（1～2年级） | 水平二（3～4年级） | 水平三（5～6年级） |
|---|---|---|---|
| 健康行为与生活方式 | 养成良好的卫生、饮食、行为习惯；保护好眼睛和牙齿。 | 养成良好的用眼、学习、起居和体育锻炼的习惯；正确处理生活垃圾；保持营养平衡；避免被动吸烟。 | 养成健康的生活方式，关注视力异常，远离毒品。 |
| 疾病预防 | 认识传染病、小学生应接种的疫苗；远离传染病；常见的其他疾病的预防。 | 肥胖、寄生虫病及其他学生常见疾病的危害与预防；警惕电器辐射。 | 贫血、常见肠道传染病、常见眼病、龋齿、近视、肝炎、结核、艾滋病等对健康的危害及预防，以及成年期疾病的早期预防。 |
| 心理健康 | 心理健康标准，日常礼貌用语，与人相处的技能，传统美德，培养广泛的兴趣和爱好。 | 正确认识自己，学会与异性同学交往，了解心理与健康的相互关系。 | 学会自己做事，培养自信，应对挫折，调节情绪，学会放松。 |
| 生长发育与青春期保健 | 身体的外形及名称，内脏器官的名称，我从哪里来，小学生生长发育的规律和特点。 | 人的生命周期，人体主要器官及其功能，保护身体器官。 | 青春期发育的特点、个体的差异及青春期保健常识。 |
| 安全应急与避险 | 校园（文具、玩具）安全、游戏与锻炼安全、中毒（蛰、咬伤）及小外伤的应急处理，正确拨打求助电话。 | 运动（游泳）安全，意外伤害的处理，火灾的逃生与求助，地震的逃生与求助。 | 认识常见的危险标识，正确面对疫情，掌握交通事故的应对方法，急救的四大基本操作技术，提高网络安全防范意识。 |

## 四、小学体育教师进行健康教育的专业修炼

### （一）体育教师开展健康教育的方法与途径

1. 学会寻求教育制度支持

现代健康教育的特点之一就是强调全社会的参与，其中很重要的就是要取得制度支持。体育教师在学校开展健康教育活动，尤其要学会从学校制度中借力。很多体育教师对体育和健康教育都有“学校不重视”的感慨，一味抱怨的结果就是一味等待领

导的重视。因此，我们在这里提醒各位老师，要在实际教学中利用一切机会，获得学校管理者的认同和支持。如在开始教学前，收集健康教育的相关信息，形成文字报告，陈述开展健康教育对学校教育的实际意义及其所需的切实支持；或者，在健康教育中，注重过程及结果的评价，以实际成果向学校管理人员证明健康教育的价值，以期获得进一步的肯定和支持。如果管理者能以大健康观为指导，全面、统筹安排学校的健康教育工作，为健康教育创设良好的环境（如优美的校园环境、人人讲健康的校园氛围）、提供必要的健康服务，就能为健康教育的顺利开展提供有力的物质与制度保障，而这本身也是健康教育工作中很重要的一部分。

2. 充分利用其他学科优势

既然是在学校开展健康教育活动，体育教师还要善于从其他学科或学校的其他活动中汲取营养和力量，如可以将小学生的“品德与生活”“品德与社会”“安全教育”以及“综合实践活动”等课程内容与体育活动有机整合，把课内教学延伸到课堂外。至于教学课时的安排，则可有一定的灵活性，如遇不适宜户外体育运动时，就可安排室内的健康教育课。教学要以学生为中心，以角色扮演为主要形式，教师只充当组织者、倾听者，在必要时给予一定的帮助。当然，精心制作的教学课件、图文资料和音像制品等教学资源也可为健康教育的实施效果增色不少。

3. 善于挖掘家庭和社区资源

小学生除了接受学校教育外，还较多地受家庭养育的影响，因此，建议各位体育教师在开展健康教育的同时，别忘了将学生家长作为自己的教学同盟，发动家长积极参与到孩子的健康教育活动中。比如，良好的饮食与卫生习惯等健康行为的养成单纯依靠教师或家长的力量，远不如家校联手来得有效且持久。此外，学校周边的社区也不失为开展健康教育的良好场所，体育教师可以将避免被动吸烟、安全应急与避险、环境保护等内容融入社区教育，利用社区资源，让孩子们在实践中树立健康意识、学会健康技能。

总之，体育课如果能以体育与健康课程为基础，以家长和社区为同盟，以学科教学为辅助，并与小学生的实践相结合，就一定能达成既定的教学目标。

### （二）体育教师开展健康教育的自身修炼

体育教师尽管可以依托其他学科，借助其他人力（学校领导、家长和社区群众）的帮助，但作为健康教育的执行者，还应努力提高自身的综合素质，加强专业化修炼。具体来说，主要有以下方式：

1. 开阔视野，转变观念

体育教师进行健康教育，应开阔视野，要了解健康教育在国际上发展的历史，了解我国健康教育的发展趋势，充分认识学校健康教育的目的、意义和内容。同时，还应转变那种认为学校体育就是身体训练、健康教育与己无关的片面观念，改变健康教育就是健康知识宣传的传统观念，而应认识到，随着社会的发展，体育与健康教育的关系越加紧密。

2. 不断学习，更新知识储备

作为小学生健康知识与健康技能的教育者，体育教师一方面要主动学习健康教育方面的知识与技能（可参照 2004 年高等教育出版社出版的《小学生健康教育》）；另一方面还应掌握健康教育课程的设计及健康教育活动设计与实施的方法（参照 2006 年复旦大学出版社出版的由黄敬亨主编的《健康教育学》第四版）。除了参加各地教育主管部门组织的继续教育活动外，体育教师还可以借助丰富的网络资源拓展学习，更新知识储备。下面是给广大体育教师朋友推荐的几个网站链接：

（1）中国体育教师网（http：//www. ty121. cn）。

（2）全国中小学教师继续教育网（http：//www. teacher. com. cn）。

（3）中国健康促进与教育协会（http：//www. cahep. com/）。

（4）中国健康教育网（http：//www. nihe. org. cn/）。

# 专题四　体育测试——人体测量的科学

体育教学过程是一个复杂的可控系统，它的可控性是通过各种信息的传递和不断反馈而得以实现的。体育测试正是应用了这一可控性，将与教学相关的测试结果（包括各项身体素质、技术能力和身体机能状况的测试结果等）及时反映出来。它使学生、教师、家长和相关领导等都能更清楚地了解学生各项身体素质和身体机能状况，有助于学生对学习情况的诊断和分析，有助于教师对教学情况进行诊断和分析，有助于教师制订和改进教学计划，有助于选拔和培养体育优秀人才，有助于教师因材施教，也便于各级政府和教育部门评估学校体育工作。

## 一、小学体育测试的主要内容和框架

### （一）有关身体形态和身体机能状况的体育测试

身体形态是指身体的概括性特征，包括器官的外形结构、体格、体型和姿势。身体机能与人的健康关系极为密切，其涵盖面比较广。常见的有关身体形态和身体机能的体育测试有：身高（是人体生长发育过程中一个反映人体骨骼发育状况、身体纵向发育水平的重要指标）、体重（是描述人体横向发育的指标，它在一定程度上能够反映人体的骨骼、肌肉、皮下脂肪及内脏器官的综合发育状况）、肺活量（用以测试学生的肺通气功能）。在测试学生身高时，应与体重测试相配合，以评定学生的身体匀称度，评价学生生长发育的水平及营养状况。另外，可以进行台阶试验，用以测量定量负荷时心血管机能指标的变化水平，评定人体心血管机能水平。

### （二）各项身体素质的体育测试

身体素质是人体在体育运动中所表现出来的速度、力量、耐力、灵敏和柔韧等机能能力。作为衡量人体体质强弱和运动机能的身体素质，它一方面与肌肉工作的效率有关，另一方面也反映了人体各器官系统的机能水平。所以，在体育教学和运动训练中，身体素质的测试非常重要。

**身体素质测试内容分类表**

| | 大类 | 亚类 |
|---|---|---|
| 身体素质 | 速度素质 | 反应速度 |
| | | 动作速度 |
| | | 位移速度 |
| | 力量素质 | 相对力量 |
| | | 绝对力量 |
| | 耐力素质 | 一般耐力 |
| | | 速度耐力 |
| | | 力量耐力 |
| | | 静力性耐力 |
| | 灵敏素质 | 一般灵敏素质 |
| | | 专项灵敏素质 |
| | 柔韧素质 | 一般柔韧素质 |
| | | 专项柔韧素质 |

**小学体育测试常见内容与测试目的表**

| 测试内容 | 测试目的 |
|---|---|
| 50 米跑 | 测试学生速度、灵敏素质及神经系统灵活性的发展水平。 |
| 50 米×8 往返跑 | 测试学生速度、灵敏素质及耐久力的发展水平。 |
| 投沙包 | 测试学生的上肢爆发力。 |
| 1 分钟跳绳 | 测试学生的下肢爆发力和身体协调能力。 |
| 立定跳远 | 测试学生下肢肌肉力量及身体协调能力的发展水平。 |
| 踢毽子（30 秒） | 测试学生的身体协调能力。 |
| 仰卧起坐 | 测试学生的腹肌耐力。 |
| 绕杆跑，6 米折回跑 | 测试学生的灵敏素质。 |
| 立位体前屈<br>坐位体前屈 | 测试学生的柔韧素质。 |

**（三）有关运动技术和运动能力的测试**

体育运动项目众多，如何对各个运动项目的技术和能力进行测试？我们应该根据各运动项目的性质、形式和特点，按照一定的标准，将众多的运动项目进行分类。

**运动技术测试内容分类表**

| 大类 | 亚类 | 项目分类 |
| --- | --- | --- |
| 体能类 | 速度力量类 | 径赛中的各种短距离跑、游泳等；田赛中的各种跳跃、投掷项目等。 |
| | 耐力类 | 径赛中的中长距离跑、竞走项目等。 |
| 技能类 | 表现类 | 难美性项目：竞技体操、健美操、武术套路、艺术体操等。 |
| | 对抗类 | 隔网类：乒乓球、羽毛球、网球、排球等。 |
| | | 同场类：篮球、足球等。 |
| | | 格斗类：武术散打、摔跤、跆拳道等。 |

## 二、小学体育测试的常见内容

### （一）有关身体机能测试的相关修炼

1. 测试身高时应该注意的问题

（1）测试前要根据器材的使用说明，校对 0 点，并用钢尺校准身高坐高计刻度 10.0 厘米，误差不得大于 0.1 厘米。同时，应检查立柱是否垂直、连接处是否紧密、有无晃动、零件有无松脱等情况，并及时加以纠正。

（2）测试前要向学生讲清楚测试的程序和具体方法。如：要背向立柱站立，躯干自然挺直，头部正直，两眼平视前方；上肢自然下垂，两腿伸直；两足跟并拢，足尖分开约 60 度；足跟、骶骨部及两肩胛间与立柱相接触，成“三点一线”姿势。

（3）身高计应选择平坦地面，靠墙放置。

（4）严格执行“三点靠立柱”“两点呈水平”的测量要求。“三点靠立柱”，即足跟、骶骨和两肩胛间与立柱接触。“两点呈水平”，即读数时，检测人员两眼与压板呈水平位。

（5）水平压板与头部接触时，松紧要适度，头发蓬松者要压实；妨碍测量的发辫、发结要放开，饰物要取下。

（6）读数完毕，立即将水平压板轻轻推向安全高度，以防碰坏。

2. 测试体重时应该注意的问题

（1）测试前应检验电子体重计或杠杆秤的工作状态、准确度和灵敏度。

（2）测量时，体重秤应放置在平坦地面上。

（3）为保证测量的准确性，学生应尽量减少着装。测量体重前，应让所有学生排空大小便，不要大量喝水，也不要进行剧烈的体育活动和体力劳动。

（4）上、下体重计时，动作要轻缓。

（5）记录时多以千克为单位，将读数（含小数点后一位）填入方格内。如学生体重不足 100 千克，方格首位应加 0。又如，某学生体重测量结果为 25.4 千克，正确的记录应为025.4。

杠杆秤使用前需检验其准确度和灵敏度。检验方法是以备用的10千克、20千克、30千克标准砝码（或用等重的标定重物代替）分别进行称量，检查指示读数与标准砝码误差是否在允许范围。准确度要求误差不超过0.1%，即每100千克误差小于0.1千克。

灵敏度的检验方法是：置100克重的砝码于体重秤上，观察刻度尺的变化。如果刻度尺抬高了3毫米，或游标向远移动0.1千克而刻度尺仍维持水平位时，说明其灵敏度达到了要求。学生应穿短衣裤、赤足、自然地站立在体重称量盘中央，保持身体平稳。检测人员放置适当砝码并移动游码至刻度尺平衡。记录以千克为单位，精确到小数点后一位，测试误差不得超过0.1千克。

**（二）有关身体素质测试**

1. 测试坐位体前屈时应该注意的问题

（1）测试前，检测人员根据使用说明，打开电源开关，检查电子坐位体前屈计或坐位体前屈测试仪。

（2）向学生说明仪器的使用方法和测试的正确动作。

（3）测试前，学生应做好准备活动，以防肌肉拉伤。

（4）测试时，学生双臂不能突然前振，不能用单手前推游标，膝关节不能弯曲。

（5）每次测试前，检测人员都要将游标推到导轨近端位置。

（6）检测人员要正确填写出测试值的“+”“−”号。记录多以厘米为单位，取小数点后一位，填入方格，方格的第一位只能填正、负号。如测量值为正值，在第一格内填“+”；如为负值，在第一格内填“−”。方格的第二三位必要时补0。例如，两名学生的测试成绩分别是+4.5和−0.5。正确的记录应为+04.5和−00.5。

2. 测试跳绳时应该注意的问题

（1）测试前，学生应做准备活动，以防肌肉拉伤。

（2）测试前，准备相关的测试器材，包括秒表、发令哨、各种长度的跳绳若干条。

（3）提醒受试者将绳的长短调至适宜长度。

（4）小学低年级学生参加跳绳测试时，应由教师计数。人工计数时，为防止错记数量，可以在纸上画“正”字。比如，每跳10次在纸上画正字的一笔，然后计算总数量。

（5）测试过程中跳绳绊脚，除对该次不计数外，其他应继续进行。

(6) 如果使用带计数手柄的跳绳，则要注意防止学生出现反转手柄的行为。

目前新研制的跳绳测试仪已有多种，并都已经投入使用。如在 2010 年，武汉武昌区就采用了专用的跳绳测试仪。跳绳测试仪是一种智能产品，由跳绳、测试地垫、红外探头及电脑计数设备组成。跳绳是测试专用的，具有一定的弹性。地垫规格约为 80cm×160cm，防滑且具有一定弹性，地垫前后及两边，都安放着红外探头。测试跳绳时，测试教师将 IC 卡插到电脑计数主机，学生每成功跳过一次，感应器就会发出“嘀”的声音，显示屏上就会显示出学生跳绳的次数。如果学生没有跳过，机器就没有感应，读数就不增加。还有的跳绳测试由其他专门的跳绳测试仪来计数，一台测试仪可无线感应 8 根跳绳，同时对 8 名学生进行计数。跳绳是外设设备，另外配有电脑主机。绳子手柄和主机之间依靠无线通讯保持同步计数，学生在跳绳过程中，手柄和主机都能显示跳绳次数。一旦系统发现学生存在明显的反转手柄行为，会通过手柄发出鸣叫警告，同时在主机屏幕上提醒考官。

3. 测试仰卧起坐时应该注意的问题

(1) 测试前向学生说明测试的正确动作和注意事项。如起坐时两肘触及或超过双膝为完成一次，仰卧时两肩胛必须触垫。

(2) 如果发现学生借用肘部撑垫或借用臀部起落的力量起坐时，该次不计数。

(3) 1 分钟的时间已到时，学生虽已坐起但肘关节未触及或超过双膝，该次不计。

(4) 测试过程中，观测人员应向学生报数。

4. 测试投沙包时应该注意的问题

(1) 测试前向学生说明测试的正确动作和注意事项。比如，要求学生站在起掷线后原地投掷，要求学生必须把沙包从肩上方投出。每人投三次，记录其中成绩最好的一次。

(2) 注意观察学生是否原地投掷，是否从肩上方投出。

(3) 如受试者两脚前后开立投掷，在沙包出手的同时后脚可向前迈出一步，但不得踩线。

(4) 发现踩线等犯规动作时，则判此次成绩无效。三次均无成绩者应允许再投，直至取得成绩为止。

(5) 为了能准确丈量成绩，应有专人负责观察沙包着地点。

5. 测试 50 米×8 往返跑时应注意的问题

(1) 测试前向学生说明测试的路线和注意事项。如往返四次，往返跑时顺逆时针方向绕过标杆，不得碰扶标杆，不得串道。

(2) 测试场地要平坦，50 米跑道若干条，道宽 2～2.5 米。在起（终）点线前 0.5 米和 49.5 米处各立一根标杆，杆高 1.2 米以上，立于跑道正中。

(3) 秒表若干块，使用前归零。

(4) 受试者至少两人一组进行测试，用站立式起跑。

（5）测试人员应向受测者报告剩余往返圈数，以免跑错距离。

（6）测试人员应告诉受测者在跑完后继续走动，不要立刻停下，以免发生意外。

（7）受测者不得穿皮鞋、塑料凉鞋、钉鞋参加测试。

（8）对分、秒进行换算时要细心，防止差错。

**（三）有关运动技术和运动能力测试**

1. 测试篮球运球时应该注意的问题

（1）测试前向学生讲清楚运球路线和注意事项。

（2）测试中篮球脱手后，如球仍在测试场地内，学生可自行捡回，并在脱手处继续运球，不停表。

（3）测试过程中出现以下现象均属学生的犯规行为，应取消当次成绩：出发时抢跑，运球过程中双手同时触球，膝盖以下部位触球，漏绕标志杆，碰倒标志杆，人或球出了测试区域，未按图示要求完成全程路线，通过终点时人球分离等。

（4）学生有两次测试机会，记录其中成绩最好的一次，以秒为单位记录测试成绩。两次犯规无成绩者可再测，直至取得成绩。

如何设置篮球运球测试的标准场地？

篮球运球场地长 20 米，宽 7 米，起点线后 5 米设置两列标志杆，标志杆距同侧边线 3 米。各排标志杆相距 3 米，共 5 排杆，全长 20 米，并列的两杆间隔 1 米（如下图）。

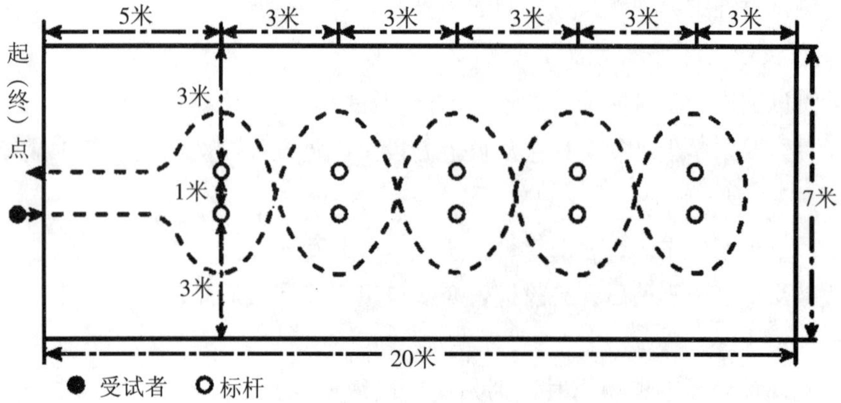


**篮球运球场地设置及测试示意图**

测试器材包括秒表（使用前应进行校正，其要求同 50 米跑）、发令哨、30 米卷尺、10 根标志杆、篮球或小篮球若干个。小学五六年级采用小篮球，球重为 420～800 克，球周长为 645～670 毫米。

2. 测试排球垫球时应该注意的问题

（1）测试场地应该是在坚实、平坦的场地或排球场上进行。

（2）小学五六年级的测试区域为每人 2.5 米×2.5 米，测试器材为软式排球，球重 180～300 克，周长为 565～665 毫米。

（3）受试者在规定的测试区域内原地将球抛起，个人连续正面双手垫球，要求手型正确，击球部位准确，达到规定的高度，球落地时即为测试结束，按次计数。

（4）受试者每次垫球应达到的高度，小学五六年级为 2 米。每名受试者测试两次，记录其中成绩最好的一次。

（5）测试过程中如出现以下现象，均只作为学生的动作调整，不计次数：采用传球等其他方式触球，在测试区域之外触球，垫球高度不足等。

（6）为方便判定垫球高度，可将排球场的球网调整到相应的高度，或者在测试区域外相距 0.5 米处插两根标杆，标杆顶端用橡皮筋或标志线相连，将标杆调整到相应的高度，测试时通过比较垫球的高度与球网或标志线的高度进行判定。

## 三、如何组织好体育测试工作

体育测试是学校体育工作中较复杂的环节，其中包括测试时间的安排、测试人员的培训、场地器材和仪器的准备以及安全措施等一系列问题，必须有一套比较完善的测试实施制度和办法，才能保证测试工作的顺利进行。

1. 测试时间的安排

应采取课堂教学与课外体育活动相结合的方法。凡是与教材一致的项目（50 米跑、400 米跑、800 米跑、1000 米跑、立定跳远、仰卧起坐、篮球运球、排球垫球、足球颠球和运球等项目），可结合体育课单元教学考核课进行测试。体育课中没有教过的内容，可在课外体育活动中组织测试，但要避免过多地占用体育课的时间专门进行测试。

2. 测试的组织形式

测试的形式要灵活多样，既要节省时间，又要方便学生。一般有以下几种：

（1）体育考核课。利用体育单元教学考核课对运动技能测试项目进行测试。

（2）课外单项测试。利用课外体育活动时间，定时、定点、定裁判，测试者可集体或单人参加。

（3）单项班组达标比赛，可结合季节特点进行。

（4）学生体质健康标准多项运动会。

（5）以班级为单位的单项对抗赛。

（6）安排测试日。一般以班或年级为单位，每一至两周利用一次课外活动时间，组织学生进行测试或开展群体测试。

（7）安排测试周。一般在登记上报各级达标人数之前，集中安排一至二周的测试。

（8）安排测试点。学校与各市（县）、区中小学卫生保健所配合，保健所责成专人负责，在固定的时间进行测试。需要测试的班级或个人，可事先和测试点取得联系。它的特点是规模小、经常化，能及时满足部分学生平时检查锻炼效果和少数学生测试的需要，有利于推动学生坚持日常锻炼。

3. 测试人员的培训

培训一支思想素质好、业务素质高的测试人员队伍是提高测试数据准确性的保证。测试人员要做到既能适应集中测试的需要，又能满足同一时间内分别进行测试的要求。测试人员培训应和课内外体育骨干培训结合起来。

4. 测试前的准备

测试人员在测试前要做好充分准备，提高测试时间的利用率和测试的效果。准备工作内容一般包括：学生的思想发动，调校仪器，准备测试成绩登记表，提前填写好受测学生的名单顺序，准备好场地，熟悉测试规则、方法和要求，制订测试过程中的组织和安全措施，指导受测者做好充分的准备活动等。

5. 测试过程中的组织

在学生准备工作做好之后，组织学生测试，测试一般采用流水作业。要充分发挥辅导员或班主任、体育教师和学生体育骨干的作用，保证测试的秩序。课程标准的组织实施工作应记入教师工作量。测试工作的突出矛盾是占用的时间多、教师的负担重。要解决这个问题，需要提高教师的组织水平、业务能力和学生的组织纪律性，加强各方面的协作等。

# 专题五 负荷掌控——特殊的课堂要素

运动负荷与所有体育教师相关，而又常常容易被一些体育教师忽视。在常规体育教学中，常常由于学生在检测中运动负荷过大等问题，导致在体育课后的下一节室内文化课中，一些学科教师埋怨或是不理解。

体育教师掌握运动负荷的度，有助于激发学生参与运动的兴趣，而且运动负荷是衡量和评价一节体育课的重要指标，因此，教师要合理安排相关的要素，及时排解相关的不良现象，这样就能充分发挥运动负荷的积极作用，促进学生健康发展。这就要求教师在方法上引导学生，同时要进行更加深入的教育思考。

## 一、特殊的课堂要素

经过认真思考，我们认为这些特殊的课堂要素一定会为体育教师开启智慧之门，对其课堂教学具有积极而有益的促进作用。

1. 运动性与思考性

如何理解运动负荷，包括体育教师自身在教学过程中的运动负荷？这个问题不仅困扰着许多基层的体育老师，而且困扰着相关专家，他们常常以运动生理学原理和评价方式来理解运动负荷，并常常忽视一个基本的教育常识：教学面对的是运动素质不一、人数众多且普遍富于“激情”的学生。一些教师对女生的周期性生理问题的忽视，常常是一些女生回避“运动负荷”（如长跑）的主要原因。

面临教学过程中的诸多教育问题，许多体育教师往往是“睁一只眼，闭一只眼”，有些教师甚至根本就不管，以致痛失许多对学生进行与运动负荷相关的教育和引导机会，也因此失去与学生直接交流的时机。这是一些教师一直在极力回避或是在潜意识中回避而在教育学上需要深度思考的课题。

2. 学生的参与性

在小学，一些平时不爱运动的学生，在参与有一定负荷的运动的过程中，常常会以种种借口逃避运动。

因此，教师适时地对一些学生进行教育说服和引导（如改变一下运动负荷的方式），会让一些“特别”的学生转变想法，甚至主动地参与运动，从而达到学生普遍参与运动的目的。

3. 学生乐观、向上的心理需要

许多学生往往能在游戏、球类或是长跑等有一定运动量的运动负荷中得到乐趣，尤其是一些以前身体条件相对较差、运动素质不是很好的学生，他们往往会在师生共同参与的运动中得到启发，进而主动参与运动，自觉自愿地承受力所能及的运动负荷。教师可以通过这些运动培养学生的运动兴趣，树立学生参与集体运动的观念。

4. 学生自身评价

在单元（模块）教学前期，教师应先行改变评价方式，以引起学生的普遍关注。在教学过程中，教师需要提醒学生注意不同的运动负荷，要求学生以 3～5 人为一个小组，在小组内进行尝试性的评价。同时，以不同的评价方式和过程性练习，引导学生相互观察与思考，从而使学生关注并（直接或是间接地）重新思考体育课运动过程，对自身和同伴的运动能力进行评价。

5. 教学评价性

《站到学生的后面去》的编者在进行了多个“单元教学”的教学研究后总结了以下观点：体育教学评价应多元化，一是在教学过程中引导学生主动参与的教育性评价；二是教学过程评价方式多元化；三是教师自身的课后总结与评价。对运动能力较差但态度认真的学生进行鼓励性评价，这样既让学生感受到了参与的乐趣，又增强了学生参与运动的自信心，从而发挥教学评价的积极教育作用。

6. 体育教师的教学心理负荷

体育教师在教学中普遍存在心理负荷问题，尤其是在教学条件相对薄弱的地区和学校，体育教师的教学工作量较大且心理负荷较重，但这些问题常常不被一些教育理论研究者和教育管理者所重视。

体育教师思考问题的方式与评价观念，皆会在自己的教学过程中体现。使教师心态普遍欠佳的“心理负荷”，必然会直接导致教师教学质量的下降。如今小学生的体质普遍下降这一现实，从某种意义上说就是一些教师不良心理负荷的直接反映，只是许多学者不愿意直面这些问题。如果按常理推论，如今教师的学历水平越来越高，学生承受运动负荷的能力更应随着教师整体素质的提高而相应提高。然而，如今许多学校还存在“应试体育课”和“高级放羊”的教学现象，这使体育教学发展的前景不容乐观。

## 二、体育课中的负荷现象

体育课中的运动负荷，既要体现出运动课程的特点，更要体现出其教育的整体性。一些体育教师常常把自己定位为教练员，而不是一名教师，这也是导致学校其他教师或学生在头脑中对体育教师形成“教练”印象的原因。运动负荷是体育课程的特色所在，也是体育教师需要更多地去思考的教育现实。

从教学的角度考虑运动负荷现象，首先，要考虑的是学生普遍能承受的运动能力；其次，要突出运动负荷的安全性，让学生在不同的运动负荷中感受运动；再次，用不同的练习方式或引导性的分组练习来增强学生在运动过程中的自主权，在教学过程中通过主动或是间接帮助学生的方式，达到学生普遍参与的运动负荷教学目标。

1. 培养学生的自主性评价意识

《站到学生的后面去》一书中写到，教师在教学中使用以小组评价为主的练习方式，对学生进行有针对性的分类指导，让学生把自身的感受和练习体会"传授"给同伴，这样既能让学生之间有"话题"可说，也能让讲解者得到提高自身能力的机会，提高学生进行过程性评价的能力，并由此培养学生的自主性评价意识。

2. 教学指导方式的转变

教学指导方式是需要教师进行深度探讨的课题。教师在体育教学中应引导学生学会学习，让学生在运动过程中感受学习与负荷练习带来的乐趣，并从与同学的相互讨论与评价练习中获得自信，感受互助、团结、友爱的气氛，加强集体观念。

3. 选择能体现"传统健身"特点的游戏方式

学生的体质与运动素质会有不同，体育教师应选择能体现"传统健身"特点的游戏方式，以满足不同体质和具有不同兴趣爱好的学生，使学生普遍乐于参与。同时，这样的游戏方式对场地、条件要求相对不高。

4. 培养学生良好意志品质的有效途径

为达到体育课中的负荷量，教师需要给学生增加额外的要求，如让学生自己在课余时间增加运动负荷，保证运动负荷的有效性，以不同的方式增强师生在不同环境下的相互信任，从而培养学生良好的意志品质。

5. 恰当处理运动负荷

为有效地避免相关问题的出现，体育教师应选择学生能承受的运动负荷，这就需要体育教师有敏锐的观察力和随机应变的教学能力。体育教学是面向全体学生的，体育教师在教学中应把重点放在运动素质较差的学生身上。

## 三、体育课中负荷的作用

体育课程教学是以身体运动为特点的，而运动负荷会直接或间接地影响教学双方。因此，教师要准确地掌控教学过程中的负荷，发挥负荷的良好作用，培养学生参与运动并乐于思考的习惯。

1. 对教学质量的影响

体育教师的工作负荷会直接影响教学质量，但多年来极少有理论研究者关注并重视这一点。这就是为什么基层体育教师在教学课时多、任务重，或是因为种种原因而身体疲劳时，很容易影响教学质量。若是体育教师还有训练学校运动队的任务，他们更容易为此而直接影响教学质量。

2. 对学生运动兴趣的直接培养

适宜而有趣味性的运动负荷，常常能使一些原本对运动没兴趣的学生培养起对运动的兴趣。如常规的"贴人"游戏，对于许多高年级学生来说，他们早已习惯于单组

"贴人"的练习，若对其略作方法的调整（如多组、多人参与）后，由于"兴奋点"增多，学生也会随之紧张活跃起来。

3. 对个体差异性的影响

教师要考虑到平时运动少、不爱活动或是体质相对较差的学生所能承受的运动负荷，以及不适宜的运动负荷对学生的直接影响。对于学生个体运动素质的差异性，体育教师心里是比较清楚的，可在实际的教学过程中，他们则往往会犯秒表一动就只求"速度与时间"的错误。因此，学生的个体差异性也是需要教师考虑的问题。

4. 运动负荷的安全性

运动负荷的安全性问题，也是教师在常规教学中需要提醒学生注意的，必要时可先指导学生骨干体育委员掌握相关的保护方法，然后再让他们随时注意其他学生的安全。

## 四、体育课中负荷的分类及其掌控方法

在体育课程的教学过程中，教师思考负荷掌控的方法时，不仅要考虑自身的因素，还要思考教育学的普遍性原则和个别对待原则，要思考如何让众多具有不同运动素质、不同爱好且性格各异的学生能相对集中地跟随老师的思路和问题，并能从中寻找到运动与学习的乐趣，从中感受到教师对运动与健康的深度思考，从而激起学生参与运动的兴趣并学会主动掌控运动负荷的方法。

### （一）运动负荷的分类

我们从以下三个方面对运动负荷进行简要的论述，以期达到"抛砖引玉"的作用，并期待更多的体育教师能进行更有深度的教育学思考或讨论。

1. 静态运动负荷

在常规体育教学过程中，许多学生已经习惯于听任教师分配，被动地参与运动，对于相对单调或是静态的运动负荷，他们常常会没有耐心，尤其是对武术或是太极拳等运动中的站马步，更是能回避就回避，或是干脆就不练。

然而，若从培养学生运动兴趣的角度入手，则可以用示范来引导其注意观察。教师可以引导学生思考：在马步深蹲时，人为何能站立不倒？其中涉及的原理与物理学"三大定律"又有何关系？等等。这些"百思而不得其解"的问题，尤其需要体育教师引导学生体验站马步过程中的生理变化，如双腿酸、胀的感觉，并进行及时的解释与分析。这也能使学生从中感受到生命科学的奥秘，并由此对前人勇于探索生命现象的精神产生敬佩之情，从而领悟中国传统体育运动的文化内涵和其强大的生命力。

2. 动态运动负荷

动态的负荷练习，常常体现在群体性运动项目上，如各种球类运动或是田径运动和奔跑类的游戏练习等。这些动态的运动负荷，往往因教学组织得不如意，或因场地、天气等客观条件影响，而难以达到教学的目标和要求。

因此，这也是体育课运动负荷的教学难点，而这恰恰是最能体现教学艺术和教师综合素质，以及学生运动素质差异性的。一些学生正是因为做不好这些练习而失去了自信，变得不爱运动或是寻求种种借口不去运动。这也是教师展现“育人”“育心”教育能力的良好时机，更是教师让学生灵活、巧妙地掌握运动负荷的教学关键。

3. 动静相间的运动负荷

在各种体育运动项目的负荷练习中，能看到学生或是运动员相当精彩的动作过程，如跨栏跑中轻松的过栏和足球运动的射门等。这些人能完成体现动作灵敏度和协调性的动作，除了个别人拥有运动天赋外，大多数人的能力都是在进行适度的动、静态运动负荷练习的基础上形成的。这不仅体现了动静相间的负荷练习的重要性和富有科学经验的教练或教师的指导能力，也对体育教师的综合文化素质提出了更高的要求。

教师在体育教学中面对的是全体学生，是运动素质和承受负荷能力差异较大的学生，他们当中有一些从来就不运动，也有一些是体育迷，因此，教师对体育课中不同运动负荷的掌握和控制，如果没有对教育学管理方式的运用，没有学生主动配合并感受运动负荷的过程，就很难达到教学目标。

**（二）负荷掌控的方法**

1. 语言判断

在体育课的负荷练习过程中，教师对学生负荷练习的有效性进行及时的语言判断，不仅能有效地促进学生的练习，使他们因为变得兴奋而提高运动成绩，而且还会使一些不爱运动的学生对运动进行深度思考，从而改变他们对参与体育运动、承受运动负荷的理解，尤其是对一些难以接受的运动极限（如耐久跑的“二次呼吸”）的理解。

然而，在不同的运动项目中，教师对学生承受负荷过程的语言判断的方式方法是明显不同的。尤其是在传统健身运动中，如游戏、武术或是太极拳等负荷练习中，如果教师的语言判断准确，就会使善于思考的学生从中得到更多的启迪，并促使学生养成良好的运动习惯。

（1）语言判断的准确性

运动过程中教师的语言判断对一些学生往往有直接影响，甚至有可能会使他们产生意外的情况。因此，教师需要具有敏锐的观察力和主动性，能够对学生进行积极有效的引导。

（2）语言判断的时机与语气

由于室外运动环境的特殊性，体育教师说话的语气往往会有一些“高度”，而不同运动项目的特点各异，如果教师能把握好语言判断的时机和语气，就会对教学产生一定的效果。在速度耐力或是力量练习的过程中，教师如果能把握好提示的时机和语气，就能对进行负荷练习的学生产生良好的影响。

（3）语言判断的心理影响

教师的语言判断对学生心理的影响是直接的。当然，具有不同运动素质和心理品质的学生面对同样的教师语言，也会产生截然不同的心理反应。因此，教师需要综合掌握学生在负荷练习过程中的生理与心理状态，对学生进行积极而有效的语言判断，让学生能以良好的心态参与负荷练习。

2. 观察判断

体育教师对体育运动过程进行观察判断，既需要运动专业素质，又需要教育专业和（运动）心理专业的素质。尤其是在一些涉外或是对残疾学生的体育教学中，体育教师对这些学生在负荷练习过程中的表现进行及时而敏锐的观察判断，显得格外重要。

（1）观察判断中的教育与心理

教师对学生运动负荷练习过程的观察和及时有效的判断，不仅是对教学过程进行评价与分析的基础，同时也是教师把握学生运动心理过程的基础。教师进行及时而有效的观察判断，不仅是保证学生运动负荷的需要，也是培养学生良好运动心理的需要，因此教师在教学过程中需要随时随地关注学生并及时给予学生指导。

（2）观察判断中的教师综合素质

教师在学生运动过程中对相关负荷的观察判断，有助于其及时掌握和调整运动负荷，能体现教师的体育专业素质，同时也能反映体育教师的文化素质。有时候，一些运动素质与文化素质都较好的学生，常常会问一些运动生理学、运动生物化学等方面的问题，或是问一些相对专业的竞技运动史问题，或是问一些有关体育人文社会学方面的常识性问题等，这些都需要教师具有综合性文化素质，对学生进行积极的引导与解释。

（3）观察判断的可预见性

教师在观察判断中要有预见性，如注意学生在负荷练习过程中的身体疲劳情况，尤其要关注平时身体素质与运动素质相对较差的学生，同时也要注意平时不善于说话和交流的学生。负荷练习过程需要有教师参与性的指导或是语言暗示，以提升一些学生的运动兴趣，这就需要教师具有预见性。

第五篇

# 教学设计能力

教学设计能力是体育教师应该掌握的一项基本教学能力，在实际教学中，很多体育教师并未引起重视。本篇从教学目标、单元设计、课堂设计、集体组织这四个方面介绍了教学设计的修炼方法，以期对体育教师进行教学设计有所帮助。

# 专题一 教学目标——具体的教学重点

## 一、体育教学目标概述

什么是体育教学目标呢？体育教学目标是指师生通过体育教学活动所要达到的标准和结果，它是课程目标的具体化，是单元目标和课时目标的集合。教学目标具有以下作用：

1. 教学目标的导教作用

教学目标一旦制订，教学设计者就可以根据它选用适当的教学方法。例如，在运动技能的泛化阶段与运动技能的提高阶段，教师教授的方法是有区别的。在泛化阶段，教师多采用讲解、示范法，而在运动技能的提高阶段，则多采用对比及纠正错误法。

2. 教学目标的导学作用

学生的学习一般是围绕一定的目标开展的。在教学开始阶段，教师应清楚地告诉学生学习目标，使学生的注意力能集中到目标上。对于如何向学生呈现教学目标，教师应根据学生的年龄特点，灵活地采用不同的方式方法。同时，在小学生学习某个单元或某节课后，教师让学生检查自己是否完成目标，这样可以促使学生养成按时完成学习任务的习惯，培养学生学习的自觉性、主动性。

3. 教学目标的导评作用

教学评价的标准有多种，不同的评价标准将会导致不同的教学方向。虽然现代教学评价标准具有多元性，但大多数专家学者和一线教师都认同把教学结果作为评价教学好坏的重要依据之一，而教学目标是否达成是教学评价最重要的内容。在平时的教学评价中，必须把教学评价的核心指向教学结果。一线教师在进行一节课教学后或者一个单元的教学后，需要制订教学评价指标，评价教学的指标内容与教学目标应该一致。如果该指标内容没有效度，那么该指标对于该节课或者该单元的评价结果是不可信的。

## 二、体育教学目标设计存在的问题

在体育教师的教案中，经常可以看见以下类似的课时教学目标：

**案例**

（一）

教学内容：复习高抬腿跑、老鹰抓小鸡、身体素质循环练习。

课时教学目标：（1）学习原地高抬腿跑，发展下肢力量，增强跑的速度和能力；

(2) 发展灵敏、速度、力量、柔韧、耐力等素质；(3) 培养学生勇敢、顽强、吃苦耐劳的精神。

（二）

教学内容：少年拳、素质练习。

课时教学目标：(1) 解决少年拳1～3式手眼相随的问题；(2) 粗略掌握少年拳4～6式的套路动作；(3) 发展学生的身体素质和品质。

以上两个设计存在以下问题：一是教学目标过于笼统，难以区分是单元目标还是课时目标。二是教学的主体不清。从案例看，教师是教学的主体，学生处于被动地位。在现代教学理念下，学生是课堂教学的主体，教师是课堂教学的主导者，目标的实现是由教学的主体来实现，教学目标中呈现的教学主体应该是学生。三是教学目标过于形式化。案例中，每一个运动项目的教学目标几乎没有任何区别。然而，不同项目的教学目标是不同的，同一教学单元在不同教学阶段的教学目标也不同。四是教学目标呈现的只是教学任务，而不是真正的教学目标。从案例看，其教学目标重视的是在教学过程中具体做的事（即教学任务），而不是教学后应达到的结果。

## 三、体育教学目标的设计

教师设计合理的体育教学目标能调动学生良好的学习状态，激发学生的学习积极性。那么，合理的体育教学目标包括哪些内容呢？

1. 体育教学目标的层次

体育教学目标由多个层次组成，主要包括课程体育教学目标、学段体育教学目标、学年体育教学目标、学期体育教学目标、单元体育教学目标、课时体育教学目标。下位目标之和等于上位目标，若上位目标大于下位目标之和，说明在教学中下位目标有遗漏现象；若上位目标小于下位目标之和，说明在教学中下位目标过于夸大其作用。作为一线体育教师，特别需要掌握单元和课时体育教学目标，因为体育教学目标的设计是上好体育课的基础工作之一，也与每位老师的日常教学息息相关。

2. 体育教学目标的内容

体育教学目标的内容应是一个完整的教学目标体系。加涅把教学目标分为认知、态度和动作技能，而布鲁姆则把教学目标分为认知、情感和动作技能。体育课程标准中提出了五大领域的目标，即运动参与目标、运动技能目标、身体健康目标、心理健康目标和社会适应目标。运动参与目标的主要内容包括：形成参与的态度，参与体育学习和锻炼，体验运动乐趣与成功，形成体育意识和习惯。运动技能目标的主要内容包括：学习运动知识与原理，掌握运动技术和战术，提高安全意识和能力。身体健康目标的主要内容包括：掌握保健知识和方法，塑造良好的体形与体态，发展体能和运动素质，提高身体外界的适应力。心理健康和社会适应目标的主要内容包括：形成坚强的意志和毅力，会调控情绪并有自信，形成集体精神和能力，具有体育品德和行为。

在具体的教学实践中，单元或者课时教学目标要根据五个领域目标的内涵进行细化设计，而且课时教学目标不一定五个目标面面俱到。

3. 体育教学目标的范式

有一位体育教师在教学目标中写“学习单手投篮”，这是一个不合格和不完整的体育教学目标，因为它不具体，无法检验教学的结果，我们只能判断学生“是否学习了单手投篮”和教师“是否教了单手投篮”。换言之，教师认为只要教师教了、学生学了单手投篮，这个目标就达成了。但学了几次？学生学会了没有？这些内容都不在目标之中。又如“使学生掌握篮球的运球技术”的表述。在这句话当中，我们可以看出，行为主体是老师，而不是学生。如果把行为主体做相应的改变，那么其教与学的主体与主导者也将发生变化。行为主体主要是指完成任务的主体，但在实际的体育教学目标呈现中，经常会出现主体不分的情况，这样的目标抽象、主体不清、不完整，难以指导体育教学实践。因此，体育教学目标应包括行为主体、完成的课题、完成课题的条件和达到的结果。

**案例**

（一）小学二年级的篮球教学——球性练习

行为主体——学生。

完成的课题——球性练习。

完成的条件——用单手拍球的方式原地运球。

达到的结果——能把固定放在学生面前的篮球弹起后连续 5 次运球。

课时教学目标的范式：通过教学，学生能说出用手拍球的感觉，并能把固定放在面前的篮球用单手拍，弹起后连续运球 5 次。通过多次重复的练习，学生能体验到拍球的乐趣，协调性和灵敏性得到发展。

（二）小学五年级的足球教学——脚内侧踢球

行为主体——学生。

完成的课题——脚内侧踢球。

完成的条件——脚内侧踢定位球。

达到的结果——把球从相距 3 米的地方踢入 2 米宽的球门里。

课时教学目标的范式：通过教学，学生能简单说出脚内侧踢球的动作方法，并能把定位球用脚内侧从相距 3 米的地方踢入 2 米宽的球门里。通过多次重复的练习，学生的位移判断力得到发展，同时果敢的心理品质得到发展。

## 四、体育教学目标设计能力的修炼方法

在提高教师专业化水平的要求下，一个合格的体育教师在入职后必须加强自己的专业化修炼。那么，体育教师提高教学目标设计的能力该如何修炼呢？

1. 准确理解体育课程标准

为了适应社会对人才培养的要求，在2001年，教育部出台了《全日制义务教育体育课程标准（实验稿）》。体育课程标准的内容包括课程的性质、指导思想、基本理念、课程目标及实施细则，它与体育教学大纲有着本质的区别。体育教师必须以体育课程标准为指导开展体育教学工作，理解体育课程标准的实质，制订体育教学目标。那么，作为一线体育教师，如何理解、消化体育课程标准呢？体育教师可以运用网络，登录体育教师在线、中国学校体育在线、21世纪体育教师网、体育教师网络互动交流平台等网页，学习最新的体育课程标准（2011年版），深入理解专家对课程标准的解读，关注一线教师如何在教学中贯彻体育课程标准。体育教师也可以通过认真研读最新的体育课程标准，领会体育课程标准的理念、课程目标及实施细则。同时，可以参加教育部在各省市为一线教师举办的“关于体育课程标准内容解读”的培训班，主讲教师一般都由学校的体育专家组成，他们对体育课程标准的精神实质把握得比较准确。自《全日制义务教育体育课程标准（实验稿）》在实验区实施以来，中国教育学会学校体育分会每两年都会举行一次全国中小学体育教学观摩展示活动。一线教师可以通过观看（观摩）优秀体育教学（课件）中专家对该课的点评来提高自身对体育课程标准的理解。一线教师只有理解了体育课程标准，才能把体育课程标准的精神实质贯穿在体育教学中，也才能设计出符合课程标准精神的教学目标。因此，领会体育课程标准的精神实质是一线教师提高教学目标设计能力的关键。

2. 钻研教材

教材是经过精心加工的，符合人才培养的要求，它是实现体育教学目标的载体。在中小学的体育教学中，有些体育老师会把竞技教材直接搬上课堂，由于没有做教材研究工作，导致学生难以掌握运动技能，学生学习积极性受到了打击，学习效率也就较低。作为一线教师，首先应了解教材的特点以及核心要素包括哪些，即了解该教材对学生身体健康发展的作用，对学生心理健康与社会适应能力形成的作用等。其次，分析教材的结构，即分析教材的基本技术、基本战术有哪些，基本技术中每个技术动作的关键环节是什么，每个技术动作中哪个动作要素是核心要素。再次，选择适合该教材的教学方法与策略，分析该教材是属于开放性运动技能还是闭锁性运动技能。开放性运动技能指一种运动技能的完成主要依赖于周围环境提供的信息，正确地感知周围环境就成为运动调节的重要因素，如篮球运动、网球运动。闭锁性运动技能指一种运动技能的完成主要依靠内部的、由本体感受器输入的反馈信息来调节，如体操、急行跳远等。研究表明，开放性运动技能采用领会式教学法教学效果较好，而闭锁性运动技能采用程序教学法教学效果好。

3. 研究学生

教学目标是指向学生学习结果的指标，学生是体育学习的主体。因此，开展体育教学必须首先研究学生。作为一线体育教师，一是要研究学生的身体素质状况。体育教师要清楚不同年龄阶段的学生应该发展哪项身体素质，如果教师能抓住学生身体素质发展的敏感期发展学生的身体素质，那么这将使学生受益终生。人在不同的年龄阶段对体育的需求是有区别的，小学阶段及中学低年级阶段是学生身体素质发展的敏感时期，主要是培养即时速度素质、反应灵敏素质和柔韧素质，而中学高年级阶段则是培养力量素质和耐力素质。二是研究学生对运动技能的接受能力。小学生模仿能力强，接受难度技能的能力有限，注意的时间较短；而中学生则喜欢挑战具有一定难度的运动项目，注意的时间较长。因此，体育教师应该围绕不同时期的学生的特点来安排体育教学的内容。三是研究学生的性别差异。研究表明，男女学生对体育的兴趣和爱好差异明显，男女学生所能承受的生理负荷差异明显。男生通常喜欢竞争性强、挑战性大的运动项目，女生则喜欢趣味性和娱乐性强的项目。同时，男女学生的身心发育时间也不同。一般情况下，男生的生长发育高峰期时间比女生晚两年。在现代社会，城市女孩的发育高峰期提前到了 12 岁左右，农村女孩发育高峰期一般在 14 岁左右。因此，在体育教学中，设计科学合理的教学目标，必须研究学生，并根据不同学生的不同特点合理安排教学内容。

4. 分析教学目标的要素

在现代社会，教育理念发生了变革，如今学生是教育的主体，这个时代是既关注教又关注学的时代。因此，体育教学中不能只考虑教师教了多少，而应考虑在教师与学生的共同努力下，学习的结果有哪些，即关注教学的结果。为了能观测到教学结果，在设计教学目标时，必须明确教学目标的要素，让观测者能立刻检验教学结果。行为主体、完成的课题、完成课题的条件和完成课题的结果是构成教学目标的四个要素。如果在教学目标中，特别是在运动技能目标中包含四要素，其教学结果就能让听评课者对一节课的好坏一目了然，这对学生的导学作用更强，也能使教师在课后做小结的目标更明确。

5. 课后反思

课后反思是一个优秀教师专业化成长的必经之路。课后反思在传统教育教学中通常称为课后小结。那么在进行有关教学目标的教学反思时，应该从哪些方面开展呢？体育教学是围绕一定的目标开展的，我们对教学目标进行反思时，应该看教学目标是否实现以及实现的程度如何。制订教学目标通常有三种情况：（1）目标制订得太高。制订教学目标时没有考虑学生的体育基础、身体素质，没有考虑教学内容的难易度是否合适。（2）目标制订得过低。制订教学目标时对学生的估计不准确，把学生估计得太低，使学生还没有完全进入状态就轻而易举地完成了目标。（3）目标制订合适。教学过程如行云流水，教学目标刚好得到实现。根据这三种情况，体育教师需要反思：教学内容安排是否合理？教学方法运用是否得当，是否适合教学内容特点和学生年龄特点？教学场地设计是否合理？是否充分利用了教学的有效时间？是否做到场地器材的设计与运用达到经济有效的原则？学生的积极性是否得到了调动？教师的教学技能表现如何？教学时间的安排是否合理？教学中每一个环节是否都是围绕教学目标而展开？等等。

6. 模仿优秀教学案例

一线中小学体育教师如果要写好教学目标，除了要掌握教学目标的基本要素，把教学各个环节安排得科学合理外，还应该根据具体的对象和教学内容，反复地修改教学目标来提高教学目标的设计能力。一线教师可以以多年来全国中小学体育教学观摩展示课的教案为模板，或者以比较有影响力的出版社出版的中小学教学参考书、优秀教学用书为模板，分步进行练习。第一步，可以选择教学内容，对照优秀教学案例直接模仿。第二步，可以根据优秀教学案例，自己先设计教学目标，然后比较自己设计的教学目标与优秀教学目标的差别。一线体育教师可以从教学目标内容的完整性、可测量性和可检验性等方面进行分析，找出自己的设计与优秀教学设计的差异，再进一步进行修改。

# 专题二　单元设计——教学集合的板块

单元是课程教学设计中最基本的一个层次。新课程需要体育教师树立课程意识，对体育课程内容有整体把握，并对小学六年的知识技能体系和课程目标做到心中有数。本章研究体育教师如何进行单元教学设计及实践案例，其目的是让体育教师明确认识单元教学设计的意义，帮助体育教师寻找能够解决自身问题的教学策略，提高教育教学能力。

## 一、单元类型

在体育教学实践中，往往是以各项运动技术来划分单元的。随着体育课程改革的不断深入，在不同教学思想的指导下，产生了多种教学单元，其设计原理不同，也具有不同的特点和功能，如下表：

体育教学单元

| 编号 | 单元种类 | 构成 | 例子 | 特征与作用 | 运用范围 |
|---|---|---|---|---|---|
| 1 | 知识单元 | 以体育与健康知识组成的单元。 | 卫生保健、营养等。 | 以掌握知识为主要目标，以传授为主要特征。 | 各年级，各教材。 |
| 2 | 技术单元 | 以某个运动项目或其中的技术组成的单元。 | 跳远、投掷、篮球运球等。 | 以掌握技术为主要目标，以传授、练习为主要特征。 | 各年级，各教材。 |
| 3 | 目标单元 | 以某个目标或某类目标组成的单元。 | 健身、锻炼等。 | 以活动、练习为主要特征。 | 各年级，各教材。 |
| 4 | 活动单元 | 以某个活动或某类活动组成的单元。 | 以跑为特征的游戏、跨越障碍等。 | 以提高活动能力为主要目标，以活动和尝试为主要特征。 | 低年级，发展身体活动能力的教材，体验性教材。 |
| 5 | 主题单元 | 以某个专题或话题组成的单元。 | 主题知识、主题探究等。 | 以练习、拓展技能为主要特征。 | 各年级，与生活和实用技能相关的教材。 |

续表

| 编号 | 单元种类 | 构成 | 例子 | 特征与作用 | 运用范围 |
|---|---|---|---|---|---|
| 6 | 题材单元 | 以场景和情节串联起来的运动和练习组成的单元。 | 夏令营、远足、运动会、救护等。 | 以情感体验和发展运动能力为主要目标，以模仿、练习为主要特征。 | 中年级，与生活和实用技能相关的教材。 |
| 7 | 运动处方单元 | 以某种健身原理和练习组成的单元。 | 发展上肢肌肉，提高耐力，发展柔韧性等。 | 以掌握健身原理和培养身体锻炼能力为主要目标，以处方的制订和实施为主要特征。 | 中高年级，提高身体素质的教材。 |
| … | … | … | … | … | … |
| n | 综合单元 | 以上述两种以上的形式组成的单元。 | 根据组合情况而变。 | 根据组合情况而变。 | 根据组合情况而变。 |

## 二、单元教学设计的核心

教学目标是单元教学设计的灵魂，是单元教学评价的依据，是确定单元内容、教学过程的依据。但在体育教学的实践中，可以发现以下现象：体育教师将教学过程及相应活动作为教学设计的重点而忽略了教学目标的设计；将课标中的相关要求照抄下来作为教案中的教学目标；知识和技能目标比较清晰，而情感、态度、价值观目标的表述却往往非常抽象，不易落实；在单元教学设计中，直接将单元教学目标作为每一节课的教学目标；考试和评价与教学目标不相关。产生这些现象的原因有两点：一是由于长期以来体育教学以大纲规定的目标为目标或者以考试为目标，导致体育教师骨子里并不真正重视单元教学目标设计；二是教师对新课程的三维目标，尤其是对情感和态度目标理解不够，并且不能设计出目标。

单元最终是由体育教师确定的，但这并不意味着体育教师可以随意确定单元，确定单元是要有客观依据的。我们认为，确定单元的核心是确定单元的教学目标，确定单元或者说确定单元教学目标主要有四个依据——教材、课标、学生和评价。体育教师可以决定单元教学内容的设计和课时的安排。如有的老师根据自己的理解和学生的学习需要，将踢毽子、跳绳、坎包、跳皮筋等体育活动合成民间体育活动项目单元；在小学体育二年级教材中的“原地投物”单元里，有的教师使教材有衔接性，为了使学生能在对比中学习，将跑动后投物和原地投物糅合成一个大的单元，并将这个单元调整为6课时进行教学。所以，在某种意义上说，教师是与学生一起决定单元的，教师需要根据学生的兴趣、经验、知识、认知和态度等各种因素，最终设计和决定单元。

## 三、如何进行单元教学设计

单元作为一门课程内容的基本单位，一般包括一项相对完整的学习任务，需要根据不同学科的特点进行划分。在这些单元学习任务中，哪些应先学，哪些应后学，需要体育教师对各单元的顺序进行安排。通过选择与组织单元，可确定课程内容的基本框架。单元教学设计的基本思想最终都要通过单元教学设计的过程和步骤来体现。

1. 认真研究课标与教材，初步确定三维目标

体育教师要研究课程标准对教学内容的要求和定位，在研究课标的基础上，初步确定本学年和本学期、本单元的教学目标，并对教材进行初步的单元组合；研究教材中涉及知识、技能、方法和态度等方面的内容在整个基础教育阶段的目标要求与本学年、本学期的目标要求之间的关系；研究教材的内涵、特点与价值，把握教材的技术结构、重点与难点；研究新教材与旧教材的不同，分析与本单元有关的内容在教科书中的安排；研究借助教材可以实现的三维目标，分析教材与课标的关系。

2. 认真研究学生，确定单元教学目标

研究学生不仅是为了确定教学的起点，也是为了确定学生发展的目标、方式。体育教师不仅要研究学生已有的知识技能基础，还应研究学生的经验、思维方法和态度。在此基础上，确定单元教学目标，包括了解本单元的主要教学任务、本单元的教学重点和难点、三维目标如何体现和整合。同时，体育教师还要考虑：这样的教学设计学生能否接受，不同层次的学生会有什么反应，单元学习中可能生成哪些新问题等。



3. 将单元目标分解为课时目标

在设计课时目标时，教师往往容易照抄单元目标，而实际上单元目标与课时目标之间是整体与部分、一般与具体的关系。单元目标的实现是通过每一课时的教学达到的，因此在制订好单元目标之后必须把单元目标分解和落实到课时。

4. 确定与单元教学目标有关的教学内容与方法

单元教学目标确定后，要选择教学主题或内容，并以恰当的顺序组织它们，确定每个主题或内容的比重。体育教师要根据教材的编写思路和结构特点，充分考虑学生的认知水平和年龄特征，对所选内容或主题提出合理的课时安排。实现单元教学目标有多种方式，教师应根据活动主题的需要选择合适的方式。比如：在一个活动主题中可以采用几种不同的形式和方法；在课堂教学中所采取的具体做法能充分体现本次课的教学思路；考虑如何实现学习目标或教学目标的途径，解决“怎么学”和“怎么教”的问题；考虑教学媒体的选择和应用，根据不同的情况选择不同的教学媒体或教学资源等。

5. 确定评价学生的考核方法

研究考试评价的根本意义在于，在明确终结性评价之后，体育教师能够将其更加清晰地转化为形成性评价的内容，并进一步明确单元的教学目标。要想学生在最好的终结性评价中获得好的成绩，就必须在教学过程中进行形成性评价。教师在教学过程中要对教和学的行为作出评价，在进行行为评价时要以目标为标准进行评价，评价可以提供关于教学效果的反馈信息。

6. 进行单元教学过程设计的反思

在单元教学设计后，教师就可以根据单元教学计划对自己的每一堂课作进一步的设计。对单元教学设计进行反思，包括对单元教学设计的每个环节的反思和对自己变化的反思，如分析教材编排的合理性，从教学目标和学生状况出发调整单元教学（包括课时、内容顺序、课的强度和学生活动量等）。教师可以进行自我分析和追问：在这个单元里，一定要上 6 节课吗？多一节或少一节是否可以？理由是什么？能否将知识传授与技能学习贯穿在整个单元教学的过程中？不同知识、技能的传授方式是什么？

**案例**

三年级乒乓球单元教学设计

<table>
<tr><td>教学内容</td><td colspan="3">乒乓球</td><td>学校 北京昌平第二实验小学</td></tr>
<tr><td>教学目标</td><td colspan="4">1. 通过乒乓球游戏，使学生掌握球性。<br>2. 掌握球性、基本的站位、基本的发球技术，培养正反手推挡能力和比赛能力。<br>3. 在掌握基本内容的基础上，要求能和同伴开展比赛。</td></tr>
<tr><td>课次</td><td>动作要点</td><td>重点与难点</td><td>教学方法</td><td>易犯错误及纠正方法</td></tr>
<tr><td rowspan="2">第 1 课<br>熟悉球性</td><td>1. 持拍颠球</td><td>重点：前臂和手腕协调用力的方法。<br>难点：球在拍上的垂直连续弹起。</td><td rowspan="2">教法 1：教师示范持拍颠球并讲解动作要领。<br>教法 2：让学生握拍，模仿颠球动作，掌握技术要领。<br>教法 3：让学生用持球手从球拍上约 20 厘米处垂直放球，用球拍颠起后再用手接住，反复练习。<br>教法 4：学生自由练习，尽可能多地进行颠球练习。<br>教法 5：一分钟计时比赛，看哪个同学在一分钟内颠的次数多。<br>教法 6：教师示范练习并讲解动作要领。</td><td rowspan="2">【错误一】颠球时球左右乱跑。<br>纠正方法：调整握拍动作，保持球拍水平；持球手放球时要垂直下落。<br>【错误二】对墙击球时，击球的力度掌握不好。<br>纠正方法：打吊球练习对墙击球的动作。<br>【错误三】对墙击球时，球总是击打得高低不定。<br>纠正方法：在墙上 1.2 米处画一个直径约 1 米的圈。</td></tr>
<tr><td>2. 对墙击球练习</td><td>重点：前臂和手腕协调用力对墙连续击打。<br>难点：球拍接回球时的角度控制。</td></tr>
<tr><td rowspan="2">第 2 课<br>握拍方法</td><td>1. 直式握拍法</td><td rowspan="2">重点：食指、拇指和其他三指的配合。<br>难点：食指、拇指和其他三指固定球拍的稳定性。</td><td rowspan="2">教法 1：教师示范，让学生看清正、背面。<br>教法 2：学生握拍，按动作要领相互纠正，教师提示要点。<br>教法 3：教师发直握和横握的口令，学生按口令进行握法转换。<br>教法 4：学生原地托球，体会手腕和手指控制球拍的感觉。<br>教法 5：学生向上颠球一次，然后用另一只手把球接住，体会手腕和手指用力的动作，熟悉球性。<br>教法 6：学生托球行进，体会在运动中手腕和手指控制球拍的感觉。</td><td rowspan="2">【错误一】握拍过深、过浅。<br>纠正方法：建立正确的握拍概念，体会正确的握拍方法。<br>【错误二】拍后三指过屈。<br>纠正方法：练习时，在拍后适当位置做一个标记，限定三指位置。<br>【错误三】横握拍虎口偏右或偏左。<br>纠正方法：明确握拍的概念，体会正确的握拍方法，可让学生握好拍后把手臂伸直，看球拍是否左右偏出。</td></tr>
<tr><td>2. 横式握拍法</td></tr>
</table>

续表

| 课次 | 动作要点 | 重点与难点 | 教学方法 | 易犯错误及纠正方法 |
| --- | --- | --- | --- | --- |
| 第3课<br>站位及<br>基本步伐 | 1. 站位的范围<br>2. 动作要领 | 重点：上下肢协调配合，重心平稳。<br>难点：脚的快速蹬地。 | 教法1：教师示范讲解基本站位和基本姿势，学生进行模仿。<br>教法2：学生集体练习单步，教师领做，学生体会腿的蹬地方向。<br>教法3：学生听教师口令做单步的练习，熟悉并掌握基本的动作要领。<br>教法4：学生听教师口令做前一步、后一步、左一步、右一步的练习。<br>教法5：学生听教师口令做并步的练习，熟悉并掌握基本的动作要领。<br>教法6：学生听教师口令做前后左右移动练习。<br>教法7：学生看教师手势，快速进行前、后、左、右移动。 | 【错误一】站位时两脚距离过宽。<br>纠正方法：两脚之间的距离为略大于肩宽。<br>【错误二】执拍手上臂与躯干夹得过紧。<br>纠正方法：练习时，在躯干右侧捆一块较轻的物体，防止夹上臂。<br>【错误三】单步移动时，摆动腿抬得过高、迈得过远。<br>纠正方法：可让学生以自己为圆心点，画一个半径为半米的圆。<br>【错误四】蹬地不及时，启动慢和不到位。<br>纠正方法：用口令提示“快提脚”，增强下肢力量和脚的灵巧性。 |
| 第4课<br>平击发球 | 站位靠近台中间偏左处，抛球同时向右侧上方引拍，上臂带动下臂向前平行挥行，拍形稍前倾，在球的下降期击球的中上部，向前方发力。 | 重点：抛球和引拍的时机。<br>难点：挥拍击球时略微向前下方压球的动作。 | 教法1：讲解示范，分别示范分解和连贯动作，使学生对规范动作有清晰的表象认识。<br>教法2：教师领做，学生模仿练习。<br>教法3：用球拍把手中的球打向地面或墙面。<br>教法4：按发平击球的要求站好位，不抛球，用球拍把球打过球网。<br>教法5：试着将球抛起，然后把球平击过去。<br>教法6：两人一组发球比赛，看谁发球成功。 | 【错误一】球抛起后球拍打不到球。<br>纠正方法：在无球台处练习向地下击打乒乓球。<br>【错误二】无法垂直抛起乒乓球。<br>纠正方法：练习持球手握球的自抛自接练习。<br>【错误三】平击发球，球总是出界。<br>纠正方法：在球台边上画一条约30厘米的线，发球时要求第一落点在线以内。<br>【错误四】发球时不会把球抛起击球。<br>纠正方法：练习球往球拍上撞击然后接住的动作。 |

续表

| 课次 | 动作要点 | 重点与难点 | 教学方法 | 易犯错误及纠正方法 |
| --- | --- | --- | --- | --- |
| 第5课<br>反手搓球 | 拍先稍仰后平送，向前摩擦球下中部，手腕配合小臂动，球转不转靠腕动。 | 重点：前臂和手腕的挥拍路线。<br>难点：用力方法及击球时机。 | 教法1：教师示范，并讲解动作要领。<br>教法2：教师与学生一起徒手模仿搓球动作。<br>教法3：用吊球学习搓球技术，教师示范后，学生分组进行练习体会。<br>教法4：教师在球台上演示抛球后将球搓过球网，学生分组加以练习。<br>教法5：让发下旋球好的同学做组长，每人带一组，组长发下旋球，其他同学依次将球搓回。<br>教法6：几人一组，进行搓球比赛，哪个同学没有把球搓过球网，自动下来排到队尾，下一个同学上台进行比赛。 | 【错误一】引拍不够，致使击球的前臂由上向下的动作不明显。<br>纠正方法：持拍练习前臂和手腕先向上再向下，做切的动作。<br>【错误二】击球时拍面后仰不够。<br>纠正方法：在下降期搓对方发来的下旋球，体会拍面后仰前送动作。<br>【错误三】前臂前送力量不够，击球后动作停止。<br>纠正方法：两人对练慢搓，体会击球后小臂继续前送的动作。 |

# 专题三　课堂设计——教学的效果积累

## 一、什么是体育课堂设计

课堂设计是教学设计的重要内容之一，那么课堂设计是什么呢?课堂设计是指以课堂教学为基本单位，依据现代学习论与教学论原理，运用系统论的观点和方法对一节课中的各个环节进行统筹规划和安排，目的是使教学的每个环节最优化，教学效果达到最大化。

体育教师进行课堂设计有以下几个作用：一是达到教学效果的最大化。教师应运用系统论观点对一节课进行整体考虑，以使课堂效果达到最大化。二是可提高专业化水平。为了提高教育教学质量，专家学者提出了教师专业化发展的要求。课堂设计是实现教师专业化发展的途径之一。有研究表明，上海市宝山区参加了“知识分类与目标导向课题”研究的教师与未参加课题研究的教师相比，其教学效果明显提高，备课、说课和上课的水平明显有进步。

## 二、当前体育课堂设计中存在的问题

我们通过一个具体的案例，来分析体育课堂设计中存在的主要问题。下面是一堂小学五年级的体育课堂设计案例：

一、指导思想

本课以新课程标准为依据，按（水平三）的目标要求，选择小学五年级实心球、排球单元的教学内容进行教学。以“健康第一”为指导思想，以增进学生健康为主要目的，以身体练习为主要手段，以“自由、愉快”为主调，真正确立学生在课程教学中的主体地位，充分发挥学生的积极性和主动性，更好地达成教学目标。

二、教学目标

全面指向五个领域目标，凸显互助协作精神的培养，学会互学、互帮和合作学习；激发学生运动兴趣，培养学生参与运动的习惯，引导学生积极投入学习；重视发展学生的上、下肢和腰背力量，使学生身体更健壮，85%以上的学生能逐步提高投掷能力和学习成绩；同时培养学生的自信、自强、自制能力，充分发展其个性。

三、教、学、练法

本节课通过讲解、示范、巡视、点拨、体验、领悟和纠错、创新等教学手段和方法，促进各项教学目标的达成。

1. 通过讲解和示范动作，让学生建立清晰完整的动作概念，明白投掷的基本原理和要求。

2. 运用巡视、导思、点拨和激励等教学手段，激发学生的想象，启迪学生的思维，突破动作难点。

3. 通过体验、尝试、领悟等多种方法，循序渐进，由易到难，由简到繁，调动学生学习的积极性和主动性，满足学生的生理和心理需求。

4. 通过正误动作示范、指导点拨、表演和展示，让学生辨别动作的正误，初步掌握判别正误动作的能力。

5. 让学生通过相互观察、相互帮助，提高自主学习、自我评价的能力，实现教法与学法的同步，促进“自主、愉快”等教学目标的达成。

四、教学程序

根据学生生理机能变化发展的规律、动作技能形成的规律和认知规律，本课教学流程的框架设计分为五个部分：主题引入——运动体验——实践参与——技能运用——归纳评价。此流程重在引导学生通过运动体验和实践，把所学知识和技能转化为能力。

第一部分（主题引入）：一节好的课，都有一个好的开端，本部分教师通过引入课题，调动学生情绪，让学生达到“课始趣已生”的状态，然后通过队列练习集中学生的注意力，让学生精神振奋且精力充沛地投入学习中。队列练习过程中，要求学生动作规范、整齐划一，教师以良好的教态、正确的指挥引导学生，确保学生身心尽快进入学习状态。（教学过程约3分钟，生理、心理负荷强度小）

第二部分（运动体验）：在本部分采用《初升的太阳》新广播操结合韵律强烈的韵律操作为准备活动的形式，改变传统教学单一、枯燥的徒手操练习形式，强烈的音乐节拍和优美的韵律活动，不但使学生充分活动了各关节、升高了体温并达到了身心同步运动的作用，而且通过声与形的双重刺激，大大激发了学生的学习兴趣，使学生体验了运动的乐趣，为主教材的学习打下了良好的情感基础。（教学过程约7分钟，生理、心理负荷强度中）

第三部分（实践参与）：这部分是教学过程中最重要的环节。教学应把握教学目标，把实践参与作为核心，并围绕目标确定和运用有效的教学策略，合理选用组织形式，同时创设轻松、欢跃的教学环境，促使教、学、练协调统一。本环节是运动技能的尝试和掌握，同时把情感、行为、交往等表现过程综合于实践中，因此教师应有意识地安排足够的时间和空间，让学生进行大量的实践练习，并从中获得各种情感体验。这部分的教学重点要抓好以下几点：

第一，先向学生展示各种不同的实心球的抛、投、掷动作，然后提出问题：“根据自己的实际，你用什么动作能把实心球投得最远?”并要求学生带着这一问题去实践、去体验、去尝试。

第二，安排5分钟的时间，让学生用不同的轻球（小篮球、足球、排球等）在指定的安全区域用抛、投、掷的方式去尝试练习。

第三，教师通过巡视、指导、点拨等方式调控课堂，发现学生的个体投掷特色，并在适当时机让有特长的学生进行演示，同时作必要的分析和归纳，让学生提出自己的见解。

第四，根据学生在体验、尝试过程中表现出来的能力，将学生进行差异性分组，对他们提出具体的目标要求，要求他们对某一动作进行练习。这种差异性分组能确保学生的具体目标指向和专一动作练习，有利于发挥学生的个性、特长。

第五，利用骨干管理好队伍，确保安全（确定投掷方向和信号）。

（教学过程约15分钟，生理、心理负荷强度中等）

第四部分（技能运用）：本部分把排球作为“快乐体育”项目安排在主教材学习之后，其目的在于创设一个技能应用的课堂环境，通过修改排球规则，把投、抛、掷动作作为发球动作融入排球比赛教学中，并规定传接球次数不限，为学生提供了实践的机会，既提高了学生的兴趣，又能让学生在排球竞赛中体验成功、失败、挫折、团结、协作等情感。（教学过程约15分钟，生理、心理负荷强度中等）

第五部分（归纳评价）：为了消除学生激烈运动后生理、心理的紧张，通过轻松、舒畅的放松舞蹈和呼吸调节，让学生在欢乐的气氛中调整身心，并对本课目标完成情况进行归纳总结，深化认识，从而得出“力量＋协调＋角度”是获得投掷好成绩的关键的道理。（教学过程约5分钟，生理、心理负荷小）

五、教学效果预计

通过以上多种手段的教学及学生自主参加与练习的结合，估计大部分学生都能达到本节课的教学目标；85％以上的学生投掷成绩有所进步，并能初步掌握一种投掷实心球的方法和动作。

六、运动量预计

练习密度：50％～60％；平均心率：125～135次/分；心率指数：1.47。

**分析：**我们不难发现，体育课堂设计常会出现如下问题：第一，设计过于形式化。从案例来看，课堂设计的各个部分齐备，但教学目标笼统，目标过大、不具体，教学策略针对性不强，设计流于形式。第二，教学程序结构有多段化现象，主题不明。新一轮体育课程改革中，课堂教学过程中出现了练习顺序论、多段论、三段论或者四段论等。课堂教学过程中的练习顺序论是指整节课以学生练习的顺序进行分段；多段论是指把一节体育课分成很多段来开展体育教学；三段论或者四段论是指整节课以人的生理及心理和教学目标的要求进行分段，分成三段或四段。如果一节课以练习顺序进行分段，那么一节课可以出现十多段论，这种分段方式，不利于教师抓住一节课的教学重点与难点。由于体育教学需要学生身体力行，而人的生理及心理的调动需要一定的时间和活动刺激才能进入良好的工作状态，因此，三段论或者四段论不算落后过时，这种分段方式仍然是比较科学的教学过程结构分段方式。第三，教学内容没有主题和重点。体育教学强调以学生的发展为中心、学生是课堂教学的主人。然而，一线教师在课堂教学设计中对此出现了认识上的偏差，简单地把这理解成体育教学应以学生的兴趣为出发点，学生喜欢上什么内容就上什么内容，学生想怎么玩就怎么玩。由于一些教师存在这种认识上的偏差，导致有些学校的体育教学出现了"放羊课""四不像教学"，整个课堂的教学内容没有主题和重点，学生在课堂上看似高兴了一节课，但其实什么也没有学会。

## 三、体育课堂设计的内容

课堂设计是单元教学设计的下位设计。在一定的教学理念指导下，课堂教学设计的主要内容包括教学目标设计和教学策略设计、教学过程设计等。所有设计都是围绕教学目的而进行的统筹设计。

1. 教学目标设计

教学目标设计是课堂教学设计的首要设计。在进行教学目标设计之前，教师首先必须分析学生的生理和心理特点、体育基础，以及学生所具有的运动技能水平。其次，分析教材的功能及性质，分析教材的重点与难点，研究如何掌握重点、解决难点。再次，根据学生和教材的情况，设计合适的教学目标，教学目标包括三个维度，即认知目标、技能目标和情感目标。最后，根据制订体育教学目标的要求、学生情况、教学内容等，反思教学目标是否能实现，再对反思的结果进行修改，设计出完整、科学的课时教学目标。

2. 教学策略设计

教学策略是指为了实现教学目标所采用的解决问题的方法。教学策略设计是体育教学设计的重点和核心。教学策略设计的主要内容包括课的类型及模式、教学的顺序及时间分配、教与学的方法、教学的组织形式、教学效果测量等。

课的类型主要根据教学目标和学习内容来决定，需要考虑是理论课还是实践课，实践课是新授课还是复习课或综合课。教学模式根据学生的年龄及个性特点和教学内容的性质决定。如果学生的年龄比较小，形象思维占主导，可以采用情境教学模式；如果学生已进入青少年时期，逻辑思维占主导，则教学内容应含有一定的力学原理，教授的技能属于开放性运动技能，这时我们可以采用探究教学模式和领会式教学模式。

教学顺序的安排依据学生的心理和生理条件及教学目标来进行。当学习内容对学生的心智消耗较大时，教学重点应安排在课堂的前面部分，课的中后期安排其他的内容，在教学时间的安排上，重点内容占有较多时间。如果教学内容之间迁移作用比较大，那就应该把容易的内容放在教学的前段，这样易形成运动技能的迁移，同时学生的身心也容易进入良好的状态。在时间的分配上，一是要考虑课的不同部分，即准备部分、基本部分和结束部分的时间，重点从天气、教学内容和学生的身体素质等几方面进行考虑；二是要考虑更微观的时间分配，即考虑学生练习、组织及教师教的时间。一般来说，体育教学中学生的练习时间为课堂教学的主要部分。

教学方法包括教师教的方法和学生学的方法。教师教的方法主要是指教师如何把知识技能传授给学生。如教师在运用示范法时，应考虑示范面、示范时机及位置。学生学的方法，指学生采用什么方法可以更快地掌握动作技能。

教学的组织形式是指在体育教学中教师如何进行合理的分组教学，即分组轮换、分组不轮换、全班教学等。课堂教学是为实现课堂教学目标而展开的，好的体育教学一般界定为能顺利地实现教学目标。好的教学需要好的量评工具，量评工具的选择主要根据教学目标来选择，即选择检验教学目标的练习、反馈检验教学效果的内容。

3. 教学过程设计

教学过程设计就是根据教学目标、教学策略等，把一节完整的课的各个环节用文字或者图示的形式表达出来，同时对不同部分进行简要的细化过程。如：准备部分如何导入，如何过渡到基本部分？每个部分的练习、时间分配、队列队形，主要采用哪些教法和学法？最后，还要简要介绍设计的理由。

4. 课堂设计的评价

当以上设计工作都完成以后，设计者必须对所有设计内容进行反思。反思的内容主要有：方案是否科学？是否能达到教学的最优化效果？教学目标准确合理吗？教学策略运用都考虑周全了吗？等等。根据以上反思结果，再对整个课堂教学设计进行修改。

## 四、课堂设计的范式

以下内容是选自一位体育老师的课堂教学设计，本书略作了修改，供大家参考：

学生：小学五年级

教学内容：1. 各种方式的跳跃；2. 游戏：保龄球比赛；3. 组奥运五环。

《体育与健康课程》是一门以身体练习为主要手段，以增进学生健康为主要目的的必修课程，本课依据《体育与健康教学大纲》“健康第一”的指导思想，运用合作学习的方式来探索知识，掌握技能。在教学过程中，教师发挥主导作用，创造宽松的教学环境，使学生在自主选择、自主练习、自我评价、合作学习的实践中逐步掌握运动技能并受到教育。

一、教学条件分析

1. 对学生的分析

五年级学生的年龄一般在 12 岁左右，他们正处于速度素质和灵敏素质发育的敏感期，在该阶段发展学生的这些素质会让学生一生受益。在该阶段，学生的形象思维还处于变化之中，逻辑思维正在发展，他们具有一定的独立思考的能力，其有意注意正在慢慢地增强，无意注意在减弱，学习兴趣较浓厚。

2. 对教学内容的分析

跳跃练习主要是发展学生的速度和灵敏素质，对发展学生的弹跳力和灵敏性以及协调性具有非常重要的作用。跳跃技术一般由助跑、踏跳和缓冲落地组成。跳跃练习的重点是让学生体验如何把助跑与踏跳技术连接起来，教学难点是如何使助跑与踏跳有力。

二、教学目标

通过本课教学，学生能用三种简单的方式做跳跃动作，学生的跳跃能力及身体协调性得到发展；通过保龄球练习，学生能在一定的距离击倒设定的保龄球，上肢力量和身体协调性得到发展；通过游戏教学，学生的小组合作学习意识、群体合力及爱国热情得到增强，学生能体验成功的喜悦。

三、教学策略

1. 课的类型：本课为新授课，采用合作学习模式。

2. 教学方法：本节课多采用讲解法、示范法；学法多采用模仿法、分解法。

3. 教学组织形式：分组不轮换。

四、教学器材

录音机、保龄球、支架、一个球场。

五、教学过程

1. 开始部分（3 分钟）

培养学生良好的课堂常规意识，组织学生进行转法、行进间转法的练习，培养学生热爱集体、团结合作、遵守纪律的优良品质。

2. 准备部分（6 分钟）

让学生在欢快的乐曲中进行自编健身操的练习，充分展示自我，然后和老师一起做诱导性练习。通过小游戏练习，提高学生的起跳判断力，并激发学生的学习兴趣。

3. 基本部分（30 分钟）

在练习各种跳跃方式时，采用小组练习的形式，为学生提供练习、观摩、探讨的机会。通过个人与个人、个人与群体之间的联系，培养学生的交往与合作能力。教师采用表扬的评价方式，给学生创造一个宽松的学习环境，使教、学、练有机地结合起来，充分体现学生的主体作用，使学生获得成功的乐趣。

本课游戏《保龄球比赛》，在教师创设的游戏情境中，通过对学生的诱导，使学生了解奥运五环代表着世界五大洲的团结，让学生之间通过互相学习、互相帮助，很好地完成预定的任务。同时，让学生体会合作的重要性，懂得在今后的生活和学习中互相支持和帮助的重要性，为他们今后更好地适应社会打下良好的基础。

4. 结束部分（6 分钟）

最后，通过组奥运五环游戏，充分发挥学生的想象力和创造力，培养学生的奥运意识、合作意识，使学生的身心充分得到放松。

六、教学效果预测

练习密度：50%～60%；平均心率：120～130次/分；心率指数：1.47。

教案略。

## 五、体育课堂设计能力的修炼方法

体育课堂设计是课前准备中重要的教学研究工作，也是搞好课堂教学的重要手段。那么，如何提高自己的体育课堂设计能力呢？

1. 紧跟体育课程改革

课堂设计必须以一定的基本理论为指导，包括教育心理学、学习论和教学论等。体育教学的基本理论中最重要的理论之一是体育课程标准。体育课程标准指导和引领着体育课程改革的方向、方法及措施。体育课程标准的基本理念是：坚持“健康第一”的指导思想，培养学生健康的意识和体魄，促进学生健康成长；改革课程内容和教学方式，努力体现课程的时代性，培养学生终身体育的意识；强调以学生发展为中心，重视学生的主体地位，帮助学生学会学习；激发运动兴趣，注重学生运动爱好和专长的形成，奠定学生终身体育的基础。同时，体育课程标准还对教学目标进行了细化，该目标由六级水平目标和五级领域目标组成。随着体育课程改革的不断深入，体育工作者必须根据体育学科的性质，以教育目标为宗旨，更加明晰体育教学必须以运动技能作为主要教学内容，并以学生的发展为中心。在体育教学改革一线出现了很多与原来体育教学不同的现象，对于这些现象，一线教师难以判断其正确与否。为了正确地把握体育教学的本质，紧跟体育课程改革的前沿，一线教师可以通过自学和参加全国体育教学观摩展示活动的方式，不断地提高自己对体育教学改革一线出现的现象的分辨能力，多读一些体育教学改革的研究成果，如《体育新课改教学门诊》《体育与健康课改论》等。因此，课堂设计必须以体育课程标准的基本理念为出发点，在设计过程中，教师应不断地吸收体育课程改革的新成果，设计符合人才培养的教学方案。

2. 夯实体育教学理论基础

体育教学基础理论是体育课堂教学设计的理论根据。在21世纪，随着国家对教育投入的不断增加，学校教育中的人力、物力也不断增强，投身于体育科学研究的人才队伍也在不断壮大。体育教学研究成果丰厚，大量的体育教学基本理论书籍相继出版，如《体育教学论》《简明体育课程教学论》等。体育学法研究也成为一个新的研究视角，取得了丰硕成果，为学生采取更科学的学习方法指明了方向，为体育教师更好地设计学法提供了帮助。一线体育教师可以阅览书籍，如《体育学法论》，以扩大学术交流的范围；也可以通过期刊发表各自观点，如《体育教学》《中国学校体育》等；还可以通过网站交流，如中国体育教师在线。体育教师通过以上三种途径来夯实体育教学理论基础，在课堂教学设计中把前沿理论、新成果运用于体育教学实践中。

3. 研究优秀体育课堂教学

中国教育学会学校体育分会每年都会举行一系列的体育教学研究活动，其中体育教学观摩展示活动每两年举行一次。这些参加体育教学展示活动的教师是各省市举行体育教学竞赛后选拔出来的优秀教师，他们的作品由中国教育学会学校体育分会组织专家评选后，才参加全国中小学体育教学展示活动。这些作品基本上代表了不同省市的体育教学现状和水平，具有一定的示范性。另外，中国教育学会学校体育分会在各省市也相继举行了不同专题的体育教学研讨会。在活动和研讨会后，活动中的示范课或展示课都会被汇聚起来并刻录成光盘，教师可以通过各级教研室获取这些资料。体育教师可以运用这些有效的教学资源，不断地研究每节课的优点，包括其教学目标的设计、教学策略的设计、教学手段的设计、教学过程的设计等。

4. 研究优秀体育课堂教学

教师在研究了优秀体育课堂教学录像后，选择自己擅长的内容，以一节课为单位进行教学设计。按照要求设计好后，在不同的群体中开展说课研讨（这些群体的成员可以是同行专家或学生），再根据研讨者提出的意见或者建议对设计方案进行修改。然后，教师根据修改的设计方案，以说课或上课的形式对设计方案进行实践，邀请同行专家或研讨人员对该课的设计进行点评，然后再作修正，直到大家满意为止。通过不断对教学设计进行实践，一线体育教师将提升课堂教学设计能力。

5. 课后教学反思

由于体育教学环境异常复杂，受外界影响较大。因此，当教师把理想、科学的课堂设计方案运用于课堂教学实践时，其教学效果与预测效果不一定相互吻合。对此，加强课后教学反思是提升课堂设计能力的重要环节。当上完一节课后，我们必须进行课后教学反思。那么，如何进行课后教学反思呢？反思的内容包括：一是反思该课堂设计是否贯彻了新课程理念，是否体现了全新的、正确的学生观、教学观，是否突出了学生在课堂学习中的主体地位，是否树立了科学的课堂教学效能观。二是反思该课的教法与学法是否有效，教学目标与任务、教学内容、教师角色与学生角色在课堂上的定位是否合适，教学策略与教学手段设计是否有效。三是反思教学目标的实现程度，明确教学目标是教学评价的核心。

一节优秀的课堂教学，其教学目标是一定可以实现的。如果实现了教学目标，说明这堂课其他环节的安排符合学生的特点，符合教学内容的安排，符合教学的规律。如果这堂课没有实现教学目标，那么我们就必须反思对学生个性特点的分析是否合理，反思对教学内容的分析是否到位，教学策略的选择是否合理，教学过程是否符合学生的生理、心理特点等。如果每上完一节课后，都认真做好课后的教学反思，那么体育教师的课堂设计能力将得到提升。

# 专题四 集体组织——集体功能的巧用

集体组织里的成员是会相互影响的，而影响又可分为正面影响与负面影响两种形式。当前，在体育教学中还存在对集体组织利用得不对、不尽善的现象，如还存在忽视学生体育素质的差异性，让差生当众出丑，损伤学生对体育学习的积极性等现象。因此，有必要对集体组织进行深入细致的研究，取其利，避其害，以便更好地发挥集体组织在体育活动中的良性作用。

## 一、集体组织的内涵与特征

1. 集体组织的内涵

集体组织是指从集体与个人、个人与个人的关系方面来把握和改善教学，根据教师有计划的指导，利用协同学习，使全体学习者参加学习的教学形态。

2. 集体组织的特征

①分组方式：异质的同目标、同课题、同兴趣分组。

②组员关系：横向关系极强。

③组长性质：学习活动的组织者。

④组的延续：时间长（一个单元至一个学期）。

**教师修炼提示：**教师须深入研究集体组织的内涵与特征，了解集体与个人之间的各种关系及这些关系背后的协同、促进、激励、迁移的作用，并能恰当地利用这些作用，为改进学习方法、改善学习效率和提高学习质量服务。

## 二、体育教学是集体性突出的教学

1. 体育教学是教与学的互动，在体育教学中，师生双方相互交流、相互沟通、相互启发、相互补充，并分享彼此的思考、经验、知识与技能，交流彼此的情感、体验与观念，从而丰富教学内容，求得新的发展，实现教学相长和共同发展。与其他文化知识的学习比较，体育学习是最具集体性的学习。恰当利用这种学习集体内信息交流和互帮互学的动力机制，能够缩短学生间的知识、理解力、思维方面的差距，促进他们对问题的理解，发挥“镜子作用”，加强学生对学习过程的理解和总结，从而起到提高学习效果的作用。

2. 在体育学习中，由于外在运动表现直观（如动作的正确、优美与否），这种运动表现经常被用做对学生学习结果和能力的评价，而且由于运动学习的特性所致，这一评价又始终存在于运动学习过程中，因此一些运动能力较差的学生往往容易形成自卑心理。而利用集体组织中，特别是小集体组织中相互承认、相互激励的作用，有利于学生学习动机的激发，并提高教学的效果。

3. 合理地运用小组的划分和管理，可以在很大程度上解决场地、器材不够及难以组织教学的问题。

4. 分层教学是针对学生在发展过程中存在的个体差异性，充分体现区别对待的教学原则。教师从分层确定教学目标着眼，从实行分层组织形式着手，注意有层次地传授“三基”，因而使教学针对性强、便于管理，有利于优化课堂教学及大面积提高教学质量。

5. “学生之间的合作交往”是培养学生情感的重要途径。教学活动是认知、情感、行为的有机统一，体育教学组织应是融认知、情感与身体发展为一体的立体结构。

**教师修炼提示：**体育学习最具集体性，其作用在于深刻揭示集体组织在体育教学实践中的各种作用，教师了解这些作用后，就能更加有针对性地解决问题，对症下药。

## 三、小集体学习的各种形式和特征

在体育教学中，集体组织基本上可划分为班级和小组两种形式。

1. 班级教学的形式及特性

班级教学是体育课堂教学的基本形式。班级编制形式多种多样，一种是把一个年级的学生编成若干个班，叫单式班级编制；另一种是把两个年级或更多年级的学生编成一个班，叫复式班级编制；还有的是按运动水平、体育兴趣、性别等标准划分班级。

优点：一是一名教师可教数十名学生，体现出教学的高效性；二是学生能用较快的速度来掌握体育知识和技能，从而完成统一的教学计划，体现出教学的实效性；三是能较好地发挥教师的主导作用；四是便于体育教师对课堂教学进行管理。

不足：一是难以照顾学生的个别差异；二是不利于学生探索精神、创造能力和实际操作能力的培养；三是学生之间缺乏明显的联系。

2. 分组教学的形式及特性

分组教学是把一个班分成若干小组，教师以组来进行指导的教学形式。这种教学既保留了班级教学的长处，又能在一定程度上解决区别对待的问题，即教师可以根据各个小组的不同特点进行不同的指导。这种分组通常是以学号、身高来进行的（机械分组）。每组指定一个小组长，小组长通常起着“小教师”的作用。近几年来，随着教学改革的不断深入，在体育课堂教学中也涌现出多种分组方式。

（1）同质分组

所谓同质分组，是指根据学生的体能、运动技能、兴趣爱好等进行分组，同一小组内的成员在这些方面大致相同。其优点在于能增强活动的竞争性，符合学生争强好胜的性格特点，能提高学生参与活动的兴趣，更好地解决因材施教的问题。但这种分组方式对学生的其他差异关注不足，还会使学生产生优劣感，甚至造成部分学生学习欲的下降。

(2) 异质分组

异质分组是指分组后同一小组内学生在体能和运动能力方面均存在差异。它不同于随机分组，是人为地将不同体能和不同运动技能水平的学生分成一组，或根据某种特别需要进行分组来缩小各小组之间的差距，以利于开展游戏和竞赛活动。

(3) 友情分组

友情分组是指让大多数学生选择与自己关系较为密切的同学在一起进行练习。在友情分组中，由于学生相互之间的信任度高、依赖性强、思想一致，因此，在学习过程中更能发挥各自的作用，形成合力，其凝聚力特别强。

(4) 帮教型分组

帮教型分组是指将运动技能水平有较大差异的学生分到一组，使水平高的学生直接对其他学生进行帮助，以达到帮、带的目的。这种分组形式所达到的教学效果要比教师一人对众多学生进行指导好得多。但不可忽视的是，帮教型分组易导致帮助者产生优越感、被帮助者产生自卑感的现象，因此，在运用时应慎重。

优点：一是有利于因材施教。分组教学能根据学生的不同能力水平，甚至不同的兴趣分成几个小组，对不同的组提出不同的要求，并采用不同的教学方法进行教学，能适应学生的能力和要求，照顾了学生的差异。二是有利于教师组织教学，提高教学质量。

不足：不利于学生个性的健康发展，能力强的学生易滋生骄傲情绪，能力差的学生会产生自卑感。

**教师修炼提示：**在体育教学实践中，教师要清楚集体组织形式的多维性、多样性，把握其优点与不足，并依据学生自身的实际去选择有针对性的集体组织教学形式，因势利导，充分利用其内在的功能为教学服务、为学生服务。

## 四、体育学习中集体组织运行的过程

1. 课的开始：由学生有计划地安排队列练习，并鼓励学生创编基本体操，教师只作必要的补充。

2. 课的进行：本部分采用“四自”方法组织教学。

(1) 自由组合

由学生自由结合形成的学习集体表现出“三个特性”，即相似性（性格相似、兴趣相投）、接近性（邻居、同桌或父母在同一个单位）、补偿性（在思想、学习、生活上能从对方得到帮助）。可以看出，目标整合、志趣相投、心理相融、智能互补是组成良好学习集体的心理原则，这种组合使学生在智、情、意三个方面都得到支持，是学生学习积极性、主动性得到较好发挥的重要原因。

(2) 自由选择练习手段

当前教师所采取的教学手段和练习方法多缺乏针对性，不少教师是机械地执行已“备”好的方法、步骤、时间和次数。学生不能或很少能自主掌握时间和空间，这是学生积极性得不到很好发挥的重要原因之一。另外，由于学生个体存在差异，他们掌握技能、技巧的起点自然不一样，对他们要求也应各有不同，教师在教学中采用“一刀切”“齐步走”的方针很难做到因材施教。

针对这些情况，教师在组织学生进行技能、技巧学习时，应有针对性地提供多种练习手段，在对它们进行了扼要的讲解后，由学习群体自由选用。

(3) 自由支配练习时间

在学生做练习时，教师对他们练习的时间和内容不作统一要求，对于他们喜欢的、新颖的练习可以多选、多练；否则可以少选、少练或不选、不练。

(4) 自由交往

在学习集体里强调在课堂上、师生间、学生间进行多向交流，把“人际交往”看做达成课堂教学目标的手段。

3. 课的尾声：在课堂接近尾声时，教师要组织学生进行一些游戏、基本体操或舞蹈练习，以达到整理活动的目的。

**教师修炼提示：**教师要清楚集体组织在实际教学中的全过程，了解集体组织的全貌，以便更好地把控教学全程。教师在此就像一个战场的指挥官，要实时了解战局全貌，实时采取最有效的战法，为最终取胜服务。

## 五、有关集体组织案例的分析

以下案例选自毛振明主编的《体育教学论》，供大家参考：

看谁滚得圆

学习内容：前滚翻。

学习目标：通过学习掌握前滚翻技术动作，锻炼身体协调性，培养学生积极思考、大胆探索的精神。

场地器材：体操垫 4 床。

教学步骤：

1. 教师启发学生积极思维、回忆滚翻要点。

(1) 教师提问设疑：“在日常生活中，在什么样的情况下需要我们做出滚翻动作？”学生思考、回忆，然后举手发言。

(2) 请学生作答，发现几种就回答几种。

(3) 教师总结归纳：在生活中，当人们突然摔倒时，从高山滚下时，身上着火时或躲避危险时，都会需要做出向前滚翻的动作。

(4) 学生认可后，教师再说明向前滚的动作要领，即团身低头、快速前滚。

2. 分组练习，女生两组，男生两组，并指定体育骨干进行保护帮助。

3. 教师照顾全局，重点指导。

4. 教师讲评，请学生表演，进一步明确滚翻要领。

**评析：**

1. 设疑导入，启发学生积极思维

前滚翻是学生从小就见过的动作，他们对此都有一定的感性认识，因此，教师所设计的提问，既简单明了，又贴近生活实际。教师利用日常生活中的知识、经验，启发学生积极思维，进而使学生较快地掌握前滚翻的技术。

2. 从发现到学习，从被动到主动

本课的另一特点是运用启发与发现相结合的教法来引导学生对前滚翻进行思考。通过思考，学生们发现，在不同的情境中滚翻的动作是有差异的，如从山坡上滚落时，应横向滚动，尽量减速，摔倒时应是一侧着地的滚翻等。学生对前滚翻动作在生活中的意义有了深刻的了解，从而提高了对该动作学习的积极性，这使学生学习由被动转向主动，改变了过去教师讲解、示范，学生机械模仿的传授式教学。

3. 师生互动，教学组织形式灵活

本课在教学组织方面，设计了师生互动的情境，以学生为主体进行教学，注重学生综合能力的培养。如在课中安排体育骨干进行保护与帮助，让学生积极参与教师的角色之中，加强了学生之间的交流。又如，请完成得较好的学生进行表演，增强了其表现的欲望。课堂中教师和学生积极配合、相互指导、共同提高。

# 第六篇

# 日常工作能力

体育教育不仅仅是在课堂上进行，课堂更多的只是进行知识和技能传授的地方，体育更多的空间是在课外，因此，体育的内涵和意义也无限地扩大了。这就需要教师不断地扩展视野，将时间和精力投入更有意义的体育事业中，以适应时代对体育的特殊需求。

# 专题一　课间体操——每天锻炼的保证

课间操是学生每天必须参加的一项体育活动，是小学生参与集体活动、培养集体观念的重要手段。近些年，随着教育改革的不断深入和人们对学生个性发展关注度的提高，批评课间操的声音也变得多起来，批评者认为课间操理论上的作用与实践的结果存在很大的反差。但是，作为我国学校体育工作的法定内容之一，做好课间操的组织与管理工作是每一位中小学体育工作者义不容辞的责任，它需要我们付出更多的努力。

## 一、课间操——中国特有的课间体育活动

提起课间操，我们的脑海里便会想起在操场上或者学校的空地里，学生整齐划一地做操的场面，这是中国特有的体育教育形式和内容。

课间操是为了缓解学生因紧张学习而产生的压力，特意安排的有固定练习内容和练习形式的一组相对固定的基本动作，经过逐渐演化，后来具备了建设校园体育文化的功能。随着我国学校体育工作制度建设的不断完善，课间操被写进了《学校体育工作条例》等法规性文件，此后，课间操以“不可或缺”的角色进入了学校，继续发挥着在中国校园中的独特作用。

### （一）课间操——不可或缺的学校教育内容和载体

1. 依法治校，保障学生参与体育锻炼权益的必然要求

课间操既是学校教育活动的传统内容之一，又是执行学校体育相关法律法规的必然要求。从中华人民共和国《宪法》到《教育法》《义务教育法》《未成年人保护法》和《体育法》等法律，都对青少年的体质问题作出了原则性的规定和要求。另外，国务院颁布的《学校体育工作条例》和《全民健身条例》对保障青少年学生的体育活动作了详细的规定。《学校体育工作条例》规定：普通中小学、农业中学、职业中学每天应当安排课间操。新颁布的《全民健身条例》明确规定：学校应当根据学生的年龄、性别和体质状况，组织实施体育课教学，开展广播体操、眼保健操等体育活动。《中共中央国务院关于加强青少年体育增强青少年体质的意见》也将课间体育活动作为加强青少年体育增强青少年体质的重要措施。该文件要求：“全面实行大课间体育活动制度，每天上午统一安排25～30分钟的大课间体育活动，认真组织学生做好广播体操，开展集体体育活动，寄宿制学校要坚持每天出早操。”课间操既是学生体育锻炼内容的有效组成部分，又是我国学校体育中已经形成的优良传统。

诸多法规文件的出台，既表明了国家对青少年学生健康成长的关心与关注，又为保障青少年学生的锻炼时间提供了法律依据。在我国法制化进程不断推进的今天，学校作为贯彻落实国家教育方针的重要场所和机构，坚持课间操制度，既是依法治校，保证青少年学生在学校的锻炼时间，确保他们进行体育锻炼的权利的必然要求，也是促进广大青少年学生健康成长，为国家培养身心健康、体魄强健、意志坚强、充满活力的优秀人才的必要手段。

2. 劳逸结合，提高学生学习效率的必要手段

长期以来，学生在基础教育阶段面临着较重的学习压力，尤其在中学阶段，这种现象有愈演愈烈之势。为了改变这种现状，各级教育行政部门都做出了一定的努力。在国家层面，《基础教育课程改革纲要（试行）》明确规定要改变课程内容“难、繁、偏、旧”和过于注重书本知识的现状。但是，在目前的状况下，仅仅靠减负是不够的，还应该合理安排学生的学习时间，做到劳逸结合，提高学习效率。

根据小学生的生理特点，课间操能使大脑神经细胞很快恢复兴奋状态，有效缓解大脑的疲劳，使学生在前两节课中积累的疲劳更快消除。学校课间操的存在，在一定程度上可以优化学生的学习结构，提高单位时间的学习质量。作为学校体育工作的重要部分，课间操具有独特的功能和不可取代的作用。

另外，课间操可以促进伙伴之间的沟通，有效增进学生之间的友谊，改变学生的心境，使他们以一种更加积极主动的心态去学习。

3. 形成特色，组成校园文化的重要内容

校园文化是学校师生共同创造的物质文化和精神文化的总和。在学生课余生活中，一切以群体形式出现的文化活动都是校园文化的有机组成部分，如篮球兴趣小组、棋牌俱乐部、文学社等社团活动。

我们经常有这样的感受：在观看了某一学校的课间操后，就会对学校的传统、校风、学风进行评说，甚至可以从中感受到学校所具有的特定的精神环境和文化气氛。之所以有这样的感受，在很大程度上是因为孩子们所展示的一举一动都深深地打动了我们的心灵，这形成了学校所独有的特色，折射着校园文化的魅力。课间操作为学校课外活动的重要形式和内容，有助于加强校园文化的丰富性，增强校园文化的凝聚力和吸引力。特色鲜明、丰富多彩的课间操是学校的一张名片，可以展现校园文化独特的魅力。

### （二）课间操——学校体育工作中落满灰尘的“文物”

自新中国成立起，课间操就一直存在于我国的中小学校园中，对促进学生身心健康起着积极的作用。然而，随着时间的推移，课间操就像一件被灰尘掩埋了的“文物”，失去了原有的价值和光彩，甚至被人们误解。学生不喜欢，出工不出力；老师不满意，费时无效果。长此以往，课间操不但达不到其基本的目的，反而助长了学生应付了事的不良习惯，不利于学生的成长，且有悖于学校培养人的基本目标。

课间操到底怎么了？我们应该用怎样的方式擦去这件珍贵“文物”身上的尘土，使他重新焕发光亮的一面呢？

## 二、把握历史机遇，重塑课间操的良好声誉

“课间10分钟”是我国中小学校长期以来形成制度的课间休息时间，课间操制度形成后，做操时的课间休息时间延长为15分钟。正是由于受到时间和场地的限制，广大体育教师的智慧不能充分地发挥，课间操一直以来都难以摆脱“内容单一、组织形式单调”的帽子，使学生参与的积极性和练习的效果大打折扣。

2005年，教育部下发的《关于落实保证中小学生每天体育活动时间的意见》（教体艺［2005］10号）提出实行大课间体育活动制度，要求通过调整作息制度，在课间操的基础上，延长活动时间，丰富活动内容，形成25～30分钟大课间体育活动形式。2007年，《中共中央国务院关于加强青少年体育增强青少年体质的意见》（中发［2007］7号）明确规定：“全面实行大课间体育活动制度，每天上午统一安排25～30分钟的大课间体育活动，认真组织学生做好广播体操、开展集体体育活动。”国家政策的调整为我们改变广播操的声誉提供了很好的历史机遇，使课间操的改革与创新成为可能。

## 三、用智慧打造小学生课间活动的乐园

大课间体育活动一般在每天上午第二节课的课后进行，时间在25～30分钟。我们可以通过以下几种方式打造学生课间活动的乐园：

### （一）开发大课间活动内容，提高活动效果

大课间除做广播操之外，还可以安排素质操、韵律操、眼保健操、游戏、武术、跑步、集体舞蹈等内容。对大课间活动的内容进行合理设计，不但可以提高学生参与的积极性，而且可以有效提高其时效性。在开发课间操的内容时要处理好以下几种关系：

1. 规定内容与选做内容之间的关系

规定内容是指根据教育部或地方教育行政部门的规定，必须开展的活动内容，这些内容的开展具有规定性和强制性，学校和教师在一般情况下无权对其进行自主调整。例如，从2007年开始，由教育部、国家体育总局、共青团中央共同决定开展的“全国亿万学生阳光体育冬季长跑活动”就具有强制性，其要求各级各类学校将长跑活动与大课间体育活动和课外体育活动有机结合。也就是说，在开展阳光体育冬季长跑活动期间，学校必须开展长跑活动。

选做内容是指学校根据自身的条件，由体育教师开发的供学生进行选择的活动内容，这些内容具有灵活性和随机性，学生可以根据自身的兴趣和需要，与教师或者班干部协商后，自行选择锻炼内容。

开展课间体育活动时，要优先预留规定内容的活动时间，不能随意挤占规定内容时间，更不能为了迎合学生的兴趣而取消规定内容。

2. 活动内容与季节和天气的关系

由于体育活动的特殊性，多数运动项目的开展都会受到天气的制约，并且不同的运动项目在不同的季节开展的效果也相差很大。如发展学生有氧耐力的长跑项目适合在气温相对较低的冬季和春季开展；秋季则选择一些适宜比赛的群体性项目，由比赛的方式引导活动的开展；趣味性强、运动负荷较低的活动则安排在夏季开展。总之，活动内容要符合季节和天气的特点，要有利于提高活动的锻炼效果。

3. 活动内容与教学内容之间的关系

新课程改革后，学生的体育课时间成为学生在校期间体育活动的主体时间，课间体育活动既相对独立，又是对体育课的有效补充和延伸。体育教师在安排课间活动内容时应该适当考虑将其与教学内容相结合，在可能的情况下，要把课间体育活动的内容安排为近期的教学内容，这既有利于学生对所学内容的巩固与提高，又可以充分体现所学内容的锻炼效果，加深学生对体育课和课间体育活动重要性的认识，促进体育课与课间体育活动的良性发展。

4. 活动内容与《国家学生体质健康标准》测试内容之间的关系

按照教育部和国家体育总局的规定，从2007年新学期开始，全国各级各类学校必须全面实施《国家学生体质健康标准》（以下简称《标准》），并规定：学生的《标准》测试成绩达到良好以上者，方可参加三好学生、奖学金的评选。《中共中央国务院关于加强青少年体育增强青少年体质的意见》下发后，有些省市将“《标准》测试达到优秀等级”作为评选三好学生的条件之一，这无疑增加了体育成绩在评选三好学生时所占的分量。

为了引导和鼓励学生积极参与体育锻炼，《标准》有许多简便易行、行之有效的运动项目，因此，在《标准》测试学期，体育教师可以把课间体育活动的内容与《标准》的测试内容相结合，不仅可以增加锻炼的针对性，而且可以大幅度地提高学生的锻炼效果，并体现在《标准》的测试结果中，这对鼓励学生以更加积极的心态去参加体育活动具有很好的促进作用。

5. 活动内容与学校大型活动之间的关系

学校大型活动是学校综合实力的集中体现，同时也是对校风校貌的充分展示，对于进一步加强校园文化建设也具有积极的促进作用，因此，学校在安排课间活动时要充分考虑到学校大型活动的组织需要，积极配合学校大型活动的开展，为大型活动的开展提供必要的保障。如学校运动会之前的方队训练、班级体育代表队的训练、业余拉拉队的训练等，都应根据需要将其列为课间体育活动的重要内容。

**（二）做好后勤保障工作，确保活动顺利进行**

课间体育活动是一个工作环节多、涉及面广、需要多方合作才能顺利完成的工作，有许多具体的工作需要落实，否则，再好的想法也不能实现。课间体育活动的有效实施需要做好以下几个保障工作：

1. 人员的分工及安排

(1) 学校领导

在课间体育活动的实施环节，学校领导的责任就是责成相关人员制订保障课间操顺利实施的各项制度，并监督制度的落实，做到分工负责、责任到人。这样，体育老师和班主任在具体实施时才会有一个坚强的后盾，工作起来才会得心应手。

(2) 体育教师

体育教师是体育专业人士，在日常的工作中，体育教师要结合学校的实际情况，向学校提出合理化的建议，从教授广播操的一招一式到课间体育活动的组织和管理评比等，都要有行之有效的方法和措施，并体现其专业水平。

(3) 班主任

班主任是课间体育活动最重要的管理者之一，在进行课间体育活动时，班主任不仅要保证在场，而且要对学生做操提出具体的要求，发现问题及时处理和解决，负责本班学生在做操过程中的纪律等问题，最好能够身体力行，为学生做出榜样。

(4) 学生组长

在小学高年级的班级里，教师可以安排学生担任学生组长。学生组长是协助班主任做好工作的重要助手，可以协助班主任清点学生人数，监督其他学生做操的质量，纠正错误的做操动作。学生组长最好能定期轮换负责，这样可以充分激发学生的主人翁精神，使他们能为班集体的荣誉而努力做到最好。

2. 安全预案和措施

安全问题是学校体育工作需要注意的重要问题之一，课间体育活动的安全预案主要包括以下几个方面：

(1) 进场与退场的安全。

(2) 学生着装的安全。

(3) 场地与器材的安全。

(4) 练习内容与手段的注意事项。

3. 提前设计好活动场地，保证活动顺利、安全进行

场地是学生进行练习和展示的主要场所，从学生的健康角度出发，一定要使场地平整，在没有铺塑胶场地的学校，做操时应保持场地潮湿，而且所做的各种标记或图形要清晰。

正规的学校体育场地，其功能和区域的划分要相对固定。要充分利用空闲场地，积极争取“变废为宝”，这一点对于城区的小场地学校来说更为重要。在个别人数特别多、场地特别小的学校，可以利用时间差进行场地设计，如采取分时分段的办法缓解场地的压力。

4. 考勤与监督

考勤与监督对于保证大课间的效果，提高大课间的时效性具有重要的意义。建立合理的考勤与监督机制，不但有利于提高全体学生的身体素质，而且可以形成“人人争先，办班创优”的局面，促进良好学风的形成。

小学高年级大课间的考勤与监督任务可以由班干部或者值日生轮流完成，也可以由班主任教师直接负责。考勤的主要任务是如实记录每一位学生的出勤情况，监督的主要任务则是发现问题及时解决，并根据学校的统一要求，对每一个班级（或者年级）大课间体育活动质量进行综合评价。低年级则由班主任独立完成。

## 四、课间体育活动的实施

课间体育活动的实施除了要做好人员分工、安全预案和检查监督外，还要注意以下几点：

### （一）广播与音乐的准备

1. 对音乐的要求

好的音乐能振奋人的精神，激发学生的活力。学校应根据小学生的心理需求，选取能陶冶思想情操、丰富学生精神生活的名曲作为各段乐曲。音乐可分为集结音乐、进退场音乐和做操音乐。音乐统领着整个活动，不仅起着烘托、渲染的作用，而且也突出了课间操的表演效果。

在选择音乐时一定要注意以下几点：（1）内容积极、健康向上。（2）符合课间操的要求。（3）符合小学生的年龄特点。（4）选择原版音乐带。（5）有条件的可以制作音乐，但一定要选好主旋律。

2. 音乐的安排顺序

（1）入场音乐：激昂、振奋的集结音乐，铿锵有力、节奏欢快、明朗。

（2）活动部分音乐：根据实际情况，音乐有节奏、有力量，能提起人的精气神。

（3）放松部分的音乐：轻松、舒缓。

（4）退场音乐：放松、欢快。

以音乐作为指令信号调控广播操全程的做法可以有效提高学生的积极性、自觉性，培养学生的集体荣誉感和竞争协作的意识。

### （二）领操台与领操员的准备

1. 领操台的准备

一般的学校都备有领操台，领操台的位置一般位于操场的正前方居左一点，有主席台的学校，领操台则位于主席台的右侧。领操台一般为长方体，外层为水泥抹平，一般高度为50厘米，低于主席台，突出领操员的位置，方便领操员的动作被全体学生看清楚。尺寸3米见方，上铺材料要美观、平整、耐用。

2. 领操员的安排

(1) 类别：在领操台上的领操员（1～2 名）和各自队伍前的领操员（每个队伍前有1名）。

(2) 要根据操的类别选拔优秀领操员。

(3) 领操员的示范面（正面、背面、侧面）要根据操的进度以及对操的熟练程度而定。

(4) 领操员要动作标准、面带微笑、积极健康。

(5) 领操员要起到示范作用，能清晰地讲解，有较好的口语表达能力。

**(三) 入场队形**

要先确定好入场的方向，然后再确定队形。队形可有散点队形、直线队形、带角队形以及综合图形队形等。通过入场形式的改变，使学生在做操时对周围环境保持一种新鲜感，在不断的变化中寻找快乐，同时入场队形要符合学生的生理、心理特点，使学生的做操兴趣得到提高。

**(四) 做操队形**

做操队形一般为散点式队形，也可以有变化。如改变班级、年级、男女生以及全校学生整体做操的站位，变换学生的做操方向，有身体朝后做操、身体朝斜向做操、单数排与双数排相向做操等。

**(五) 退场队形**

退场时，一般以集合后的班级队形退场。现在的学校大多采用按规定的年级和班级顺序，和着优美欢快的音乐和口号，按规定路线逐一退场的形式。

# 专题二　班级体育活动——集体锻炼身体

以自然班为单位集体的体育活动是小学组织学生进行集体身体锻炼的最常见形式。在体育活动中，学生不仅能够增进彼此之间的友谊，提高集体凝聚力，还能够通过彼此之间的赞赏与鼓励，提高他们参与体育活动的积极性和主动进行体育锻炼的兴趣。那么，体育教师怎样组织班级体育活动？怎样提高集体身体锻炼的效率？又如何培养把控集体活动的能力呢？

## 一、班级体育活动简述

### （一）何为班级体育活动

班级体育活动是指在课外以班级或小组为单位进行的体育活动，是学校体育课堂教学有效的延续和补充，是集体进行体育锻炼的一种重要形式，是学校课外活动的主要组成部分。经常性地开展班级体育活动，有利于丰富学生的课余生活、加深师生之间的相互了解和增进师生感情；有利于充分发挥学生的积极性、陶冶情操、开发智力、培养能力、促进学生身心的健康发展。同时，学校课外活动工作开展的好坏（内容是否丰富、形式是否多样）与班级体育活动直接相关。班级体育活动不仅需要班主任老师的大力支持和统筹安排，更需要体育教师具体指导以及体育干部和体育积极分子积极参与和协助。

### （二）班级体育活动的内容与分类

班级体育活动主要有两种形式：一种形式为以班为单位参与学校组织的各种体育比赛，如田径运动会、篮球、排球、跳绳等；另一种形式为以小组为单位组织的班级体育比赛活动，如跳绳接力、立定跳接力、篮球投准比赛等。依据活动的地点，班级体育活动可分为校内班级体育活动和校外班级体育活动两类。依据活动的目标，班级体育活动可分为比赛类、表演类、游戏类、联谊类、欣赏类等。依据活动的内容，班级体育活动可分为球类、田径类、体操类、跳绳、拔河等。以下就以班级体育活动目标分类来说明班级体育活动的内容：

1. 比赛类

此类班级体育活动主要以比赛获胜为目标。如以班级为单位参与学校组织的各种体育比赛，比较常见的有级段篮球、排球、广播体操、校园集体舞、健美操、田径运动会等比赛。

2. 表演类

此类班级体育活动主要以展示集体的和谐、凝聚力为目标。如广播操、健美操、校园集体舞、队列队形、花样跳绳、田径运动会的入场式等。

3. 游戏类

以班级或小组之间的游戏对抗为目的。常见的有老鹰捉小鸡、两人三足、踢毽子、定向运动、动力火车、多人同步跑，以及一些趣味运动比赛等。

4. 联谊类

此类班级体育活动以联络感情、增进友谊为目标。如班与班之间、不同班级的兴趣小组之间进行的小型邀请赛、对抗赛等。

5. 欣赏类

此类班级体育活动以集体参与体育欣赏为目的。如作为一方拉拉队观看体育比赛、阅读体育评论、举办体育知识讲座等。

## 二、班级体育活动中的相关要素

### （一）班级体育活动成员的构成

1. 班级体育活动的组织者

在小学班级体育活动的初始阶段，组织者常常以体育教师为代表。随着班级活动水平的提高，组织者由教师与学生共同组成。最后，组织者基本以学生为主体，由学生自发组织班级体育活动。

2. 班级体育活动的参与者

班级体育活动的参与者要依据活动规则的要求，可以完全是学生，也可以是教师与学生或家长与学生。

### （二）班级体育活动的基本环节

1. 班级体育活动的设计

设计是体育活动过程的起始环节。它包括体育活动的名称、目的、要求、活动规则、形式、步骤、时间、地点、活动器材、负责人、参与者等内容。

2. 班级体育活动的实施

实施是体育活动过程的中心环节。它是达到活动目的、完成活动要求的基本手段，是活动全过程中的关键。体育活动要按照活动设计去展开，在实施过程中允许对原设计进行局部修改。

3. 班级体育活动的检查

检查是体育活动进行过程中的保障环节。班级体育活动的检查方式主要有两种：一是对计划的检查，将实施情况与预期计划相比较，了解实际效果；二是对参与者的检查，班级体育活动是集体活动，虽然同学们在活动中扮演的角色不同，但每一位同学都必须按照角色的要求完成任务，并自觉地参加检查，从而提高活动质量。

4. 班级体育活动的总结

总结是体育活动的终结环节。在总结中，要肯定成绩，表彰先进，总结经验，指出缺点，并明确今后活动应努力的方向。

**（三）班级体育活动中体育教师的作用**

在班级体育活动的组织、实施过程中，要强调学生的主体地位，但这并不意味着否定体育教师在体育活动中的主导作用，特别是任课体育老师的作用。由于班级体育活动就是体育学习后的体育实践，是对学生进行体育知识教育的过程，在这一过程中，学生会遇到很多体育课堂上难以发现的具体问题，体育教师帮助学生解决这些问题的过程，就是对学生进行再教育的过程。因此，无论是作为班级体育活动的组织者，还是作为班级体育活动的参与者，体育教师在活动中的作用是十分重要的，其作用主要表现在以下几个方面：

1. 组织作用

体育教师依据班级体育活动的类型、活动的方式与方法、活动设计者的目标、活动的目的、任课班级和小学生的实际情况等，直接或间接地鼓动、组织、协助学生积极参与活动。主要表现在：为学生提供参与班级体育活动的方式、方法；向学生解释活动的形式、规则；引导学生在正确理解活动规则的情况下，做到扬长避短、人尽其才，以保证班级体育活动开展的圆满与成功。

2. 协调作用

体育教师在班级体育活动中的协调作用主要表现为：充分调动班级干部以及体育骨干的积极性，充分发挥班级学生参与活动的主体性，充分了解学生的体育能力，激发他们参与体育活动的意愿，为学生参与活动提供技术支持。在活动过程中，努力使参与活动的每一分子都能够充分发挥自己的特长和优势，始终保持班集体的凝聚力，及时协调与解决因活动产生的意见与分歧，避免学生之间发生矛盾，保持学生对活动的兴趣，最终达到既定的活动目标。

3. 指导作用

在班级体育活动中，学生不可能不遇到一些困难或问题，虽然有些可以通过学生间的相互沟通以及体育课堂学到的体育知识来解决，但由于小学生的经验以及解决问题的能力不足，更多实际问题还要依靠体育教师的帮助，所以，体育教师就是必不可少的场外指导员或教练员，但体育教师要注意消除学生对老师的依赖。

4. 评价作用

对班级体育活动进行评价，是体育教师在活动结束后必须完成的一项工作。体育教师要根据活动的主题、内容、形式、学生技术水平发挥的效果等诸要素，对体育活动中学生的表现进行评价，肯定成绩，找出差距。这样做，既有利于满足学生的成就感，进一步增强学生的参与意识，提高学生的体育素养，又有利于学生在今后的活动中扬长避短，进一步提高活动质量。

## 三、如何成功地组织班级体育活动

### （一）组织班级体育活动的原则

1. 教育性原则

班级体育活动是一种有组织的学校体育课外活动，有明显的教育性。它既是体育课堂教学形式的有效补充，也是进行班级集体教育的有效途径。无论是组织设计，还是活动参与，班级体育活动都不能“为活动而活动”，而必须围绕学校教育及学校体育的育人目标，结合社会、学校、班级、学生的具体情况和需求，有的放矢地组织和开展活动。

2. 计划性原则

在学校教育的总体规划中，班级体育活动是学校体育和学校教育的重要组成部分，也是体育教师的一项重要工作。因此，体育教师必须依据学校对班级体育活动的总体安排设计教学内容，围绕课堂教学活动、学生的兴趣爱好等制订班级体育活动的工作计划，做到对学生的教育在课上与课下互相促进、相得益彰。

3. 组织性原则

班级体育活动是通过“集体参与”对学生进行教育的活动，由于体育活动的空间、环境具有开放性的特点，以及一些体育活动的内容具有复杂性和一定的危险性等特点，所以，有组织地开展班级体育活动，不仅能够避免意外情况的发生，而且能够有效地防止学生的活动出现“放任自流”“一盘散沙”的情况，从而保证班级体育活动的质量。

4. 趣味性原则

班级体育活动有无吸引力，关系到能否充分调动学生的积极性，能否激发学生的自觉性与创造性，能否使班级体育活动“成为小学生愉快而非苦恼”的事情，这就要求班级体育活动的设计要丰富多彩，具有趣味性、竞争性、新颖性，能适应大多数学生的需求。

### （二）如何安排班级体育活动

1. 明确班级体育活动的价值

班级体育活动作为丰富校园体育文化的主要内容，是学校体育工作的重要组成部分，体育教师要充分认识到班级体育活动的重要意义和价值，激发师生开展班级体育活动的热情和积极性。同时在制订学校的年度或学期体育工作计划时，要将班级体育活动作为活跃校园体育文化必不可少的重要方式列入计划中。

2. 联系体育教学的实际

无论是作为班级体育活动的组织者还是参与者，体育教师都要注意充分发挥自身的引导作用，使班级体育活动的内容与体育课的教学计划和学校的体育传统等相联系，促进学生体育课堂学习与课余体育实践紧密结合、互相促进，从而提高他们终身体育的能力。

3. 重视对学生的动员和思想教育

体育活动自身就是对学生顽强毅力、吃苦耐劳精神等意志品质的培养与教育的过程，在此过程中，体育教师要擅做学生的思想工作。如在学校冬季长跑比赛等活动中，学生需要克服很大的困难，如果思想工作做不好，有些学生就会放弃活动而半途而废，因此，体育教师需要做好学生的动员和思想教育工作。

4. 要及早宣传、营造气氛

体育教师要对学校每学期计划进行的体育活动做到心中有数，如校运动会、广播操比赛、篮球比赛、乒乓球比赛、冬季长跑比赛等，根据计划及早做好安排。体育教师也可以在体育课或课余活动时间，启发、诱导学生自觉参加一些项目的学习与训练，使学生因体育能力被认可而产生积极性，从而在活动前营造良好的气氛。

5. 培养好体育骨干

每个班的体育小干部都是体育老师的助手，他们对协助体育教师组织体育活动具有重要作用，因为他们对本班同学的体育成绩非常清楚，甚至比班主任还清楚。体育教师一方面要鼓励他们参与比赛，为班级争光；另一方面也要培养他们管理班级体育活动的能力。

6. 多与班主任老师交流沟通

组织班级体育活动不仅是体育教师的工作，也是班主任的工作。因此，体育教师要多与班主任交流，让班主任了解学生上体育课的情况，了解学生的体育成绩，及时向班主任反馈体育特长生的学习情况，协助班主任选出班级参赛队员等，这些都有利于班级体育活动的顺利开展。

**（三）如何控制好班级体育活动**

1. 做好安全保障工作

体育教师要认真了解班级体育活动的每一个细节，保证班级体育活动计划周密、安排得当。同时要加强对学生的安全意识教育，并借此培养学生关爱集体、关心他人、自觉维护集体利益的道德品质。

2. 合理分配活动角色

班级体育活动是一项集体活动，每个学生都是集体的一分子，体育教师要根据班级体育活动的内容，认真合理地分配活动中学生的角色，以保证参与者积极努力地表现自己，未参与者完成好后勤服务及加油助威角色的工作。

3. 做好活动的裁判工作

在班级体育活动中，体育教师做裁判工作时要以人为本，不仅要做到判罚公正、严明，还要做到和蔼、可亲，要关爱和尊重每一位参与活动的学生。

4. 积极帮助学生克服困难

体育教师在班级体育活动的过程中，要有意识地引导学生利用在体育课堂所学到的体育知识去解决体育活动实践中遇到的实际问题，积极帮助学生解决活动中遇到的各种困难（如帮助学生加深对活动方式与方法的理解，提高学生对活动各项规则的认识等）。

5. 充分发挥教师的示范作用

体育教师的示范也是激发学生对体育活动产生兴趣的重要手段。体育教师积极参加学生的一些体育活动，不仅可以密切师生之间的关系，还可以教给学生有关体育活动的要领。更重要的是，体育教师合理、优美的示范，将会引导学生学会科学运动的方式与方法，从而提高班级体育活动的水平。

6. 对班级体育活动进行评价

体育教师认真、及时地对班级体育活动各个方面作评价，有利于满足学生的成就欲、鼓励学生的进取心、增强学生的参与意识，使他们在今后的活动中扬长避短，从而有利于进一步提高班级体育活动的质量。

# 专题三　竞赛组织——校园的体育文化

组织体育竞赛是体育教师除体育教学之外的另外一项主要工作，竞赛组织能力是体育教师必须具备的能力之一。体育竞赛是校园体育文化的主要载体，它不仅能促使学生积极锻炼、增进健康、增强体质，更重要的是能培养学生公平竞争、团结协作、尊重他人、自强不息的品质和精神。那么，体育教师如何充分发挥学校体育竞赛的作用，以彰显校园体育文化呢？组织学校体育竞赛又需要注意什么问题呢？

## 一、学校体育竞赛概述

随着社会的发展，越来越多的人逐渐认识到，运用体育的手段来教育和影响学生，不仅符合学生个体发展的规律，而且所取得的成效也异常明显。体育的育人、益智功能主要通过其丰富多彩、紧张激烈的活动，以教学、训练和竞赛的方式来实现。因此，对体育教师来说，学校体育竞赛组织得好坏在一定程度上体现着体育教师业务水平的高低和能力的强弱，其对学生的个体发展来说也具有举足轻重的作用和重要的意义。

学校体育竞赛就是学校组织的生生或者师生之间，以争取优胜为目的，以运动项目、游戏活动、身体练习为内容，依据相应的规则，进行个人或集体的体力、技艺、智力和心理比赛的一种校园体育文化活动。学校体育竞赛不仅是促进学生积极主动地参与体育锻炼的一种手段，也是学校体育工作在校园体育文化传播方面的一项重要内容。体育教师要圆满顺利地完成学校体育竞赛的组织工作，就必须做到深入了解学校体育竞赛的价值，全面掌握学校体育竞赛的内容，完全熟悉学校体育竞赛的组织，善于创新学校体育竞赛的设计等，能够运用多种手段，灵活、严谨、有序、简约地组织、安排各项竞赛活动。

### （一）学校体育竞赛的内容

全面掌握学校体育竞赛的内容，有助于体育教师根据学校对体育竞赛工作的要求、体育教学的安排以及学生的实际情况，合理选择体育竞赛的内容，简约并高效地安排学校体育竞赛活动，并使之成为学校师生共同期待的校园体育文化常态或传统。

1. 全员运动会

全员运动会是要求大部分学生都要参与的学校体育竞赛活动。其主要内容除团体表演比赛、广播操表演比赛、田径比赛外，还可以有一些竞技性、对抗性和竞争性较弱的趣味性、游戏性项目，如动力火车、袋鼠跳、两人三足走、自行车慢骑、飞镖、跳绳、踢毽子、篮球、排球、羽毛球、乒乓球等。

2. 体育节式的运动会

体育节式的运动会除了田径、球类等传统性的、竞技性强、竞争激烈的项目外，也包括对发展学生身体素质效果显著而且简易可行的课堂教学项目，如健身操、集体舞、集体太极拳表演等。同时，还包括休闲娱乐类的体育游戏、趣味游戏、民间民俗体育活动，如飞镖、乒乓球投准、踢毽子、足球颠球、篮球运球上篮、足球绕杆射门，以及拔河、托球跑接力、袋鼠跳接力等集体、拓展类项目。另外，还要有体育文化宣传，如体育小制作、体育绘画、体育摄影、体育征文、健康咨询等。

3. 学校与社会联携的运动会

学校与社会联携的运动会可根据参加人员的情况、运动会的主题等确定竞赛内容。如 2007 年某市培智学校与居委会联携举办的运动会就是其中比较成功的一次运动会。本次运动会比赛以"关爱智障儿童，展现特奥精神"为主题，充分展现了社区居委会和居民对智障儿童的关爱，在运动会中，培智学校的小运动员们与社区居民融合分组并参加比赛，运动会的内容有"乒乓运球""抛接球""背靠背运球"等多个比赛项目和"腰鼓""拳操""舞蹈"三个表演项目。

4. 跨年级对抗性运动会

跨年级对抗性运动会的内容可以是一项比赛，也可以是多项比赛，最终要计算团体总分。例如，某校举办的"团队之星"班级对抗运动会就是跨年级对抗运动会中的一例。此次班级对抗运动会，将 6 个班级和全体老师分别组成了 6 个学生队和 1 个教师队，比赛内容有袋鼠跳接力、跳长绳、打野鸭、投篮接力四个团体项目。

5. 达标运动会

达标运动会是运用学校运动会的竞赛方法，对学生进行体育达标测试的一种形式。因此，其竞赛内容与《国家体育锻炼标准实施办法》规定的相关内容一致。如立定跳远、掷实心球、仰卧起坐、100 米跑、1000 米跑等。

**（二）学校体育竞赛的价值**

对小学体育教师来说，深入了解体育竞赛的价值，有利于在组织学校体育竞赛时根据学生的实际情况和学校的体育教学环境等，精心安排体育竞赛的内容，灵活运用竞赛活动的各项规则，创新竞赛活动的形式，以求实现学校体育竞赛的价值最大化。

1. 健身价值

体育竞赛自身就是人们从事体育锻炼和体育活动的一个重要部分，参加者在竞赛中都要承受强于正常水平的运动负荷，让这种较强负荷的刺激施加于机体，能够促使机体的运动、循环、呼吸、内分泌等系统产生适应性的变化，从而使机体得以全面发展，运动能力得以提高。

2. 观赏价值

学校体育竞赛活动作为校园体育文化的一部分，对师生来说具有较强的吸引力。由于各自的集体利益以及比赛结果的高度不确定性，能够对学生产生强烈的吸引力，参赛者双方（或多方）会吸引许多热情的支持者来加油助威，在观看体育竞赛时，观赏者可受到美的陶冶，得到精神上的放松与享受。

3. 教育价值

（1）对学生的激励作用

体育竞赛的激励作用是由体育的竞争性所决定的，体育竞赛能激发学生的上进心，培养他们奋力拼搏、勇往直前的优秀品质。体育竞赛能够让同学们发现自身的闪光点或优势，增强自信心，如果教师能够抓准时机给学生以耐心、适时的启发与诱导，可以促进学生思想品德和行为习惯的良性发展。

（2）对学生的凝聚作用

体育竞赛活动能使广大学生由于共同的价值取向和团队精神而凝集在一起。他们为了集体的利益和荣誉能够克服自身的一些缺点而紧密团结、相互协作，这种潜移默化的影响有助于提高学生对自己行为的责任感，克服不良习气，形成团结互助、遵守纪律、热爱集体的思想品德。

（3）对学生的规范作用

体育竞赛要求每一位参加者都必须适时地控制自己的行为，严格执行规则要求、服从裁判，使个人的行为服从集体的需要，公开、公正地参与竞争。这样，以规则约束行为，尊重客观事实的观念就会点点滴滴地渗入学生的意识之中，其自觉性、自制力、规范意识必然会得到不断提高。

（4）对学生心理的锻炼作用

比赛前的盼望和激动，比赛中的紧张和兴奋，比赛后胜利的欢乐和失败的懊恼等，都会给学生带来丰富的情感体验。多次的情感体验可以促进学生心理健康的发展，使学生学会控制自己的情感，困难时充满信心，紧张时沉着、镇定，胜利时保持冷静。

4. 彰显价值

体育竞赛的最大魅力就在于通过各种方式的活动（游戏、比赛、表演等）展示参与者的形体美、姿态美、力量与柔韧美、灵活与协调美，并通过这些外在美的表现来充分展示参与者的品格、内涵与智慧。它是一项充分表现人的各种综合素质、实现自我价值、体现人格魅力的活动。因此，体育竞赛的这一价值使之成为青少年学生喜闻乐见的一项活动。

## 二、学校体育竞赛的组织

体育教师对学校体育竞赛组织得成功与否直接影响着师生参与竞赛的积极性和热情，直接关系到体育竞赛的实施与体育竞赛价值的发挥，也直接影响着学校体育工作的开展与校园体育文化的建设。因此，体育竞赛的组织对整个学校体育竞赛工作的作用举足轻重。

### （一）组织学校体育竞赛的原则

1. 全面性原则

学校体育竞赛主要是培养学生对体育活动的兴趣，强化其终身体育的观念，使学生掌握科学锻炼身体的技能，丰富学生的课余文化生活，增强学生的体质，促进学生的智力发展。因此，组织学校体育竞赛要面向全体学生，力求通过竞赛来促进学校体育活动更为持久、深入、广泛地开展。

2. 多功能原则

学校体育竞赛要突出锻炼的目的，体现健身性、娱乐性、竞争性等多种功能。体育教师要结合学生的身心特点，最大限度地吸引学生广泛地参与，使学生在团结、竞争和欢乐的气氛中，既达到强身健体的目的，又能培养竞争的精神，并接受集体主义的教育。

3. 实践性原则

体育竞赛是体育课堂教学形式的有效补充，也是检验体育课堂教学效果的重要方式。因此，体育竞赛的设计要与体育课的教学计划相联系，使学生在体育课堂上的学习与课余时间的体育实践紧密结合、互相促进，从而提高学生终身体育的能力。

4. 普及性原则

在课外活动的时间里经常开展多样性、小型性、趣味性、娱乐性、健身性、考核性的体育比赛活动，使体育竞赛与体育活动、体育课、“体育达标”等成为一种常态并相互促进、紧密结合，在活动中普及体育，在普及中提高学生的能力。

5. 实用性原则

体育教师在组织以完成各种测试为主要目的的学校体育竞赛活动时，要保证测试在严肃、公正、公开、真实、准确的条件下进行，促使各班、组之间形成竞争并互相监督，从而有效增强学生的自觉参与意识和积极性，使学生在紧张而愉快的竞争中完成既定的锻炼任务，并能通过比赛掌握各种应对测试的技能。

6. 知识性原则

体育竞赛包含着丰富的体育知识和运动文化，在竞赛中向学生进行体育基础知识和卫生保健知识的教育，能够培养学生掌握科学锻炼的原理、方法和自我监控等的体育能力。因此，知识性也是组织学校体育竞赛的基本原则之一。

### （二）学校课余体育竞赛组织的步骤

1. 建立组织机构

体育竞赛的最大特征就是具有开放性，这一特征使体育竞赛活动显得较为复杂，这就要求体育教师在组织学校体育竞赛时，首先要建立由党政工团、体育组（系、部）、教务处、保卫处、学生会等职能部门负责人组成的组委会，明确职责，统一协调安排运动会的各项工作，以保证体育竞赛能安全、顺利地开展。

2. 确定竞赛规程

竞赛规程是具体实施某一项（次）学校体育竞赛的制度与规定，它对竞赛的组织管理具有权威性和指导性。竞赛规程的内容包括竞赛的名称（竞赛的名称要写全称），竞赛的目的、任务，竞赛的时间、地点和承办单位，竞赛项目、组别，参赛单位、参赛资格、报名办法、手续，竞赛办法、录取名次与奖励办法，裁判员与仲裁委员会的组成，注意事项或未尽事宜等。

3. 确定竞赛方法

学校体育竞赛的方法主要有：(1) 淘汰法，又分为单淘汰和双淘汰。单淘汰是指所有参赛者按一定的比赛顺序进行比赛，败者淘汰，胜者进入下一轮比赛，直至决出最后名次。双淘汰是指按比赛顺序进行比赛，失败两场被淘汰，直至决出最后名次。(2) 循环法，是指参赛者按一定的次序轮流进行比赛，最后综合比赛的胜负来决定名次，又分为单循环、分组循环、双循环等。(3) 顺序法，是指参赛者按一定的顺序表现成绩的比赛方法。(4) 轮换法，是指在同一比赛时间内，参赛者按规定的轮换顺序依次进行不同的项目比赛，最后综合各项目的成绩来决定名次的一种比赛方法。

4. 确定竞赛评价方法

(1) 评定个人成绩和名次的方法。主要包括：根据客观标准评定成绩和名次的方法（如田径、游泳等）；根据规定条件和动作质量评定成绩和名次的方法（如广播操、健美操、武术等）；根据战胜对手或特定因素评定成绩和名次的方法（如乒乓球、排球、篮球、羽毛球等）。

(2) 评定团体成绩和名次的方法。主要包括：以计算参赛者所得分数来确定名次的方法；以计算参加者所得名次的总和来确定名次的方法；以计算参赛者的平均成绩来确定名次的方法；以计算达到规定标准的人数来确定名次的方法等。

## 三、体育教师竞赛组织能力的修炼

学校体育竞赛既是学生在学习生活之余从事体育锻炼、放松身心、相互协作与交流的一次聚会，又是检验与检查学生体育能力、学校体育教学水平以及学校体育工作的标尺。作为学校体育竞赛的组织者，体育教师竞赛组织能力的培养与锻炼至关重要。

### （一）明确学校体育竞赛的目标

学校体育竞赛活动具有竞技体育比赛的竞技性特征，但不完全等同于竞技体育比赛。根据学校体育竞赛的任务和目标，它还应具有趣味性、健身性、娱乐性、教育性、考核性等特征，为实现对学生人生观、价值观的培养，完成对学生心理拓展，强化对学生良好意志品质的磨炼，激发学生形成终身体育的观念服务。因此，不同形式的学校体育竞赛具有不同的目标，这就要求体育教师在组织学校体育竞赛时，要保证体育竞赛的组织与安排同目标保持高度一致。

**（二）完善学校体育竞赛的设计**

1. 竞赛内容的选择要合理

体育教师在选择学校体育竞赛的内容时，要充分考虑学校体育工作的整体安排，体育竞赛的规模，体育教学活动的进程，学校体育场地、设施、器材的实际情况，本校、本地区体育运动项目的传统以及学生发展的需要等诸多因素，以保证内容安排合理、多样、灵活，能够充分体现竞赛的目标，并能为竞赛目标服务。

2. 竞赛规则的制订要灵活

学校体育竞赛规则的制订要灵活、实用、严谨，要既能保证体育竞赛的顺利进行，又能充分激发学生锻炼的热情和参与的积极性。体育教师在制订学校体育竞赛规则时，要依据内容的设计与选择，大胆创新，不落窠臼，努力使竞赛规则不仅成为一种参与者的行为规范，而且还是竞赛目标实现的润滑剂。

3. 参与人员的分工要明确

运动员、教练员、裁判员、服务人员、观众等学校体育竞赛参与者的活动区域和分工要明确，提高工作效率，避免互相影响。可以邀请学校领导、学生家长、老师等和学生组成团体参加比赛，也可以请领导、教师、家长担任运动会的裁判工作，借此来扩大运动会的影响力，密切学生、家长、老师之间的关系。

4. 竞赛时间的控制要严格

体育教师在确定学校体育竞赛的时间长短时，不但要考虑竞赛项目的特征和竞赛项目的多寡，而且要考虑竞赛项目的具体时间与体育竞赛总体时间是否吻合、各竞赛项目的衔接是否紧凑。就像一台晚会，不仅要考虑各节目的时间，而且还要考虑节目之间的衔接，体育教师要学会逆向思维，以精准、严谨的项目设计和时间控制来满足总体时间的要求。

**（三）合理布局竞赛场地**

学校体育竞赛场地是保障学校运动会顺利进行的基础，也是一种特殊的教育环境。场地的充分利用、器材的恰当安放、以人为本和安全比赛理念的充分贯彻，都有利于学校运动会的组织，有利于吸引学生的注意力、激发学生的参与热情和兴趣。合理的场地布局要充分考虑下面诸因素：学校场地的实际条件，是否充分使用了场地，场地布局是否规范、合理，场地是否美观、协调，场地布局是否有利于保障参与者的安全和竞赛的顺利进行。

**（四）营造良好的竞赛环境和气氛**

体育教师在组织体育竞赛时需要对竞赛的环境与气氛（如何进行平面布局，如何进行升旗仪式、彩旗的悬挂、植物的陈设等）进行预先的综合考虑，保证以活泼、热烈、健康的学校体育竞赛环境与气氛促进学生身心的和谐发展和校园文化的建设。教师在营造竞赛的环境和气氛时应注意：横幅、宣传牌等宣传品的内容与形式，有拉拉队表演的动作设计要健康大方、表演次数要适中，观众坐席排列整齐。

**（五）确保学生参赛安全**

学校体育竞赛要加强安全教育和卫生知识的宣传，严防伤害事故的发生。体育教师在竞赛报名时就要全面了解学生的健康状况，做好场地、器材、着装等的安全卫生检查（如跑道要平整、沙坑里沙质要符合标准等）工作，加强对学生剧烈运动前后关于准备活动与放松活动方法的教育（比如，如何预防重力性休克的发生）。比赛期间，医务人员要坚守岗位，积极做好医疗和急救工作。

# 专题四 运动训练——体育新苗的发现

弗洛姆曾说，可以用考察一粒种子成长的方法来考察一个人的成长。一粒种子看起来是那么微小、那么平淡，以至于你要使用显微镜才能看清它们，但就是在这样的种子内存在着巨大的潜力。少儿时期是学生身心生长发育的重要时期，良好的行为习惯、运动习惯、道德品质和文明行为都将对他们的健康成长和身心发展产生深远而重大的影响。

## 一、体育新苗的发现

### （一）发现体育新苗的意义

一次偶然的机会，周教练发现一个“小不点”在妈妈的身边正蹦蹦跳跳地走来，她身材小巧、手脚匀称，小眼珠里透着一股灵气，整个人显得机灵、大方、活泼。周教练眼睛一亮：真是个练体操的苗子啊！这个“小不点”就是为河南省实现奥运会金牌零的突破的陆莉。而对刘璇的发现也具有传奇色彩，当时周教练到长沙市少年宫去选拔体操苗子，看到一个正在荡秋千的小女孩胆子特别大，荡得特别飘，眼神里充满了自信。周教练上前一问，得知原来她是少年宫幼儿健美体操班的。周教练当场教她一些基本动作，她都能既放松又协调地完成动作要求。凭借教练的灵感和多年的执教经验，周教练从内心感到这是个练体操的好苗子，于是刘璇被选进省体操学校……

作为一名教练员，需要拥有一双聪慧的双眼，善于发现身边的苗子，在实践中，根据不同运动项目的特点和要求，用科学的手段和方法，通过客观指标的测试，全面综合评价和预测，把先天条件优越、适合从事某项运动的苗子从众多的少年儿童中准确地选拔出，这样在培养优秀体育后备人才中才能减少盲目性和资源的浪费。选好苗子既能以最小的代价取得最大的效果，也能提高运动员的成材率。

### （二）对体育新苗的培养

*1. 要培养孩子的兴趣，让孩子从运动中得到快乐*

我们要坚持这样一种教育理念：应该在孩子产生“学习是一件快乐的事情”这种念头之后，再让他开始学习，而当孩子想学到更多的东西时就结束学习。只有这样，孩子们才能保持学习的兴趣，从而达到良好的效果。因此在平时的训练中，最重要的是激发孩子们的运动兴趣，让他们觉得运动不是一件苦差事，而是轻松好玩的游戏。

教育的中心思想就是让孩子们做喜欢的事，并从中得到快乐，同时使他们变得更聪明、更灵活。老师要促使孩子对运动产生兴趣，因为“兴趣是能力的来源”。特别是对于年幼的孩子，教师在训练中要适当地多给孩子们一些自由，让他们有自主发挥才能的余地，并且只要孩子们动作做得协调自然，就要不断地鼓励和表扬他们，这样训练对他们来说才会渐渐地变得轻松起来，他们自己才会渴望参加运动训练，才会在训练中表现出很强的主动性，并自觉地发现运动的乐趣。孩子们在训练中能产生成功的自豪和喜悦，并打心眼儿里觉得运动是件快乐的事情，最关键的是快乐的生活和得到快乐生活的能力，这是孩子们最需要的。在训练中，教师也要重视幽默的作用，因为它能让人们消除压力，并轻松愉快地投入运动中。

2. 要挖掘孩子的运动潜能，培养孩子的运动实践能力

才能并非天生的，很多孩子只要被施以正确的教育方法，经过自己不断的努力，都能成才。因为每一个孩子身上都潜藏着难以估量的、让人吃惊的巨大能力，问题的关键在于我们应该怎样去开发、去发掘他们身上的这种能力。也就是说，在运动的过程中教师要注意教学方式，不断变换教学内容，丰富教学方法，充分调动孩子们的积极主动性，不断开发孩子的运动潜能。在平时的训练中，既要注重将运动的知识和方法教给孩子，更要注重孩子运动实践能力的培养。我们需要做的是：在运动实践中，让孩子得到实际的、有用的能力，防止孩子们出现只“知道”而“不会”的局面。用一个简单的例子来说，如果孩子知道什么叫“落地缓冲”，但却在训练中不能做到“落地缓冲”，而总是直腿落地，没有缓冲，这就不能说是具备了这种运动能力。也就是说，一个人从小就要养成良好的运动习惯，具备全面而扎实的运动基础。在训练过程中，教师要以渗透的方式，让学生真正明白到底什么是体育的本质，要让他们通过运动感受到人生的乐趣。孩子们只有真正了解了体育的本质，真正感悟到运动的魅力，才能更好地进行运动训练，提高运动的能力。单纯的素质训练和技术训练是做不到这一点的。

3. 唤醒孩子心灵深处的运动知觉，培养孩子美好的心灵

在1984年洛杉矶奥运会的游泳比赛中，美国游泳队发挥出色，打破世界纪录后，队员兴奋之余把自己的教练抛到了游泳池庆贺，以表达自己的喜悦心情，而这险些害了教练，因为教练不会游泳。“游泳世界冠军的教练不会游泳”，这对我们有怎样的启示呢？

当学生在进行课外运动训练时，作为教练员的我们首先要做什么呢？培养学生良好的运动天赋和全面的身体素质，在实践中关心学生身体素质的提高和专项技术的训练，这是非常必要的，是进行课外运动训练的必备条件之一。然而，唤醒孩子们心灵深处的运动知觉，这是一种精神上的和谐能力，是骨子里的东西，它是任何东西都不可替代的。重视对学生进行良好的运动感觉的培养，这是体育素质的根基。实际上，单凭运动的技巧是无法达到一定高度的。在训练中不能简单地提高孩子们的身体素质和教给他们正确的技术动作，最重要的是要全面促进孩子的发展，培养他们健全的人格，使孩子们具有真正美好的心灵和运动知觉。

## 二、影响小学生运动训练的因素

### （一）家庭因素

社会学家认为，家庭对孩子具有决定性的影响，因为人的一生中相当长的时间是在家庭中度过的，人总离不开家庭，人受到的家庭影响主要还是来自于父母。父母最大的希望是自己的孩子身心健康，家长的态度直接决定了孩子的态度。一些睿智的家长，能够真正从孩子的身心发育特点出发，主动和孩子一起进行适宜的、喜闻乐见的运动，在不知不觉中就培养了孩子对参加体育运动的兴趣。随着孩子的成长，他们身上就表现出了良好的运动才能，这也增强了孩子们的自信心。然而有些家长却没有真正理解运动和健康之间的关系，他们在口头上很重视，理解上却有些片面。这些家长为自己的孩子报了各种文化课的补习班，挤占了孩子大量的自由活动时间和游戏锻炼的时间，也使他们错过了儿童时期各种身体素质发展的敏感期，这直接影响了孩子的运动兴趣，使得他们在运动的过程中总觉得很累、很辛苦，有的甚至觉得很郁闷。

### （二）学校因素

学校因素包括校园文化氛围、学校体育设施和师资力量等。这些都是保证体育课和课余运动训练顺利开展的前提条件，良好的体育教学效果和科学的训练方法需要建立在一定的训练基础上，体育教学对学校环境的依赖远远超出对场地、器材的依赖。因此，学校应该加强校园体育文化的建设，教师要为人师表，并为学生提供良好的课堂环境和丰富多彩的教学方法，使同学们一到操场、一上体育课就有一种说不出的兴奋和愉悦。

### （三）学生因素

在小学阶段，兴趣的培养对学生终身体育思想的形成起着至关重要的作用。在进行体育教学和课外运动训练时，教师一定要合理安排体育活动的内容，使学生对其产生极其浓厚的兴趣。兴趣是最好的教师，可以引导学生自主地参与体育活动，激发学生学习和探索体育知识和技术的热情。学生只有真正体验到练习的完整过程，才能更加积极地投入运动训练中去，回味自己来之不易的劳动果实，做到运动兴趣化、运动生活化，并从骨子里喜欢运动。

## 三、运动训练的方法及内容

### （一）身体素质发展的敏感期

学生身体素质发展的敏感期主要集中在青少年时期，在其敏感期发展相应的身体素质，能为今后身体技能的学习打下坚实的基础。如果错过了相应的敏感期，则相对应的身体素质发展将很难达到理想的水平。

1. 柔韧素质。柔韧素质发展的敏感期较早，在5～9岁，在儿童时期应着重进行柔韧素质的发展。合理的训练能较快地提高孩子全身各部位的柔韧能力，同时要注意与力量训练的结合，还要注意减少运动损伤的产生。

2. 速度素质。包括反应速度、动作速度和位移速度。在青少年时期，速度素质的发展着重于动作速率的提高。速度素质发展的敏感期在 9～12 岁，教师可通过各种反应训练刺激学生的中枢神经系统，提高学生反应的速度。这时练习时间不宜过长。

3. 灵敏与协调素质。灵敏素质发展的敏感期在 10～12 岁，进行灵敏素质的训练时间不宜过长，同时要注意与其他素质练习交替进行。协调素质发展的敏感期在 10～13 岁，进行协调素质的训练要充分体现出肌肉运动的规律，即近端关节开始发力、末端关节结束用力，注意技术动作的节奏感，宜与专项技术动作结合进行练习。

4. 耐力素质。一般耐力素质发展的敏感期在 12～14 岁。对于这一时期的孩子，由于心血管系统和呼吸系统尚未发育完善，较宜采用有氧耐力训练，使心肺功能产生良性适应，但负荷不宜过大。这样可以刺激相关系统更好地发育。

5. 力量素质。力量素质包括一般力量和专项力量。一般力量发展的敏感期在 12～15 岁。适当的力量训练对青少年的肌肉发育、肌肉力量、用力姿势都能形成良好的影响。在敏感期要发展学生的全身肌肉组织，强度不宜过大，着重发展快速力量，主要采用动力性力量练习。在敏感期的后期，可适当根据运动项目特点，加入专项力量练习，同样，负荷不宜过大。

### （二）运动训练的方法

运动训练是在教师的“训”和学生的“练”的双边活动中共同完成的，在学校的运动训练过程中，教师起着重要的主导作用。教师正确地认识和掌握不同训练方法的功能和特点，有助于学生有效地完成运动训练过程中不同时期的训练任务，促进学生竞技能力的发展和运动成绩的提高。运动训练方法包括重复训练法、间歇训练法、持续训练法、变换训练法、循环训练法、比赛训练法、高原训练法等。这些方法在运动训练过程中对于提高运动成绩有着重要的作用，教师应根据自己的训练方法，结合学生的特点，进行有针对性的选择。

#### 1. 重复训练法

重复训练是在暂时不改变动作要素、结构及负荷的情况下，反复多次进行练习，而且练习间隙要保证机体能力基本恢复的一种训练方法。如反复进行某一个动作技术的模仿练习、原地摆臂、乒乓球的连续挥拍动作等。重复训练的目的是全面发展学生的各种身体素质，提高身体训练水平，改进与完善运动技术与战术，培养学生顽强、坚韧不拔的意志品质。这种训练方法一般应用在训练的不同阶段，要求教师根据学生的具体情况，有针对性地使用，争取做到新颖、轻松和愉悦，否则会影响实际的练习效果。

#### 2. 间歇训练法

间歇训练法是指在重复练习之间按严格规定的间歇时间休息后，再进行练习的方法。即学生机体尚未完全恢复时，就进行下一次练习，以增大运动负荷。其对提高呼吸系统和心血管系统的机能，发展速度和耐力有显著作用。间歇训练法每次练习的间隙时间有严格规定，教练员要严格监控学生的心率，控制好运动强度，间歇休息通常等心率恢复到120～140次/分，就开始下一次练习。此时心脏每搏输出量达到最大值，耗氧量也达到最大值，这时对心脏施加新的强烈刺激，有利于增加心肌耐力，增大心脏容积，提高心脏的功能。

3. 持续训练法

持续训练法指在较长的时间里，用较稳定的强度，不间歇地连续进行练习的方法。持续训练法通常用于发展一般耐力，如长距离跑或有氧游戏、球类项目的体能训练、体操中的单个或成套动作的连续重复练习等。教师应根据学生的实际情况，控制好运动量，这对提高学生的心肺功能会有很大的帮助。

4. 法特来克训练法

法特来克训练法是指一种利用自然地形的游戏式的长跑训练方法。在发展有氧练习的训练中，长跑可以安排在户外。教师提前侦查好地形和训练路线，尽量安排丰富的练习内容，如上坡跑、下坡跑、弧线跑、变向跑和不同强度的攀爬腾跃等灵活性练习内容，因为不同的刺激使身体不容易产生疲劳感。

5. 变换训练法

变换训练法指在练习过程中有目的地变换练习的负荷、动作组合、练习的环境、练习的条件等的训练方法。变换训练法的作用：能提高学生有机体对训练和比赛的适应能力；培养学生对多种运动的感觉，如时间感、空间感、速度感、节奏感等；能避免练习过程中的单调乏味，提高学生练习的兴趣和积极性。

6. 竞赛训练法

在比赛的条件与要求下进行练习的方法，称竞赛训练法。它的主要特点是练习具有竞争性。在学校通常采用的竞赛训练方法有游戏性竞赛、身体素质竞赛、专项竞赛等。学生与势均力敌、有明显优势或不同特点的对手进行针对性、适应性比赛，能提高竞赛能力。

7. 循环训练法

循环训练法指将不同的练习内容与专项特点结合，合理搭配练习内容而进行的练习方法。由于训练“负荷”相对比教学负荷要大，更要注意练习内容和练习顺序排列的合理性。

8. 心理训练法

心理训练法是采用心理学的手段对学生进行训练的一种方法。常用的方法有：一是念动训练，也叫内心默念或“过电影”，是在思想上完成动作的过程。念动训练是以意念动作为基础，反复进行思想表象，与此同时引起神经和运动系统的相应变化，从而起到训练的作用。二是集中注意力训练，是坚持全神贯注于某一个确定的目标，或者把被某些因素干扰的注意力重新集中起来。三是放松训练，即专心致志地使自己的身心放松，这是采用一定的自我暗示的套语——即意念将注意力导引到一定的方向和范围，调节植物性神经系统的机能，从而促进大脑和肌肉放松，消除心理紧张，消除疲劳。

## 四、遵循运动技能形成的规律

运动技能的形成与提高，要经历三个阶段，即：粗略掌握动作阶段——改进与提高动作阶段——动作的巩固与运用自如阶段。体育教师在教学和训练中，要从掌握运动机能的规律和小学生的身体发育特点出发，根据学生的实际情况，如身体素质、专项素质、专项技术和心理素质等诸多因素，合理安排各个阶段的量和强度等。同时，要特别注意量和强度合理搭配，采取强度小而量稍大的训练方法，以保证学生身体的全面发展，增进健康，有利于学生对技术动作的掌握。只有经过反复多次的重复练习，才会提高练习的效果。对小学生来说，强度过大不仅会造成身体上的伤害，还容易造成心理阴影，从而影响积极性。

掌握和学习好一项技术需要一个过程，教师不能急于求成，要让学生在训练中一步一步地适应并提高。例如，短跑项目的训练，不能急于让学生进行全力跑（高速跑）的反复训练，而要让大家体会笑着跑的作用。学生笑着跑时，会体会到头颈和肩带肌肉的放松，还会体会上下肢的配合，以及全身的协调用力，感觉什么是放松跑，且能感觉到自己在练习过程中的正确技术。另外，还要做一些辅助性的有利于完善短跑技术的训练，如提高动作速度的练习、发展速度能力的练习、提高反应速度的练习等，让学生慢慢地适应训练过程。用合理的强度逐渐强化正确的动力定型，使学生能够逐步提高对自己的要求，加大练习的强度，加快跑动的速度，最终达到提高成绩的目的。相反，如果在开始训练时就急于让学生全力跑和高速跑，就会制约学生完整技术的改进和协调能力的提高，最终影响学生运动成绩的提高，影响学生的全面发展。

## 第七篇

# 体育管理能力

体育工作比较繁杂，这也是体育有别于其他学科的一个突出的地方。体育绝不是课堂教学结束了或体育活动结束了，工作就结束了，体育教师还必须具备体育管理能力，并且要有预见性和创造性，在保证体育顺利进行的时候，开拓体育的新天地。

# 专题一 体育管理——秩序教育的管道

不同的学校，同样的体育课程，却会取得不同的体育成绩，这是为什么呢？是什么因素造成学校会有不同的体育成绩呢？多年来，这是困扰学校体育教师的问题之一。我们通过科学调查研究发现，除去学生、教师、物质等硬件条件以外，这其中最核心的制约因素就是管理。管理是一个组织成长、发展的核心竞争力，是一个组织建设的软实力。

在小学学校体育工作中，体育管理工作的特点有哪些，什么是学校体育管理工作的目标，学校体育管理的目标如何设定，在设定目标时应遵守的原则是什么，管理工作的内容都有哪些，针对管理内容应采取什么样的方法等，小学体育教师都应有深刻认识。

## 一、学校体育管理的概念、特点

### （一）学校体育管理的概念

学校体育管理是指遵循学校体育教学活动的基本规律，充分利用有限的师资、经费、场地设施、信息和时间等因素，以效果与效率为目标，以最佳的手段和方法，对学校体育工作进行卓有成效的计划、组织、控制、评估等一系列的综合管理活动。

### （二）小学体育管理的特点

小学体育管理具有阶段性。小学阶段是人生接受教育的起点，小学体育教学工作是为儿童今后成长打下基础。我国学校体育教学一直是按照学期、学年进行的，由于不同季节的气候特点、小学生生理特点、不同场地和器材条件等客观因素，各学校需要根据实际情况选择教材内容，以避免因物质条件不足或气候条件等所造成的困难导致不能达到较好的教学效果。

小学体育管理具有强制性特点。因为小学体育是实现学生体质增强目标的重要手段，体育课程被列为学校的必修课程，课外体育活动也是体育课的延续。

## 二、小学体育管理的目标

首先，小学体育管理的目标应结合小学生的身心特点与学生的长远发展来综合制订；其次，根据小学体育目标制订学校各类体育发展规划，科学地组织实施学校体育管理目标，不断加强和完善小学体育管理工作，合理组织和使用体育人力、财力和物力，完善小学体育工作的各级组织，并且规定各级组织、领导及人员的职责，使之合理分工、协同配合。

小学体育管理目标应根据学校的教育目标，结合学校体育场地设施、器材、教师水平以及学生的整体实际情况而确定，主要包括小学体育具体工作内容（如心理教育和身体教育）应该达到怎样的目标效果，以及实现体育工作目标的具体措施、手段、方法和要求。另外，在制订管理目标的同时，也需要为检查、落实和评价体育目标制订准则和评估方法，确保小学体育管理目标的稳步、健康实现。

## 三、小学体育管理的内容

小学体育管理的内容应包括体育教学计划的管理、体育课堂教学管理、体育教学质量管理等。学校对体育教学计划的管理是提高体育教学质量的前提，对体育教学工作起到规划与引导的作用，有利于小学体育教学工作内容的顺利完成。对小学体育教学计划的管理分为三个环节：一是对制订体育教学计划的管理，二是对实施教学计划的监督与调控，三是对执行体育教学计划状况的考评。这三个环节对小学体育工作的开展都起到至关重要的作用。

1. 小学体育的人力资源管理

小学体育管理目标是学校体育管理活动的出发点和立足点，也是学校体育管理的终点。在小学体育管理活动过程中，体育老师是第一要素，是构成学校体育管理目标的主体。管理对象主要由体育教师、后勤保障人员、教务人员三部分组成。小学体育人力资源管理应包括以下几个方面：首先，是学校对体育教师的引进，这就要考虑学校体育教师的专业构成、专业方向；其次，是对学校体育教师的合理任用；最后，是具体的工作安排、工作激励和工作绩效管理三个方面。在工作激励中，应以体育教学成绩优先，注重对教师激励的公平性，运用学校制度、物质条件、工作环境、生活环境等多种手段综合激励。绩效管理是由绩效目标确定、绩效计划签订、绩效计划实施、绩效考核、绩效考核反馈、考核结果的运用六个环节组成的整体系统。学校应构建新课标下的小学体育教师工作绩效考核指标体系，重视绩效过程管理、实施绩效工资、岗位流动管理和尾数淘汰制度等，加强对体育教师的科学管理。

2. 小学体育的课余训练竞赛管理

小学课余运动训练是学校组织选拔具有一定兴趣爱好和运动发展潜力的学生，对其进行身体、技术、战术、心理训练，挖掘其运动潜能，向高一级学校和运动队输送人才的准备过程，它是提升小学体育活动的重要内容和措施之一。有效地计划、组织与协调竞赛活动过程不仅能够检阅小学体育教学、课外体育锻炼、课余运动训练成绩，还能激发学生的锻炼热情，培养学生锻炼的习惯，增强其体质，提高其社会适应能力。由于小学生年龄较小，体育教师应直接参与课余体育训练管理，给学生提供必要的技术指导、锻炼方法以及场地器材。

3. 小学体育经费、场地、器材管理

小学体育经费、场地、设备器材是学校体育的“硬件”，是开展学校体育工作的物质保证。

（1）应做到器材分类放置并且摆放整齐，还要建立账目，保证器材的使用率和完好率。

（2）在未经同意的情况下不得外借体育器材，收回时必须检查器材的完好情况，如有损坏，照价赔偿。

（3）体育教师在使用场地和器材时必须在课前做好统筹安排，合理使用，不得临时抢占场地、器材，防止因上课时场地与器材使用的不合理而造成教师间关系不良，或造成课堂安全隐患。

（4）体育教师课前必须检查所有的场地器材，做好计划，确保安全使用，并将场地和器材使用数量写入课时计划。

（5）课外体育活动所用器材，由值周教师统筹安排管理，对活动班级所用器材要合理分配，尽量满足学生锻炼的需要，活动后及时清点入库。

（6）学校的体育经费、场地、器材管理必须有完善的管理规章。

## 四、小学体育管理的常用方法

1. 行政方法

行政方法具有一定的权威性、强制性、无偿性、稳定性、时效性等特点。小学体育管理利用行政手段可以在短时间内使学校体育管理各部门能够统一目标、统一意志、统一行动，获得管理系统整体的功能，使学校体育管理部门制订的方针和政策得到迅速贯彻落实，从而实现对学校体育工作全局的有效控制。行政方法一般适合处理学校体育工作中的重大问题或者教师无法处理的实际问题。例如，在遇到为学校争得荣誉的体育活动时，需要协调学校内部的各部门力量才能解决，这对体育教师来说就显得棘手，必须借助于行政方法才能很好地解决。

2. 宣传教育方法

学校体育管理的宣传教育方法重在体现宣传教育的示范作用，示范性会在一定程度上提升宣传教育方法的效力。师生对小学体育工作重要性的认识在很大程度上取决于学校宣传和教育的力度。采用这种管理方法，不仅可以激发学生参与体育活动的热情，而且可以调动学校其他部门的积极性。采用宣传教育方法的作用主要体现在：培养学生积极进取的精神，树立典型，培养学生果敢、坚毅的品质，提高其团队协作精神和集体主义意识，通过组织观看和参与体育竞赛对学生进行人生观和世界观的教育。宣传教育主要是利用集体参与，通过平等讨论、引导、批评与自我批评等方法，使全体教工能够感悟其中的教育内涵，启发教工的自觉性和积极性，使小学体育管理制度和管理办法得到顺利贯彻和执行。

3. 奖惩方法

奖惩方法是学校体育管理工作中的一种手段，它能调动人的潜能，激励体育管理工作者以最大的热情投入管理工作中，同时也有助于鞭策落后者迅速提高管理水平。小学体育管理的检查评估与奖惩方法是指对完成小学体育工作目标的程度进行监督、控制，并针对完成情况采取奖励或惩罚的方法。它强调对集体和个人的体育工作成绩进行肯定、表扬，以起到激励、示范和推动学校体育工作的作用；对小学体育工作后进的集体或个人进行批评教育或惩罚处理等。奖励方法一般以奖励奖金为主，但是物质奖励过多会让人感觉“金钱至上”而导致相反的效果，因此在颁发奖金的同时还应当颁发相应的荣誉证书等。同样，惩罚方法除了使用扣发工资、奖金等方法以外，还可使用检讨、通报批评、记过、停薪留职等不同级别的具有行政效力的惩处方法。而对小学生使用的奖惩方法，又要另当别论，这就需要从教育学生的目的出发制订相应的奖惩办法，其效果要有一定的示范性和教育性。

## 五、小学体育管理的基本工作和程序

### （一）学校体育管理的基本工作

1. 小学体育管理的任务

小学体育是全面发展小学教育的组成部分，高效地开展小学体育工作，必须要完成以下基本管理任务：（1）明确小学阶段体育工作开展的指导思想和体育发展目标，为小学体育工作的开展建立高效的组织机构；（2）严格遵守国家规定的小学体育工作相关的法规条文，并建立和完善有利于小学体育工作开展的内部行政法规文件以及规章制度；（3）开展多种方式的小学体育教学活动，优质高效地完成小学体育目标，广泛开展小学体育工作的评估，及时总结小学体育开展的工作经验，推广和吸收先进的小学体育管理思想；（4）促进小学体育管理工作与学校其他教育内容相结合，以实现小学体育的总体目标。

2. 小学体育教学工作

小学体育教学工作是小学体育管理的中心环节。小学体育教学管理包括三个方面的内容：（1）制订体育教学计划的管理（教学计划管理是教学工作的方向，计划的制订要切实可行）；（2）体育课堂教学的管理（课程管理要将课程目标与课堂目标相结合，强调目标的落实）；（3）体育教学质量评估。其中体育课堂教学管理是核心，它包括确定编班方式与班额、编制课表、制订课堂常规、备课与上课、体育课成绩管理等。

小学体育教学计划管理分为以下几个方面的内容：首先，对制订体育教学计划的管理；其次，对实施体育教学计划的监督和调控；再次，对执行体育教学计划状况的考评。小学体育教学工作的核心是提高体育课的教学质量，它包括以下内容：首先，有组织、有计划地提高小学体育教师的业务水平和教学能力；其次，工作中要有计划、有检查、有总结、有评比、有规章制度，建立一个良好的体育教学正常秩序；再次，要根据小学生的生理、心理以及不同地区学生的身体素质特点进行针对性的教学，注意课的密度和学生的负荷量，确保每一堂体育课的教学质量，使体育教学逐步实现科学化的要求。小学体育课要防止成人化和幼儿化的教学，比如，在课堂上教师为了追求情境教学效果，设计的导语和讲解过于幼稚。

3. 小学的体质健康工作

体质健康工作是小学体育工作的重要一环，也是评价小学体育工作优劣的重要内容之一，是小学体育工作目标管理的一部分。体质健康工作的首要任务就是实现小学生增强体质的目的。此外，健身性是体育教学的主要特征，而生理指标是评价体质健康工作的重要依据，是衡量小学生身体机能的客观标准。小学生体质健康工作必须强调以体质的增强与体育技能的获得为主，是以小学生为主体的体育实践活动。学校要确保小学体育课的教学质量，根据新课标的特点构建科学合理的教学评价体系，加强教学和卫生监督，以提高教学效益，这样才能做好小学生体质健康工作。

4. 小学的课外活动工作

课外体育活动是小学体育课教学的延伸，是培养学生养成体育锻炼习惯的一条重要途径，是学校体育工作的重要组成部分。体育教师应依据《全民健身纲要》《全民健身计划》等行政性的法规文件，宣传课外体育活动对学生体质的重要性。例如，在当前，“阳光体育工程”实施的最大困难就是如何推动青少年在节假日非教学时间锻炼一小时。小学课外活动开展得好与坏，全凭学校内部学习和传授是否到位。总体上来说，应从以下几个方面来努力：(1) 加强宣传小学课外活动的重要性，为学生课外活动的开展创造多方位的条件，如组织早操、课间操、体育俱乐部和其他小型多样的体育活动形式；(2) 组织校内的各种体育竞赛；(3) 利用黑板报、报刊、家长会等形式来宣传体育知识，积极与课外体育活动开展较好的市级小学进行交流，从中获得具有价值的工作经验。

**(二) 小学的体育管理程序**

根据小学体育管理的目标，制订并实施小学体育管理计划是学校体育管理的组织过程。小学体育教研组与学校其他部门都是执行学校体育计划的组织之一。小学体育管理是一个动态的、周期性的过程，这一活动周期包括教学计划、教学组织、教学检查、教学总结四个阶段。这四个阶段既具备相对的独立性，又具备紧密的连续性，并按照基本固定的秩序形成一个闭合的教学组织与管理的循环系统——管理周期，该系统体现在小学体育教学管理的日常工作中。

1. 小学体育管理的计划过程

小学体育管理过程要依赖于计划，计划的执行是实现目标的保证，更重要的是计划也是一个决策过程。掌握充分、可靠的数据和足够的信息是制订计划的保证。计划的制订必须结合小学生的身心特点，要恰到好处、切实可行并能经受检验。计划要突出重点，保证各方人员能各尽其责，真正做到有明确的目的、严密的科学性。执行计划是整个管理过程的重要环节，计划制订以后，必须认真贯彻执行才能完成。在执行阶段，具体任务要落实到体育教师身上，他们不仅要努力完成教学任务，还要激发学生锻炼身体和参加体育活动的兴趣，从而使学生自觉参加锻炼，增强体质。在计划的执行过程中，分管体育教学的校领导应按计划指导、督促工作，协调各方面的关系，使领导、教师、后勤同步，最大限度地完成和实现小学体育管理目标。

2. 小学体育管理的组织实施过程

组织实施就是建立什么样的组织架构来实施学校体育管理的计划。它是学校体育管理的中心环节，学校要以计划为行动指南，组织好人员，按要求对全校的人、财、物、事做出全面安排，争取“事得其人，人尽其才”。在组织实施过程中，各种特殊情况都可能出现，这就要求小学体育管理人员做好工作预防，重视学生的体质状况，随时听取学生对学校体育教学的意见。在小学体育工作中，教师主要担负教学工作，同时负责对场地的合理安排、体育器材的合理使用。后勤人员主要管理场地，维护保养好器材，配合体育教师，以共同努力完成体育教学任务。这些分工合作要求在计划中有明确规定。

3. 小学体育管理的领导过程

学校体育管理要在学校工作中发挥更大的作用，必须要有一个能领导、指挥、协调学校体育工作的领导小组，由体育工作领导小组来健全管理制度，构建管理网络，落实各项工作。领导既要充分调动体育教师的积极性，又要加强对体育场地、器材及后勤人员的管理，使有限的场地、器材发挥最大的效益，以保证小学体育课和课外体育活动正常进行。领导在小学体育管理过程中要重视放权，基层能解决的问题，尽量在基层解决。领导者最好要专业对口，因为学校体育管理工作本身是一个专业性非常强的工作，所以领导工作一定要体现体育专业化管理的特色。在体育工作领导小组的协调下，各部门之间要相互沟通、相互协调、综合平衡、系统全面地搞好小学体育工作。

4. 小学体育管理的控制过程

小学体育管理的控制过程包括学校体育工作的检查与总结两类。检查是体育教学管理的重要环节，其意义在于对计划预见性的监督和检验，是总结的前提和依据，也是对各有关人员的督促和考核。检查小学体育教学工作的目的是为了提高体育教学质量，检查的意义在于根据学校体育管理的目标与计划，监督执行和发现问题。如果出现了问题，要找出它是计划不周造成的，还是执行不力造成的，及时发现并解决问题，以推动学校体育工作顺利进行。在小学体育教学中，通过对教学的检查以及对检查结果的认真比较分析，得到第一手资料，以衡量体育教学计划的制订是否得当、教学活动是否有效，从而为教学计划的制订和完善提供科学依据。总结是学校体育教学学期管理阶段的终结，同时它又和下一学期教学工作的开始紧密相连。通过总结，积累经验，为以后教学目标的确定和计划的制订提供必要的依据；通过总结，还可以看到管理过程是否符合预期的目标，是否保证了计划的实施。总结要抓住小学生是否增强了体质和掌握一定的体育技能这一关键，将其作为评价体育教学的好坏。要使学校体育教学和其他体育活动在良好的状态下进行，就应采取相应措施，使学校体育管理活动稳步、顺利地发展。

# 专题二　体育场地——运动的美丽空间

在大家的心中，学校体育场地应该是广大学生提高运动技能的场所、进行体育锻炼的园地、增进身心健康的前提、丰富文化生活的条件、发展学校体育的保障……但是，城市当中的“盆景学校”大量存在，马路便道成为学校的第二操场，标准的田径场及足球场、篮球场、排球场多是学校修建体育场地的首选，场地的布局与设计千篇一律，场地的维修与保养无人问津……在“全国亿万学生阳光体育运动”推行的背景下，我们需要一起反思、共同分析、深入研究、付诸行动，逐渐缩小学校体育场地在大家心中的差距，充分发挥学校体育场地作为运动美丽空间的功能。

## 一、什么是学校体育场地

### （一）概念解析

学校体育场地是指为学校体育教学、训练、竞赛、锻炼和娱乐等活动提供的场所或空间，其本质是为开展体育运动而按照一定的标准建设的户外或室内专用场地。学校体育场地的功能主要体现在满足教学需要、保障运动训练、服务运动竞赛、兼顾娱乐健身等。

### （二）热点探讨

1. 场地严重不足

据各项研究显示，目前很多学校体育场地的现状与教育部门对各级各类学校体育场地的要求相差甚远。例如，在哈尔滨市 277 所小学中，画不出 50 米跑道的占 78.2%，许多学校只能在马路上做课间操或进行跑步练习，有的学校仅有篮球场一块，广播操要分几批做，排球场平均 800 多人才有一个。又如，在西安市某县城最好的小学，学校里的跑道连 100 米都不够；在武汉，不少条件差、占地面积非常有限的学校（即“盆景学校”），只能在马路上进行体育锻炼，相当一部分学校的田径队也将训练场搬到马路上。

2. 场地类别与标准定位

学校体育场地一般可分为竞赛类、训练类、教学与健身类，主要以安全、实用、相对简单的教学与健身类为主。建设学校体育场地应避免过分地追求标准化，避免盲目建设一些只满足竞赛用的铁饼、标枪、撑竿跳高和链球设施，有些设施甚至只能满足奥运会、世界田径锦标赛的需要，这些体育场地或设施的建设不仅浪费大量的财力，而且也不适应学校体育活动的实际和学生身体生长发育的特点。

学校体育场地建设有一定的评定标准，如田径场地分为一类、二类和非标类，这就要根据学校的具体条件而定。一般的学校可建设综合性的体育场地，如田径与篮球、排球、网球等套用的场地，但在建设时也应注意不能完全没有规格标准，可参照教育部已颁布的场地规格标准，否则也不利于学校体育竞赛活动的开展。

3. 非标准场地建设

由于受地理环境、学校规模等条件限制，有些小学体育场地的建设达不到标准场地所规定的规格尺寸，只能保证一些规格尺寸略小的非标准场地。非标准场地建设在保证安全性能的前提下，首先应注意尽可能利用小场地的规格标准，如室内田径场地的规格、五人制足球场地的规格、14m×28m 的篮球场地规格等。这类场地有现成的规格标准，便于建设，同时也有利于训练、竞赛活动的开展。其次，要考虑不同学段的学生特点、本校特点以及教育部与国家技术监督局已颁布的相关场地规格要求。

## 二、如何有效地开发与利用学校体育场地

学校体育场地的开发与利用包括对校内外已有的可开发的场地资源进行合理的调整和规划，部署适合多种运动项目同时进行的运动场地，使体育场地具有多功能化，为学校体育的开展提供有利条件。各学校应根据本校和学生的实际情况合理地开发与使用体育场地，最大限度地挖掘场地的使用空间和时间，充分利用学校的空地和学校的周边环境，保证学生的安全使用。

### （一）体现以学生为本的基本思想

学校体育场地的开发与利用要充分体现“以学生为本”、以培养学生的综合素质为依据、树立“健康第一”的重要思想，明确小学体育的重要任务之一就是要全面发展学生的基本活动能力和身体素质，使学生掌握一至两项运动技能。学校要根据学生的不同年龄、不同水平设计不同的场地，不要一味追求标准场地，如篮球场可考虑建设22m×12m 的场地，篮球也可考虑大小在 72～74cm 之间、重量在 560～580g 之间；游泳池可考虑增大坡度，使水深从 1.2m 逐渐过渡到 2m 等。此外，学校还应增强服务意识，如在场地上增加一些矮凳供学生适时休息；增加室内场地和外场边的树荫，以供雨天和炎热气候下使用。

### （二）根据因地制宜与广开渠道的思路

目前，不论城市还是农村的小学，普遍都存在办学用地紧张的情况。因此，在建设体育场地时，必须因地制宜，合理开发与利用空地，充分利用路边、学生宿舍周围等闲置的地域进行科学的设计，巧妙布置各种场地。

1. 充分利用校园空闲场地

利用校园内的空闲道路、树林等，布置传统的踢毽、跳皮筋场地；利用教室前后的空地，将跨栏架卧倒当球门，用 1kg 的实心球或小皮球、布绒球当足球，就可以开展足球活动，而用高栏替门，又可开展手球活动；在地上画一个小篮球场，不要罚球

区，再在半场的端线和边线交接处各画一个三角区，由一个学生站在里面当球篮，便可以进行篮球比赛等。

2. 改造各类体育场地

楼房的屋顶加上网栏，就可以变成一个不错的球场，用来进行羽毛球、乒乓球教学就十分理想；电影院、食堂等在特定的时间才使用的场所，完全可以在空闲时间用来开展慢跑、立定跳等教学；校园内的树木可做支架设置单杠、爬绳、小篮球架等设施；在不平坦的地形可开展攀爬、滑梯等活动；校园的围墙可以做成攀岩墙等。

3. 拓展户外学校体育场地

在南方，一些有安全保证的江河湖海是开展游泳、冲浪、沙滩体育教学的天然场所；在北方，可利用山丘、平原开展滑雪、滑草、滑冰等适宜的体育项目；在高山上，可组织学生参加越野跑；在竹林里，可进行蛇形跑练习；在农村的田野中，可做游戏，上武术课、体操课，还可打羽毛球、踢足球等。

**（三）标准与非标准相结合的原则**

标准场地是为进行正规的比赛而设计的，标准场地造价高，占地面积大，对地理环境有一定的要求，而非标准场地则可因地制宜，在材料方面没有严格要求。学校可根据实际情况，适当建设一些标准场地，而多建设一些非标准场地。如篮球场地可利用小型的场地建设半场场地，篮球架可以固定在墙上以练习投篮；足球场可考虑建一些小场地，球门可以适当缩小等。

贫困地区学校的场地虽然差，但一般都有比较丰富的土地资源，只是没有成形的运动场而已，另外，学校附近的原料也很丰富，完全可以自己动手修建场地。如要修建田径场，石块、碎砖、黏土都是现成的，煤渣在锅炉房也有，原料中只有石灰石和少量的水泥花点钱，修建时还可以发动学生利用劳动课来帮忙。这样一来，修建一个简易田径场的费用并不太大。依此法行之，篮球、排球、羽毛球等场地的修建也并非难事。

**（四）以安全因素为前提**

学校体育场地是小学生进行身体活动的场所，人员密集，使用率高，因此必须把安全放在首位。近年来，有大量的学校在对体育场地进行维修改造，然而有些小学修建的场地因设计不尽合理，其规格标准无法适应小学生的年龄与学段特征，不利于学校体育活动的开展，为学生进行体育锻炼埋下了安全隐患。因此，在学校体育场地的开发与利用中必须考虑安全因素。

例如，田径场地的安全因素。有条件的学校应按《田径场地标准手册》的要求，并结合学校体育的特点加以考虑。田径场跑道的地面应平坦，无碎石及其他杂物，而且要有较好的排水能力。场地周围的挡网，除满足规定的安全距离外，应采用铁丝网围护，网边丝头一定要做安全处理。铺设塑胶面层的跑道，其胶面应与中间草坪填充物在同一水平面上，不能存在落差，以保证排水的顺畅及地面的平整。内环沟沟眼宽度不应大于 2cm，以避免脚扭伤。如若有排污、供暖、上下水等井盖，不能移离跑道的，必须进行稳固处理，以防止因井盖移位而造成安全事故。如果非规范场地的领操台（主席台）距离跑道过近时，靠近跑道的台角应做倒角或圆角处理。跳跃和投掷的场地设计要充分考虑到方位及相互之间的干扰。

又如，球类场地的安全因素。首先应考虑不同球类的分区，分区间可设计小门通行，不同球类在相对集中的区域平行排列为好，区域间最好使用不同高度的铁丝挡网隔离，避免学生在活动中因飞球造成的砸伤或跑动造成的撞伤。场地表面的铺设尽可能采用合成材料面层，以提高使用的安全性能，使因摔倒而造成的损伤减少到最低限度。此外，场地按规则要求应留有足够的安全距离，如篮球 2m、排球 3～6m、网球 3.6～6.4m 等，无法避免的障碍物，一定要有安全防护装置。

**（五）合理实用与满足活动的宗旨**

小学进行体育活动的可利用场地有限，如何在有限的场地上尽可能地提高场地的使用效益，保证多数学生进行体育活动的需求，是我们在场地开发与利用过程中所要考虑的重要因素。

首先，运动项目的搭配既要尽可能地充分利用场地，以保证有更多的学生参与活动，同时也要考虑学生对运动项目的喜好程度，尽可能多安排一些学生喜爱的运动项目，以培养学生参与体育活动的积极性。



其次，场地的开发与利用要注意运动项目的取舍，不要所有项目都安排，在场地充裕、资金充足的情况下，可以将场地标准化的程度提高。

再次，在可能的情况下注意场地的方向与排水。由于场地的应用性质不同以及在地域上存在差异，学校体育场地的基础建设应有一定的差别，北方主要注意防冻，南方主要注意防止水的渗透。在场地的边角部分，采用包边工艺可有效地避免渗水造成的脱层现象。同时对排水系统也应在建设过程中给予高度的关注，以避免积水对基础面层的损害，建议最好采用沥青面层的基础，其防渗性与抗裂性均好于水泥基础。

**（六）提高开发与利用的价值**

体育教师要匠心设计，巧妙布局，提高学校体育场地开发与利用的价值。体育教师应仔细地对学校现有的操场、小广场、空地进行规划，使之得到更合理的开发与利用。例如，为推广实行全面健身路径，根据学校实际和学生身体素质特点，创设组合障碍式跑道的锻炼走廊。学生在练习的过程中，通过不断提高翻越障碍的速度，从而达到锻炼身体、发展体能的目的。锻炼走廊既可作为体育教学场所，也可用于学生早操和课外体育锻炼。锻炼走廊的设计思路：一是学校体育场地设计要体现学生的特点，以促进学生健康成长为根本目的；二是学校体育场地设计应考虑如何使其功能更加全面，以便为学校开展包括体育在内的各种教育活动提供良好的物质环境。

## 三、如何提高开发与利用学校体育场地的能力

### （一）自主研究的基本规律和步骤

学校体育场地开发与利用的方法非常多，但也有其基本规律和基本方法。体育教师可通过查阅文献、实践摸索、专家论证等自主研究的方法，从本地区、本校、师资、学生等实际情况出发，总结提炼出具有本校特色的体育场地开发与利用的基本规律和步骤。

1. 基本规律

（1）空闲场地：狭长的地段宜设置攀梯、肋木、爬竿、爬绳、低单杠、独木桥、踏石、健身路径；挡风和较宽较长的地段可安放室外水泥乒乓球台；僻静的墙面和角落可搭建“长城墙”和“冲坡墙”等。

（2）田径场地：弯道外的四角可设组合式攀爬架和秋千；投掷区域和其他设施要清楚标明并要留有足够余地；边角可修建沙坑、平梯、单杠、双杠、对墙投掷区、斜坡跑道及联合器械设施等。

（3）球类场地：应按不同的项目划分不同的区域，各区域要用相应高度和强度的挡网隔开；篮球场及球架的设置除少数标准场地外，可用双向和单向小篮球架进行一字排列式设置，只要能保持适当的间隔或半个球场的地段，都可设小篮球架，以供教学和一般性练习使用。

（4）体操场地：器械与综合健身要相对集中，以利于监管与指导等。

2. 基本步骤

（1）现状调查：要对现有学校体育场地、校园内环境（如楼顶、墙面、树林、山坡、水池、空闲场地以及固定使用的场所等）、学校周边场地（公园、森林、田野、湖泊、高山、体育场地、大型广场空地等）进行全面了解、测算与规划。

（2）实践操作：要根据以学生为本的基本思想、因地制宜与广开渠道的思路、标准与非标准相结合的原则等，充分考虑体育场地开发与利用的可行性。

（3）方案论证：在小范围内进行试验，请专家对设计方案进行仔细论证，从理论和实践中验证其预设的实效性。

（4）修正调整：最后，在学校全面推广，但也要根据实际情况不断地进行修正和调整，直至效果最佳。

### （二）观摩学习他校成功经验

不同地区、不同学校的体育场地状况不同，可开发与利用的资源也不一样，因此外出观摩学习他校体育场地开发与利用的经验有一定的实践意义，这既可开拓体育教师的视野，又可将相似经验直接引用，以便创造性地开发与利用校内外资源。

例如，近几年在我国小学逐渐兴起了快乐体育园地的建设，各个学校根据自己的条件，以快乐体育为指导思想，充分利用校园内的各种空间，包括一些边角地带等，

合理安装和设置各种各样简单的但具有很强趣味性的体育器材和设施。其最大的特点就是以“好玩”“还想玩”为主题来设置各种体育设施和器材，紧紧抓住了学生爱玩好动的心理。另外，它还体现了因地制宜、实用经济的观念，对现阶段我国学校体育场地设计和优化具有重要的指导意义。

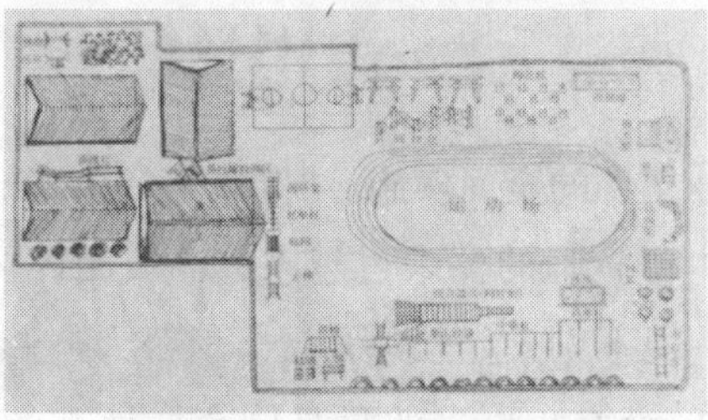

方案 1：类型多样、疏密结合型

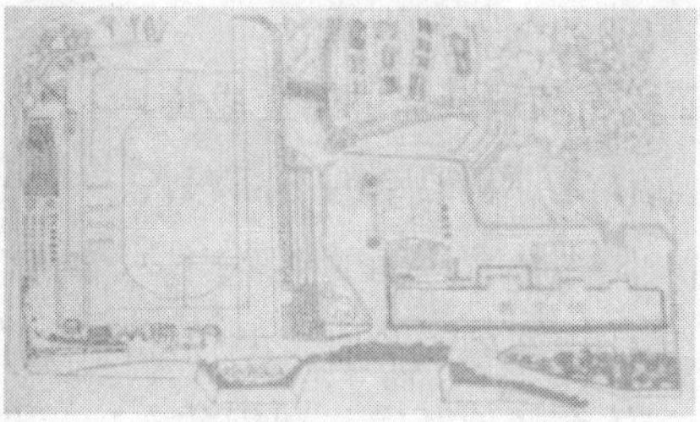

方案 2：校园山林、自然风韵型

方案 3：坡地池塘、特色利用型

方案 4：环攀岩墙、布局紧凑型

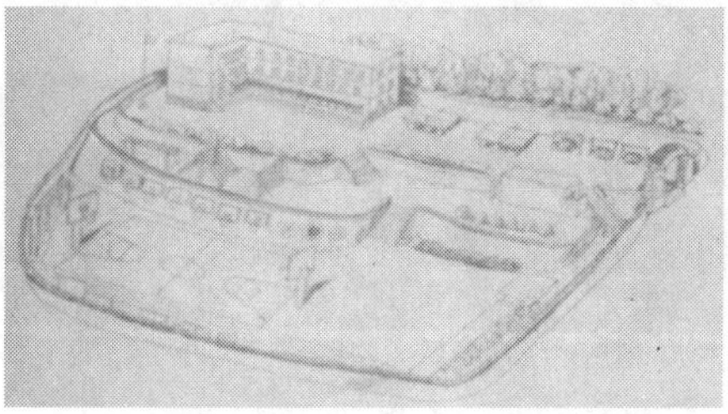

方案 5：阶梯地形、错落有致型

方案 6：校园较小、简朴实用型

### （三）案例研讨聚焦热点问题

案例研讨是突破难点的最有效的方法之一，教师可通过多角度解读案例，进行开放式讨论，可以分享别人成功的经验、交流个人的体验，也可以各取所需，以在研讨中产生的整体性感悟代替肤浅而面面俱到的认识，这样可直接提高自身的相关能力。案例的选取是案例研讨的关键，体育教师先要做好前期准备，洞察学校体育场地中存在的普遍问题，进行有关的调查，收集详尽的材料；然后确定主题，每个案例都要有一个鲜明的主题，一般与教学改革的核心理念、常见的疑难问题和困惑相关，要注意典型性和时代感。

各省市、区县、乡镇、学区、校际、校内等不同层面内均可开展学校体育场地开发与利用案例研讨，可针对学校体育场地的类别定位、标准建设、安全保障、有效布局、校内外资源利用、配套设施设计、学生人数多但场地少、经费不足但需求较大、教育因素挖掘等理论与实践热点问题分别开展相关案例研讨，进而提高小学体育教师的体育场地开发与利用能力。

**（四）专项培训促进专业成长**

随着体育课程改革的不断深入、中央 7 号文件的全面实施、“健康第一”指导思想的提出、阳光体育运动的新鲜出炉，时代对体育教师的要求也越来越高，因此体育教师培训工作也在各级政府及教育部门的高度重视下如火如荼地开展。但令人遗憾的是，有关学校体育场地开发与利用的专项培训几乎没有，更多的只是体育场地工的培训，与学校体育场地开发与利用相关的培训只是零散地出现在一些体育教师培训或者体育教研员培训中。因此，学校体育场地开发与利用的专项培训成为当今体育教师培训亟待开展的工作之一。

学校体育专项培训的目标主要是解决如何有效地开发与利用学校体育场地的问题，对此，可将自主研究的基本规律与方法、观摩学习他校成功经验、案例研讨、聚焦热点问题等融合在一起，通过专家引领、资源共享、主题沙龙等方式，使小学体育教师拓宽视野、创新思维，真正提高其学校体育场地开发与利用的能力，促进小学体育教师的专业成长。

# 专题三　体育器材——学科必需的玩物

俗话说："巧妇难为无米之炊。"学校体育器材的质量、数量是衡量学校体育发展程度的重要尺度。但当前学校体育器材的配备不足与专项竞赛器材的闲置压室形成鲜明对比，体育器材成人规格标准与数量达标不均等问题摆在了我们的面前。体育器材的缺乏，如何保证《体育与健康课程标准》的执行，如何实施《国家学生体质健康标准》，如何推进"全国亿万学生阳光体育运动"，改造器材、一物多用、自制器材是否就能解决上述问题，如何让有限的体育器材成为小学生享受无限体育乐趣的玩物等，这一切问题都需要我们去解决。

## 一、什么是学校体育器材

### （一）概念解析

学校体育器材主要是指在学校的体育教学、训练、竞赛、锻炼和娱乐活动中使用的各种器具、器材和材料。适宜的体育器材对激发小学生的运动兴趣、对有效地进行体育锻炼能起到事半功倍的作用，其对小学生在运动参与、运动技能、身体健康、心理健康和社会适应等方面的发展也有着不可或缺的作用。

### （二）热点探讨

1. 器材配备不足

按照教育部的规定，学校体育器材的配备率须在80%以上，但当前只有小部分学校能达到这个标准。农村学校体育器材的达标率普遍低于城市，而且有相当一部分学校的达标率在50%以下。但自制体育器材率则正好相反，农村和城镇学校远高于城市的学校。由于地区经济落后，缺少对体育场地、器材的资金投入，我国大部分农村及偏远地区学校体育器材的状况与有关规定相差甚远，体育器材不能满足体育教学需要的学校占本地区学校总数的60%～80%。

2. 器材闲置压室

在各级各类学校里，都不同程度地存在只是在体育竞赛中使用一下就成为保管室的压室之宝的器材，这些器材对小学而言是一种奢侈浪费。学校的体育经费非常有限，如果不能做到物尽其用，这无疑对小学体育工作的进一步开展非常不利。如田径器材中的标枪、铁饼、铅球、跨栏架等就是压室之宝，这些器材少则几十元，多则几百元，甚至上千元，而这些器材的使用者仅仅是少数的学校运动队队员或者是学校运动会的参赛者，器材的使用频率很低，这显然不利于小学体育教育的发展。

3. 器材规格标准

尽管《中小学体育器材和场地》国家标准颁布已有5年多，但学校体育器材成人化现象却十分普遍。究其原因，一是长期以来，小学使用的体育器材都是按照成人竞赛项目的标准设计和生产的，由于历史原因，这已在人们的观念和身体适应性方面形成了定式；二是学校对现有的器材进行更换缺乏经费，且易造成浪费；三是经济条件较差的乡村小学，其器材大都是中学退下来的器材和自制器材。因此，学校体育器材教材化工作已成为一项十分艰巨的长期任务。

4. 器材数量达标

在各校体育器材的配置中，以田径类、球类器材为主，尤其是篮排球、篮球架、排球柱的平均配置水平都超过了规定标准，田径类配置平均水平也达到了60%以上。然而，一些农村小学要想使体操等竞技类项目的器材配备达到规定标准，还需要一段相当长的时间。事实证明，现代体育并不意味着就是竞技体育，就一定要与世界接轨，而越是具有民族性的反而越具有世界性，如中国武术、印度瑜伽、日本柔道、韩国跆拳道等。因此，我们不必将所有配置都配全，完全可以吸收一些传统的体育项目来作为教学内容，如跳绳、踢毽子、跳皮筋等，这些项目在器材配置上的花费是很有限的。

5. 器材保存管理

由于学校体育器材数量多、品种繁杂、使用率高，因此体育教师必须对现有的体育器材进行科学管理，避免器材流失、损坏，尽量延长器材的使用寿命。学校要请责任心强的教师负责器材管理，选择通风、明亮、干燥的房子作为体育器材保管室，器材要分类存放，一目了然。体育教师要教育学生爱惜、维护学校体育场地器材，在课后、体育活动结束后，要及时清点器材，如数送还；要科学地使用器材，注意定期维修，如海绵垫子、羽毛球拍、球类等器材的开胶、开线等，可用专用胶及时黏合或缝补，及时进行维修。对于一些闲置器材，要开动脑筋变废为宝、变换用途、合理使用，以发挥它们的作用。

6. 器材安全设计

体育器材的设计要考虑的因素包括使用功能、规格要求、强度要求、材料选择、连接方式方法等。随着学校体育改革的不断深入发展，以及学生身体素质的不断变化，现有的竞技化规格的体育器材已很难满足广大学生的运动、健身、娱乐的需求，为此一批新规格的运动器械应运而生，与此同时，新器材存在的安全隐患也应引起我们的注意。例如，为适应学生的基本身高特点，许多学校安装了小篮球架，由此，能跳起扣篮的学生大为增多，这就对篮圈的受力强度有了更高的要求，形成篮圈的钢条应选择抗拉强度大的材质，篮板与支撑构架的下边应做安全包扎处理等。室外常见的柱式球架在设计中应使用圆柱或圆角方形，而不能使用方钢。这样，学生在参与篮球活动时安全保障将会大大增强。

## 二、开发与利用学校体育器材的方法

### (一) 改造器材

由于体育器材的种类繁多，功能也不尽相同，因此不是所有正规的、合格的、安全的体育器材都适合进入小学。学校的运动场要成为学生的运动乐园，就要打破竞技化、成人化的场地器材规格限制，一切从学生的实际和兴趣出发，把学校成人化的场地器材改造成适合小学生活动的场地器材，以满足学生体育活动的需要。对体育器材的教材化改造，是依据学校体育教育目标和学生身心发展的需要，针对学校实际的体育条件，将各种体育器材加工成学校体育器材的过程。

例如，对标准篮球器械的改造。标准篮球的篮圈离地 3.05 米，篮圈内径为 0.45 米。小学生要想在标准篮球场上完成扣篮和相当高的命中率显然是有困难的，但经过教材化改造的篮球器材效果就大不一样了。

改进方法有两种：一是根据学生身高的总体水平将场地的篮圈高度降至相应高度，使素质、身高较高的学生通过练习可以达到扣篮的水平；二是将场地的篮球圈内径扩大为 0.60 米，这样每个人的投篮命中率会大大提高。扣篮和命中率的大大提高，能极大地激活学生参加篮球活动的动机，满足学生的成功感，体育差生对体育的信心也就增强了。篮球器材教材化使竞技体育项目大众化、娱乐化，并改变目前学校体育器材竞技化的现象，激发学生的锻炼兴趣和参加锻炼的主动性，从而促进学生养成体育习惯，达到增强学生体质、发展非智力因素的目标。

### (二) 一物多用

体育器材的缺乏是许多学校目前面临的现实问题，这就需要我们的体育教师发挥聪明才智，根据器材特点发挥其多种用途，尽量做到一物多用，解决器材品种少的问题。体育场地器材一般都具有多种功能，只要转换视角和思维方式，就可以开发出常用器材的许多新功能，结合学生实际和项目特点，能做到一种器材多种用法。

例如，利用跳绳可进行绳操、斗智拉绳、拔河、三人角力、跳移动绳、跑蛇绳、接力游戏、组字拼图比赛，还可以利用绳子能打结的特性教学生学习野外生存、自救的本领。又如，手榴弹和实心球可以组合成简易的保龄球游戏，还可以把它们等距离放在地上让学生进行蛇形绕球跑、锯齿形跑、躲闪跑、单足和双足跨球跳、抱球跑、单人自抛击掌和双人对抛击掌后击球等训练，此外，它们还可以用做雷区中的地雷等。再如，可以在标准篮球场边线外安装多个不同高度的篮球架，或制作无板多圈简易活动栏架，也可把篮圈直接安在墙上等，使有限的场地器材发挥无限的作用。还有，体操棒和小皮球也可以当做垒球类打等。

### (三) 辅助器材

体育教学中选用恰当的辅助教具，能够起到事半功倍的教学效果。

例如，排球正面双手垫球部位教学辅助器材——袜筒，使用的主要目的是为了让小学生清楚地找到准确的击球点，即用腕上 10cm 左右的两小臂桡骨内侧所构成的平面击球。学生可以从家里剪一段废弃袜子的袜筒，将其套在手臂的击球点部位，就很容易找到击球点，这样的教学效果非常好。

### （四）自制器材

对于一些精细程度、规格标准要求较低的器械，完全可以根据当地资源，结合本校实际，制作简易的体育器材，这也是改善教学条件的有效途径之一。利用废弃物解决器材的短缺问题，改善教学条件，也是一个“量才录用”、因陋就简的积极办法，同时又能培养学生的动手动脑能力和创新能力。

例如，利用废旧自行车固定后让人连续做蹬伸动作，速度可快可慢，从而达到训练腿的蹬伸与双臂支撑能力的目的；用废球制作实心球；用泡沫制作人体模型、简易体操垫；用废旧汽车轮胎作为器材来进行滚轮胎赛和障碍接力；自制沙包代替实心球；把易拉罐或饮料瓶装上沙子做沙瓶操；用锯好的木块以及盛满水的旧饮料瓶作为保龄球的标靶；自制小垒球以及小皮球进行富有特色的垒球和保龄球练习；自制大小不同的藤圈做抛接、穿越、滚动等游戏；自制不同重量的沙袋做搬运、掷远、掷准、抛接、跳格子、踢沙包等练习。自制简易的运动器材不仅可以解决运动器材短缺的困难，也给体育课增添了趣味性，使得自制器材具有无限的生命力。

### （五）替代器材

在一些运动项目的教学中，尤其在武术教学过程中，会使用一些刀枪棍等器材。符合比赛规格标准的器材，材质为钢质，而在教学中使用这一规格标准就有些过高，不太适宜，另外价格也不菲，不是一般学校所能承受的，同时为了确保学生的安全，为了教学的顺利进行，采用木质、竹质较为合适，而且经济实用。另外，以生活用品、生产设施和生产工具等作为器材替代物，也是一个解决器材数量少的好方法。

如剑的制作，可将体操棒（或同等粗细轻重的木棍）的 4/5 部分用纸严密包裹后用胶条粘牢作为剑身，然后用双层纸片粘贴成圆锥体（约 5cm 高）套于剑身顶端作为剑尖，最后将纸片剪成剑柄形状两张，相对粘贴在剑身末端作为剑柄。又如流星锤的制作，将细长绳（或布条、跳绳）的一端留出约 10cm 后用宽胶条与小垒球（或小皮球、有一定重量的纸球）粘贴固定，然后将预留出的 10cm 跳绳与跳绳主体打结，防止滑脱即可。

### （六）引进器材

对于一些不能自制的器材，如球类器材，则可以由学校出面与高一级学校或专业队联系，收集其报废的相关器材。一般来说，高一级学校的器材要丰富得多，且每年都要更换一批，像球类器材，虽然被报废了，但它们并不是不能使用，而只是磨损到一定程度需要更新而已，但这在一定程度上可以解决贫困地区学校体育器材紧张的矛盾。

另外，还可利用家庭、社区的资源来充实学校体育器材。现代社会，家长们对孩子的教育日渐重视，对于文化学习用品的经费投入更是大方，可以提倡让家长为自己的孩子购置体育活动器材，并带到学校互相交换使用，使学生的体育器材变得多样、新颖。另外，要多鼓励学生们利用社区里的健身器材进行锻炼活动，以满足孩子们的活动需求。

## 三、如何提高开发与利用学校体育器材的能力

### （一）自主挖掘校内资源

学校的器材、经费都是有限的，但人的创造力是无限的。作为教师，首先要多看、多想、多思、多动，寻找学校体育器材开发与利用的各种方法；其次，要充分挖掘校内资源，包括地理资源、物质资源、人力资源等，发动全体师生献计献策，尤其要激发学生的创造性思维，达到培养学生的创新意识和能力的教育目标；最后，从本地区、本校、师资、学生等实际状况出发，总结并提炼出具有本校特色的体育器材开发与利用的方法。

在开发与利用学校体育器材的过程中，首先要注意其安全性，必须保证器材能安全使用，严防事故的发生，器材与身体接触的部分应当光滑，不能带刺；安装在地上的器械要牢固、不易移动；相对固定的器材要有适当的间隔距离；设立的攀爬场所，地面要有一定的弹性，地面的颗粒状物质直径不应大于 2mm；所用的材料中重金属、硫化物的含量不应超过国家规定的标准等。其次是趣味性，注重趣味性即要结合小学生的年龄特点，自制器材要被学生所喜欢、所接受，使学生在锻炼身体的同时，精神上也得到享受和乐趣。最后，还要注重实效性，所制作的器材要尽可能地适用于所开发的项目，要充分发挥器材的作用，实现可持续性使用。

### （二）观摩学习器材生产厂家

随着基础教育体育课程改革的不断深入、学校体育场地和器材配备的不断改革、“全国亿万学生阳光体育运动”的不断推进，各级各类学校对一些传统的、新型的、民间的、民族的体育器材的需求也在不断增大，学校体育器材的开发与利用逐渐引起各类体育器材生产厂家的关注。他们也活跃在各省市乃至国家级中小学体育教学观摩会、中小学体育教师培训点，并主动提供经费与专家学者联合进行学校体育器材开发与利用的课题研究，积极与广大中小学校联系，提供试用产品，收集改进意见，从而介绍、推广并不断完善他们的产品，其中不乏一些有参考价值和借鉴意义的学校体育器材。因此，体育教师要抓住这个平台，观摩学习并充分利用体育器材生产厂家的资源，即可直接引进各类体育器材，也可从中吸取新鲜血液，充实自我，提高自我开发与利用学校体育器材的能力。

### （三）研究创新体育器材

当前学校体育器材需要研究的问题很多，如配备不足、闲置压室、分类规格、数量达标、保存管理、安全设计等问题，又如开发与利用的原则、方法、途径、注意事

项等问题。因此，小学体育教师作为基础教育一线工作者，是此类课题研究的最佳实施者，只要抓住其中一个关键问题，依托学校体育工作，结合学校、师生的实际状况，开展课题研究，肯定能够收到一定的成效。

**（四）全面提升专项能力**

在当前备受关注的各级各类体育教师培训中，关于专项学校体育器材的培训仅仅是一些器材的使用培训，培训学员是广大体育教师和班主任，而培训教师不仅包括相关的专家和教研员，还有不少体育器材生产商。而学校体育器材开发与利用的培训只是零散地出现在一些体育教师培训或者体育教研员培训中。因此，学校体育器材开发与利用的培训成为当今体育教师培训需要进一步关注的工作之一。

关于学校体育器材开发与利用的培训，可将自主研发挖掘校内资源、观摩学习器材生产厂家、课题研究、创新体育器材等融合在一起，通过专家引领、实践操练、资源共享、专题研讨等方式，使小学体育教师拓宽视野、创新思维，真正提高其学校体育器材开发与利用的能力。

# 专题四 安全管理——实施体育的底线

为了规避“意外”，有些一线体育教师正在推行“因噎废食”的做法，他们将体育教学内容控制在绝对安全的范围内，但这种保护学生安全的“责任心”是负责任的表现吗？

保证学生的人身安全是体育教学的首要条件，也是每一位体育教师义不容辞的责任。然而，众所周知，体育运动是与危险同在的一种文化活动。因此，怎样让体育与安全紧密结合起来，是广大体育教师共同努力的方向。

## 一、学会发现安全隐患

作为一名体育教师，要了解并洞悉学校体育可能存在的各类安全隐患，尽自己最大的能力去减少和避免学生体育伤害事故的发生。

### （一）由校方导致的安全隐患

1. 体育安全管理制度的欠缺

对于学生每天使用的体育场地、器材、设备，学校没有定期检查、保养、修理和更换的制度，就会造成任课教师人人都得管、人人都管不好的局面，也会导致器材设施存在严重的安全隐患。因此，场地、器材的定人、定时负责检查，可以避免很多潜在危险事故的发生。

2. 体育经费投入的不足

如果学校的体育设施、设备的陈旧、老化没有得到充足的经费去进行及时的更新替换，教师就只能利用现有的条件进行体育教学，这样极易造成学生伤害事故的发生。

### （二）由体育教师导致的安全隐患

1. 教师缺乏足够的爱心和责任心

教师对学生无微不至的关怀和进行的周密细致的工作，是来自于他们对学生的热爱，只有热爱学生，才有真正的责任心（而不是“逃避责任的心”）。教师有了责任心，才会有周密的安全对策，学生的安全才有最基本的保证。

2. 教师缺乏过硬的业务能力

要保证学生的安全，仅有爱心和责任心是不够的，教师还要有丰富的专业知识和高超的安全保护技能。这种技能包括：对场地器材进行安全布置的技能、对运动器材进行检查和保养的技能、对学生的身体和技能状况进行准确判断的技能、把握教材的难易度与进行教材安全化处理的技能、对各种危险进行准确预测的技能、对各种动作练习进行安全保护的技能、利用学生群体进行安全保护的技能、对紧急伤害事故进行正确的初步处置的技能等。如果缺乏这些业务能力，伤害事故就随时都有可能发生。

3. 教师缺乏对体育伤害事故的预见能力

体育教学中有的危险是不可预测的或是人力不可抗拒的，如在上体育课时突然发生了地震或无法躲避的雷击等。除此之外，大部分危险体育教师都可以凭借经验预见得到，并加以有效的预防。对于可以预防而教师没有去预防造成的伤害事故，学校和教师则需要承担相应的法律责任。

**（三）由学生导致的安全隐患**

1. 学生缺乏安全运动的知识与技能

学生在睡眠不足或休息不好、患病带伤或伤病初愈阶段，以及身体疲劳时参加剧烈运动，生理功能和运动能力都会下降，会因肌肉力量较弱、反应迟钝、身体协调性差等导致伤害事故。此外，很多学生没有吃早餐的习惯，饿着肚子去上课，这也是伤害事故发生的重要因素之一。

2. 学生缺乏一定的自我约束能力

学生在比赛中不遵守规则，动作不规范，在训练中打闹嬉戏，冒险做出超过自己能力的技术动作等，这些行为都会导致别人或自己受伤。

## 二、从自身做起，保证体育教学正常进行

体育课是实现体育教学目标的主要形式，教师在整个教学过程中将安全性常规认真贯彻实施，将大大提高学生的人身安全。

**（一）安全常规，贯穿体育教学全过程**

1. 准备部分的安全常规

（1）体育教师在课前应仔细检查上课所用器材和设施是否完好，排除运动场地的安全隐患。

（2）体育教师在课前应正确摆放运动器材，对于存在危险隐患的器材，要派专人看管。

（3）课前，教师要例行查看学生的穿着，提醒学生不带任何有碍运动的杂物，询问有无生病和身体不适的学生。对课上明显存在危险的项目（如铅球、标枪等），要重点强调安全并要求学生严格遵守纪律，让学生了解可能的危险，提高他们的安全意识。

（4）进入准备活动阶段，体育教师要根据气候条件、学生的生理和心理特点安排适宜的准备活动内容。

2. 基本部分的安全常规

（1）体育教师要根据学生的情况安排教学内容，避免出现超出学生能力以外的教学内容和运动负荷。同时，要考虑不同教学内容前后安排的合理顺序，预防由体力不支引发的伤害事故。

(2) 体育教师的教法要得当、示范要准确、讲解要清晰，引导学生准确地理解动作技术并正确地进行练习。

(3) 体育教师要加强课堂组织纪律的管理，避免学生在课堂上的散漫行为，严禁学生相互打闹嬉戏、不听教师指挥、冒险做出未学过的技术动作等，做到防患于未然。

(4) 体育教师要在保护与帮助学生上下工夫，开动脑筋，利用现有的或自制的辅助保护器具进行难度动作的学习和练习，尤其像器械体操这样的教材，更需要教师多多地动手动脑。与此同时，教师要教授每位学生保护与帮助自己的手法、站位与要领，加强学生的自我保护意识。同时，挑选责任心和能力较强的同学担当体育骨干，并充分发挥他们的作用，让他们配合教师做好保护与帮助其他学生的工作。

(5) 体育教师在课堂上要始终保持敏锐的观察力，时刻注意学生的身体和情绪状况，发现问题及时解决。

(6) 体育教师要合理摆放上课时所用的器材，避免器材过于密集，引起学生相互冲撞；避免器材方位不当，造成太阳光反射刺眼；避免器材摆放不规范，导致学生受伤；避免危险器材随意放置而引发的伤害事故等。

3. 结束部分的安全常规

(1) 进入结束部分，教师要根据整堂课的运动负荷合理安排放松练习，避免学生因体力不支或思想麻痹而导致伤害的发生。

(2) 对课堂上出现的有碍安全的违纪行为要给予严肃的批评指正；对已出现的危险情况，教师要加以分析，引以为戒，避免以后重蹈覆辙。

(3) 课后，教师要妥善、及时地安排人员送还运动器材，防止意外的发生。

**(二) 安全制度，规范体育场地、器材的管理**

1. 球类场地、器材的安全管理

球类项目是学校体育的重要内容，我国各类学校最常见的球类运动包括篮球、足球和排球，其次为乒乓球和羽毛球，北方部分学校也开展冰球运动。

(1) 体育教师应尽的职责：课前例行检查上课所用球类场地、器材，确保安全后再进入教学环节，发现存在安全隐患要及时向有关负责部门或负责人上报；课上要强调正确使用球具，如篮球、羽毛球拍等，禁止乱扔、乱砸、乱打；教育学生规范地使用球类器材，如篮球架、足球门框等，禁止乱攀、乱爬；教授学生自我保护的技巧，如躲避突如其来的球的技巧、合理避让与足球门柱相撞的技巧等，以此提高学生自我保护的能力。

(2) 教师教导学生应尽的职责：课前，负责借送球具的值日生或体育骨干要尽到看管的义务，以防丢失和损坏；课上，要听从教师的组织和安排，以防混乱导致球具伤人；遵守纪律，不打不闹，不乱攀乱爬；体育骨干要有力地协助教师维持好课堂纪律。

2. 田径场地、器材的安全管理

田径运动几乎是我国所有学校体育教学的必修内容，田径场地和器材也是各类学校最常见的基本体育配套设施。田径运动包括的项目众多，场地、器材、设备比较复杂，学校最常用的场地有跑道、跳远用的跳板和沙坑；最常用的器材有实心球、铅球、标枪、跨栏架、跳高架、跳高杆、跳高垫、接力棒等。

（1）体育教师应尽的职责：课前例行检查上课所用的田径场地，挑选可用的器材，如排除场地上的异物、平整沙坑、挑选平整有弹性的跳高垫、挑选完好无破损的接力棒等；要教会学生预见由于田径场地、器材而引起的伤害，如翘起的跳远跳板、没有平整的沙坑、乱扔铅球和标枪、乱闯投掷区等可能引起的伤害，提高学生的安全警惕心；在进行铅球、标枪等投掷项目的教学时，一定要严格要求学生遵守课堂纪律、听从指挥，对违规的学生要严厉地批评教育，预防意外的发生；课后，要及时回收器材和设备，禁止学生在没有教师的情况下自行练习。

（2）教师教导学生应尽的职责：课前，负责借送田径器材的值日生或体育骨干要尽到看管的义务，不但要防止丢失和损坏，同时要阻止其他学生擅自拿取器材练习，尤其像铅球、标枪之类的投掷器材，更要严禁学生擅取把玩；课上，学生要听从教师的统一指挥和组织安排，不争抢器材、不乱闯投掷区等；课后，学生要配合教师安全回收器材，由专人送还器材室。

3. 体操场地、器材的安全管理

在学校的体育教学中，体操占有较大的比例，如广播体操、健美操、集体舞、器械体操、垫上运动等都属于体操的范畴。有一定安全隐患的是器械体操和垫上运动所用的器材，如单杠、双杠、跳箱、山羊、爬杆、助木、海绵垫等。

（1）体育教师应尽的职责：在课前，要例行检查所用体操器材，如检查跳板弹性是否正常、山羊脚是否平齐、海绵垫是否有坑等，保证体育教学的安全进行。课上，首先要合理地摆放体操器材，如技巧练习时各组海绵垫的位置与学生的站位要合理，避免拥挤和相撞；器械体操练习时，要合理有效地摆放保护垫，避免学生落下时崴脚或起不到应有的保护作用等。其次，要教育学生在进行器械练习或垫上练习时，不要嬉笑玩闹，以免由于注意力分散而从器械掉落或因动作变形而造成伤害。体操练习经常需要学生间的相互保护与帮助，教师应教授学生在保护与帮助自己和他人中学会预见和判断，并有效地避免因被保护学生的动作错误致使器械伤人的事故，如练习跳山羊的学生在急速助跑上板后冲撞山羊没有跳过，致使山羊向前倒下，前方保护的学生要能预见并能正确地采取向侧躲开的方法，避免被山羊砸倒等，这类躲避技巧是需要教师在课上灌输给学生的，要时刻提高学生的安全意识。课后，教师要及时回收器材，预防不必要的伤害的发生。

（2）教师教导学生应尽的职责：学生不在教师上课前和做准备活动前进行体操练习，尤其是器械动作的练习，以免受伤；值日生和体育骨干要严格按照教师的要求，认真摆放体操器材，并阻止其他学生课前在器材上活动；课上，每位同学都应严肃认真，保持紧张又活泼的课堂气氛，在器械或垫上进行练习时一定要全神贯注、全力以赴。如果在上课过程中，器械或保护垫的位置有移动，要及时调整好，或报告教师处理。课后，值日生或体育骨干要协助教师及时地将体操器材送还器材室。

**（三）安全监护，关注特殊体质学生的运动**

根据当前学生体质及基本运动能力的变化特点，将其分为体质正常型和体质异常型两类。体质异常型的学生包括患有先天性疾病、具有一定程度的残障或体型过度肥胖或瘦弱者。

学校针对这些学生应该有详细的病史或健康方面的记录，对不能参加体育活动的学生要安排相适宜的教学内容，对可以参加体育活动的学生要将该生的具体情况通告其任课教师，让教师做到心中有数。

作为体育教师，在课前要仔细查看学生的健康档案，掌握本班学生的身体状况。学期开始的第一节课要提醒学生，如患有心脏病、眩晕病、哮喘病等病症会有运动危险，应向教师说明，以免发生意外。在教学进行中，体育教师对能够从事体育活动的体质异常型学生，如太胖或太瘦的学生，要控制好运动内容和运动强度，同时做好保护与帮助措施，以防发生伤害事故。

## 三、重视安全教育，为师生保驾护航

目前，我国教育行政机关、学校管理部门甚至家长对在校学生体育安全问题的关注是不够的，对学生伤害事故的安全防范教育基本上处于空白状态，学生的安全意识和自我防范能力较弱，安全知识匮乏。因此，应该将体育伤害事故防范教育列入正常的教育计划之中，如建立学生健康档案、开展体育安全宣传活动、举办体育安全讲座、开展体育安全知识竞赛等。

学校体育运动安全教育主要包括体育课堂安全常规养成和运动安全常识的传授两部分。

**（一）体育课堂常规的教育**

课堂常规是指在教学活动中师生应当遵守的规范与要求。体育课堂常规，应根据学校的实际情况加以制订，做到明确而具体。体育课堂常规内容主要包括教师体育课堂常规、学生体育课堂常规两方面，这里重点阐述后者。每学期开学初，体育教师应对全校各班学生进行体育课堂常规教育，这对新入学的班级尤为重要，其主要知识点如表 1 所示。

**表 1　体育课堂常规的主要知识点**

| 学生体育课堂常规 | | |
|---|---|---|
| 体育课前常规 | 体育课中常规 | 体育课后常规 |
| 1. 学生因病、伤等不能正常上课，课前由体育干部或学生自己主动地向教师说明，教师应根据不同情况，妥善安排。<br>2. 学生一律穿运动服、运动鞋上课，不准携带有碍活动和影响安全的物品。<br>3. 学生在检查和整顿好自己的服装仪表后，应按约定的课前几分钟到达规定的集合地点，等候上课。<br>4. 值日生按教师要求，将器材安放在规定的位置。 | 1. 不迟到早退，不旷课。<br>2. 课开始时，学生准时按指定地点集合，体育委员整顿好队伍，向教师报告学生出勤、缺勤情况，师生问好。<br>3. 学生迟到需喊报告，经教师允许后方可入列。<br>4. 课中要专心听教师讲解，仔细观看动作示范，积极开动脑筋理解动作要领。<br>5. 严格遵守课堂组织纪律，不擅自离开队伍和练习场地，不做与课无关的其他活动。<br>6. 切实注意安全，严格按照教师规定的队形、顺序、动作的技术规格要求、保护和帮助方法认真进行练习。<br>7. 练习中不得随意移动、升降器械的位置和高度，防止伤害事故的发生。<br>8. 分组练习时，要服从体育委员和小组长的指挥，有问题或意见要举手，出列向教师提出。 | 1. 要认真听取教师对课的小结，完成教师布置的课外作业，养成经常科学锻炼身体的习惯。<br>2. 协助体育教师归还器械和场地整理工作。 |

## （二）体育运动安全常识的教育

运动安全常识是指学生在进行体育活动和身体锻炼时，为了减少甚至杜绝运动损伤和伤害事故的发生，维护自身的安全所具有的多方面的安全知识。教师可以将它作为理论知识来进行教授，要有计划、按步骤地将其穿插到整个体育教学当中，并且不断地进行强化，最终要将这些运动安全方面的知识内化为学生的一种行为习惯，以此增强学生的运动安全意识。运动安全知识主要分为体育课教学过程中的安全知识和课外体育锻炼和活动中的安全知识两部分，其主要知识点如表 2 所示。

**表 2　运动安全常识的主要知识点**

| 运动安全常识 | | | |
|---|---|---|---|
| 体育课上的运动安全常识 | | 课外体育活动的运动安全常识 | |
| 课前 | 1. 避免过饱。<br>2. 穿运动服和鞋。<br>3. 不佩戴和携带尖锐物品。<br>4. 生病或身体不适向老师请假。 | 运动前 | 1. 选择合适的天气和场地。<br>2. 避免过饱。<br>3. 穿运动服和鞋。<br>4. 不佩戴和携带尖锐物品。<br>5. 生病或身体不适不参加活动。<br>6. 过度疲劳不参加运动。<br>7. 做好热身活动。 |

续表

| 运动安全常识 | | | |
|---|---|---|---|
| 体育课上的运动安全常识 | | 课外体育活动的运动安全常识 | |
| 课中 | 1. 遵守课堂纪律，不打闹嬉笑，听从教师安排。<br>2. 拾、放器械听从教师统一口令。<br>3. 按照教师教授的动作要领进行练习。<br>4. 不冒险做教师没有教过的动作。<br>5. 感到力不从心时，应要求教师保护或帮助，不可逞强。<br>6. 思想集中，不可麻痹大意。<br>7. 遵守游戏、比赛规则和要求。<br>8. 加强身体的自我监控，及时向教师反映身体的不适。<br>9. 加强对他人保护与帮助的责任心，掌握运动中的自我保护方法。 | 运动中 | 1. 在田径场跑步时，按逆时针方向前进。<br>2. 练习前，检查所用器械是否安全。<br>3. 练习跳远前，掘松沙坑并耙平。<br>4. 练习跳高前，检查海绵包是否符合要求。<br>5. 对于未掌握的动作，没有教师的保护与帮助不做。<br>6. 按照教师教授的动作要领进行练习。<br>7. 避免在投掷区内活动。<br>8. 避免在人多的情况下进行投掷练习。<br>9. 避免运动量过大。<br>10. 遵守游戏、比赛规则和要求。<br>11. 识别运动中的身体不适和应对方法。<br>12. 掌握自我保护的技巧。 |
| 课后 | 1. 安全回收器械。<br>2. 放松身体，避免剧烈运动。 | 运动后 | 1. 做好放松和整理活动。<br>2. 运动后的身体清洁。 |

# 参考文献

1. 吕云家，固守忠．21 世纪中学体育教师应具备的素质和能力的研究［J］．山西师大体育学院学报，2001，(1)．

2. 季文东．21 世纪中学体育教师应具备的能力［J］．赤峰学院学报（自然科学版），2005，(4)．

3. 王春燕．论新形势下体育教师的“一专多能”［J］．湖州师范学院学报，2003，(3)．

4. 邓仰报．继续教育与中小学体育教师素质再提高［J］．继续教育研究，2002，(2)．

5. 刘常科．论体育教师一专多能的基本素质［J］．湖南商学院学报，2000，(1)．

6. 彭新社．试析中小学体育教师的素质结构及其培养途径［J］．福建体育科技，2004，(2)．

7. 武云飞．谈新课程标准和体育教师应具备的能力［J］．南京体育学院学报（自然科学版），2004，(1)．

8. 左新荣．体育教育专业教学计划改革中“多能一专”的理性思考［J］．上海体育学院学报，2004，(1)．

9. 吕宗梅．新课标下中学体育教师素质能力探讨［J］．中国科教创新导刊，2008，(8)．

10. 张金春．新课程标准下的体育教师素质［J］．湖北师范学院学报（自然科学版），2007，(2)．

11. 毛振明，于素梅．体育教学计划编制技巧与案例［M］．北京：北京师范大学出版社，2009.

12. 卢青．站到学生的后面去［M］．北京：北京体育大学出版社，2003.

13. 皮连生，刘杰．现代教学设计［M］．北京：首都师范大学出版社，2010.

14. 毛振明．体育教学论［M］．北京：高等教育出版社，2005.

15. 毛振明．体育课程与教材新论［M］．沈阳：辽宁大学出版社，2010.

16. 毛振明．体育新课改教学门诊［M］．北京：北京体育大学出版社，2009.

17. 毛振明，王小美．体育与健康课改论［M］．北京：北京体育大学出版社，2009.

18. 潘绍伟，于可红．学校体育学［M］．北京：高等教育出版社，2008.

19. 陈立武．现代校长的几个修炼［J］．北京教育（普教版），2009，(11)．

20. 樊临虎．关于现代体育教学组织形式的研究［J］．北京体育大学学报，2005，(11)．

21. 王艺兵等．对改革校运会的几点做法［J］．中国学校体育，2002，(6)．

22. 高岩松．走出学校运动会的误区构建体育节［J］．广州体育学院学报，2001，(1)．

23. 周建忠．中小学运动会的医务监督［J］．中国学校体育，2004，(2)．

24. 郭元祥．教师的20项修炼［M］．上海：华东师范大学出版社，2008.

25. 刘建国等．田径运动［M］．北京：高等教育出版社，2002.

26. 杨锡让．实用运动技能学［M］．北京：高等教育出版社，2004.

27. 杨贵仁．中国学校体育改革的理论与实践［M］．北京：高等教育出版社，2006.

28. 毛振明．实用学校体育学［M］．北京：北京师范大学出版社，2009.

29. 陈文卿等．学校体育学［M］．桂林：广西师范大学出版社，2006.

30. 刘善言．学校体育学［M］．济南：山东大学出版社，2001.

31. 付杰．人本原理与中小学体育管理［J］．西北成人教育学报，2007，(4)．

32. 韩忠明．学校体育管理制度浅谈［J］．体育教学，2009，(1)．

33. 柯建兵．学校德育人本管理“四点论”［J］．成功（教育），2009，(4)．

34. 常爱铎．学校体育教学的研究现状与展望［J］．成功（教育），2010，(3)．

35. 曹春宇，赵进．体育科学研究现状反思［J］．体育文化导刊，2008，(5)．

36. 蒋炳宪．论体育的“科学”属性与体育科学研究的价值导向［J］．体育学刊，2010，(2)．

37. 施海燕．农村小学学校体育场地器材设施的现状分析与对策［J］．新课程研究：基础教育，2009，(7)．

38. 王亚达．学校体育场地设施的人性化探究［J］．体育科研，2004，(3)．

39. 吴健．刍议体育课程场地器材资源的开发与利用［J］．吉林体育学院学报，2006，(3)．

40. 康春兰等．开发农村学校体育场地器材资源的有效途径［J］．井冈山学院学报（自然科学版），2007，(5)．

41. 李志实．中小学田径场地设施的建设［J］．体育学刊，2001，(6)．

42. 欧岳山．农村学校体育工作中场地器材问题解决措施研究［J］．体育科技文献通报，2008，(12)．

43. 王港，孟庆生．学校体育场地的基本功能与设计思路［J］．中国学校体育，

2006，(7)．

44. 尹兆风．影响学校体育场地、器材安全的基本因素［J］．中国学校体育，2006，(1)．

45. 毛振明等．中小学体育健身园地的设计与实施［M］．北京：人民体育出版社，2002.

46. 杨建文．甘肃省大学生体育课伤害事故的成因与分析［J］．中国健康教育，2004，(11)．

47. 刘成，李秀华．构建我国普通高校体质弱势群体体育课程体系的思考［J］．辽宁体育科技，2007，(4)．

48. 叶万华．无差错工作法与体育安全之我见［J］．体育成人教育学刊，2003，(2)．

49. 袁广峰．终身体育动机、兴趣、习惯和能力的培养［J］．体育学刊，2000，(3)．

50. 王珊．学习体育动机的成因、调控与激励［J］．洛阳师范学院学报，1996，(2)．

51. 尤大喜．体育教师如何激发小学生的情感［J］．湖北教育（教学版），2003，(17)．

52. 邓显平，罗蓉．论在“玩”中自主学习是培养小学生体育兴趣的有效方法［J］．成才之路，2009，(10)．

53. 毛振明，万茹．小学体育教学策略［M］．北京：北京师范大学出版社，2010.

54. 陈晓鹏，费甫明，王章明．成功快乐挫折体育教学思想探讨［J］．体育文化导刊，2008，(10)．

55. 惠志东．成功体育教学六种方法［J］．体育教学，2000，(5)．

56. 李月红．成功体育教学模式新探［J］．广西广播电视大学学报，2009，(1)．

57. 毛振阳，程磊，王李燕．浅析快乐体育、成功体育与和乐体育[J]．体育世界（学术版），2007，(11)．

58. 刘守武．在教学中把“快乐体育”融入课堂方法初探［J］．民营科技，2009，(6)．

59. 王清华．由“兴趣、快乐、成功”所想到的［J］．体育教学，2004，(5)．

60. 詹金添．行为主义、认知主义和建构主义视野中的“快乐体育”[J]．体育科学研究，2006，(4)．

61. 苏普玉，陶芳标，高茗．中学生参加体育活动与危害健康行为关系研究[J]．中国儿童保健，2004，(4)．

62. 田贞尚．中小学学生危害健康行为研究［J］．卫生职业教育，2007，(16)．